新 教 学

覃　正　王新华　陈芊羽　编著

上海大学出版社
·上海·

图书在版编目(CIP)数据

新教学 / 覃正,王新华,陈芊羽编著. —上海:
上海大学出版社,2020.10(2022.1重印)
ISBN 978-7-5671-3968-8

Ⅰ. ①新… Ⅱ. ①覃… ②王… ③陈… Ⅲ. ①计算机辅助教学-教学研究 Ⅳ. ①G434

中国版本图书馆 CIP 数据核字(2020)第 194480 号

内容提要

本书共分上、下两篇——教学篇和技术篇。

教学篇主要介绍新教学的概念、设计与系统操作;阐述新教学如何在新兴技术发展中探索教学理念、教学模式、教学工具与教学媒介的创新;全面展现新教学模式下学生、教师的全新上课过程,设计让机器人教师读得懂的教案,发挥机器在智慧课堂 AI 交互教学平台中的作用。

技术篇主要介绍新教学模式在教育信息技术中的应用,以智慧课堂 AI 交互教学平台的建设为主线,逐步解析新教学模式在技术应用层面所带来的改变,向读者展示智慧课堂 AI 交互教学平台的基本组成和应用方法。

本书适合从事高等教育的专家、学者及研究人员使用,同时可作为高等院校、培训机构、企业、政府及相关研究和实践部门探索新教学模式的创新教材或参考用书。

责任编辑　石伟丽
封面设计　柯国富
技术编辑　金　鑫　钱宇坤

新教学

覃　正　王新华　陈芊羽　编著
上海大学出版社出版发行
(上海市上大路 99 号　邮政编码 200444)
(http://www.shupress.cn 发行热线 021-66135112)
出版人　戴骏豪

*

南京展望文化发展有限公司排版
江苏凤凰数码印务有限公司印刷　各地新华书店经销
开本 787mm×1092mm　1/16　印张 15.5　字数 387 千字
2020 年 10 月第 1 版　2022 年 1 月第 2 次印刷
ISBN 978-7-5671-3968-8/G·3147　定价　78.00 元

版权所有　侵权必究
如发现本书有印装质量问题请与印刷厂质量科联系
联系电话: 025-57718474

前　言

随着科学技术的发展,人类不断实现自己的梦想,其中教育既是推动科学技术发展的动力,又是放飞人类梦想的翅膀。

本书探讨在新技术尤其是新的智能交互技术背景下关于新教学的创新问题。

AI(Artificial Intelligence)、AR(Augmented Reality)、VR(Virtual Reality)、MR(Mixed Reality)等提供了人与人、人与机器之间更高水平、更深层次、更真实甚至超现实的场景交流,5G时代的到来使得网络视频更高速、更便捷、更智能,区块链、云计算等也正在成为网络技术新的重要支撑。新的技术尤其是新的智能交互技术正不断向我们走来。

教育的理念、模式、工具和媒介也需要随之变化,与新兴技术同步发展。

大学教育模式的核心构成是教育对象、教育内容、教育形式、教育场景。智能交互技术的大数据给大学教育模式带来了全方位的冲击,大数据的多样性、可扩展性、实时性、个性化价值正在影响并改变着大学教育模式。

未来的大学教育将采用在线高清视频技术实现人与人之间虚拟面对面的交流,与名师面对面交流将不再有障碍。随着光纤网络和通信技术的升级,带宽等瓶颈问题得到解决,高清视频中清晰流畅的画面质量、同步宽频音效和低延时为人与人之间的交互提供了良好的视觉条件。未来,优质的高等教育资源可以通过新型交互平台被同质量地传播到全世界每一个角落。未来大学教育的对象,会由传统课堂里有限数量的学生转变为交互平台上来自全球不同国家和地区无限数量的学生。

生产力、时代和社会发展的需要,决定了大学教育的内容。传统大学的学科学位体系全面、庞大,对经济社会发展反应缓慢,对社会发展带来的教育内容需求变化难以保持高度敏感。未来,大学教育会迎来微学科和微学位时代。微学科意味着学科生命周期缩短,吸收科技成果速度更快,适应科技发展的能力更强,引领科技进步的潜力更大,其变化也更快。微学位意味着将更精准、更前瞻的知识作为必修内容,最大限度地剔除非必需知识的传授,成为知识冗余最小的学位。在未来的大学里,以课程"组件化"为特征的微学位将成为新型教育模式,招生模式也将变革为以"按需学习"为特征的全民化模式,想要学习的人可以通过新型交互平台选择需要的课程。大学学科也将更加贴近社会，不适应社会发展或滞后的学科将因选择人数的减少而被自行淘汰。同时，区块链、云计算等将为大学教育智能交互平台提供平台支撑，保证交互所需的存储、计算能力。云计算将计算任务分布在大量计算机构成的资源池上，使各种应用系统能够根据需要获取计算力、存储空间和各种软件服务。随着智能手机、智能电视、平板电脑的进一步发展，人们随处可以申请云服务。借助云平台，未来大学教育将成为对社会进步最敏感的单元，握在手掌上的大学不再是梦想。

大学教育的形式除了类型，还有承载教育内容的介质和工具。交互平台尤其是智能移动交互平台的发展，将把大学教育带出课堂、带出围墙。

随着网络传输能力的提升，移动互联网的互动性日益增强，移动计算、移动音乐、手机游戏、定位技术、无线社群、无线支付等互动性强的应用大量涌现。当大学教育交互平台有了智能移动互联，更多的人可以随时随地在互动平台上学习和参与交流。2020年5月14日，教育部举行新闻发布会介绍疫情期间在线教育的有关情况。数据显示，截至5月8日，全国1454所高校开展在线教学，103万名教师在线开出了107万门课程，参加在线学习的大学生共计1775万人，合计23亿人次。以互动为核心特征的大学教育模式会加速发展并不断创新，更多的新创学科和专业将得到快速传播。如果交互平台未来大量应用AI、AR/VR、MR、云计算、3D打印等技术，大学实验、实践课的设计和实施将改变传统观察、体验知识的做法。在传播实践知识的方式方法上，大学会迎来新奇、跨越和交互效率大幅提升的时代。

大学教育的场景，是指大学教育教与学的场所。现在的大学课堂形式与多年前相差无几，但在内容上已经发生了不可逆转的变化。在传统的大学课堂上，学生获取知识主要通过单向传授、记忆、演算这些比较被动的方式。而在现在的大学课堂上，学生在接受教师授课的同时，借助平板电脑、手机等工具实时接入互联网弥补陌生知识点。不同知识层次的学生用这种主动学习方式，在课堂上进行更多的思辨、讨论、研究和实践，这些知识重建的过程可以帮助学生培养主动思考的习惯和能力。随着全息影像技术的发展，真实的课堂景象可以复制到全球各个角落，打造身临其境的虚拟课堂将真正成为现实。

新的技术尤其是新的智能交互技术的发展给大学带来了教育对象、教育内容、教育形式和教育场景的重构，将深刻影响大学教育的观念、理想和行为，给大学增添变革的力量。新教学的探索与创新将会更加迫切和深入。

本书参考了诸多国内外文献，这些成果对本书的成稿起了重要作用。姚佳岑、张言清、汪苗苗、应越悦、周洋、武燕妮等参与了本书的材料收集等工作，在此一并表示衷心感谢。书中难免有不足之处，敬请广大读者批评指正。

目　录

上篇　教　学　篇

第 1 章　现有在线授课模式　/003
 1.1　直播授课　/003
 1.2　录播授课　/006
 1.3　一对一授课　/009
 1.4　题库式教学　/012
 1.5　在线实践式教学　/014
 1.6　翻转课堂　/016
 1.7　其他应用模式　/018

第 2 章　新教学理念　/020
 2.1　现代教育技术　/020
 2.2　教学模式的现在与未来　/022
 2.3　新教学　/026

第 3 章　新教学模式　/027
 3.1　新教学模式概述　/027
 3.2　新形式　/042
 3.3　新教师　/064
 3.4　新学生　/068
 3.5　新教材与 AI 教师　/072

第 4 章　新教学系统操作　/083
 4.1　场景操作要求　/083

4.2 教学操作要求 /084
4.3 学生端操作流程 /084
4.4 学生详细需求描述 /089
4.5 教师端操作流程 /094
4.6 教师详细需求描述 /099

下篇 技术篇

第 5 章 AI 交互教学平台环境分析 /105
5.1 用户群体分析 /105
5.2 使用环境分析 /106
5.3 部署环境分析 /107
5.4 领域驱动模型介绍 /110

第 6 章 AI 交互教学平台需求分析 /113
6.1 需求分析 /113
6.2 系统用例分析 /115
6.3 系统数据流分析 /135
6.4 系统消息总线设计 /137
6.5 系统功能分析 /138

第 7 章 AI 交互教学平台系统设计 /165
7.1 网络拓扑架构设计 /165
7.2 系统架构设计 /166
7.3 业务逻辑设计 /168
7.4 数据库设计 /175

第 8 章 新教学在 AI 交互教学平台的应用 /177
8.1 新教学模式应用设计 /177
8.2 传统模式与新教学模式的对比 /178

第 9 章 AI 交互教学平台的实现案例 /180
9.1 AI 交互教学平台的组成 /180
9.2 运行环境要求 /180
9.3 AI 交互教学平台的试用 /181
9.4 AI 交互教学平台的案例介绍 /184

附录 1　新教学系统支持端需求描述　/211
附录 2　新教学智能考试子系统需求　/213
附录 3　新教学基础数据管理子系统需求　/216
附录 4　新教学智能教学备课子系统需求　/219
附录 5　新教学模式应用的技术基础和目标　/221

参考文献　/234

上篇
教学篇

  本篇在介绍现有在线授课模式的同时，着重介绍新教学的理念、模式与系统操作，阐述新教学如何借力新兴技术，探索教学理念、教学模式、教学工具与教学媒介的创新，全面展现新教学模式下学生、教师的上课过程，同时设计让机器人教师读得懂的教案，发挥机器在智慧课堂 AI 交互教学平台（简称"AI 交互教学平台"）中的作用。

  第 1 章介绍直播授课、录播授课、一对一授课、题库式教学、在线实践式教学等在线授课模式并归纳总结当前在线授课模式的特点。

  第 2 章基于传统教学模式与现代教育技术的最新发展，提出具有前瞻性、面向未来教育发展的教学新理念。

  第 3 章具体介绍新教学模式下的新教师、新学生、新教材与新的教学场景，并通过课前引例、授课时长、授课形式、评估反馈形式、教案构成以及知识体系构建等环节阐述新教学的新探索。

  第 4 章介绍学生、教师以及系统支持端的详细操作流程，给读者提供新教学系统操作的直观体验。

第 1 章
现有在线授课模式

目前的在线授课模式主要包括直播授课、录播授课、一对一授课、题库式教学、在线体验式教学、翻转课堂等多种常见类型。

1.1 直 播 授 课

直播授课是指通过直播视频的方式将传统意义上的教室搬到不受教学地点约束的线上,通过在线听课实现教学不受传统课堂人数限制、时间限制、空间限制的目标。目前市场上此特征较为显著的平台有上直播(http://shangzhibo.tv/)、直播云(http://www.weclassroom.com/home/index/)等。

直播授课具有以下特点:

第一,直播授课弥补了线下授课的部分缺陷。它解决了授课人数受限和授课地域受限的问题。直播授课面向的学生可多达几万人。尤其在优质课程资源有限的情况下,学生听课不再受人员和地点的限制,这有助于将发达地区的优质教育资源传送到教育较落后地区,促进我国教育水平均衡发展。

第二,直播授课真实还原线下教学场景。随着互联网、云存储、语音识别、AI 数据精准教学等技术的进步,直播授课已能最大可能地还原线下学习场景。虽然隔着屏幕,但学生和教师可以通过语音、文字等方式进行及时互动,学生的问题可以得到实时的反馈和解答,极大地提高学生的学习效率。

第三,直播授课难以实现个性化学习的需求。由于直播授课的受众地域较广,直播授课无法兼顾不同国家、地区、城市之间学生在个性化学习方面的需求。

第四,直播授课难以实现教师对学生的全面关注需求。由于观看直播授课的学生人数众多,教师的注意力很难集中在单个学生身上,因此不能满足大量师生互动交流的个体交流。教师只能感受到学生上课时的状态,并不能及时捕捉学生课后的实际掌握情况,因此无法有效延伸获取学生的学习习惯、课程吸收程度等信息。如果学生没有良好的自制力,就无法达到预期的教学效果。

1.1.1 直播授课系统的架构

直播授课系统架构如图1-1所示,包括应用集群、数据库服务器集群、管理服务器集群、直播服务端、直播接收端(观众)以及CDN六个模块。下面对这六个模块分别进行介绍:

应用集群:此集群的主要功能是对直播视频流进行动态管理,包括压缩、解压缩、编码、解码、美颜、美声、场景动画处理等,同时将这些信息动态地推送到直播接收端。

数据库服务器集群:此集群的主要功能是对直播系统中的基础数据进行管理和维护,包括用户数据、消息数据、在线状态和集群状态以及日志等。

管理服务器集群:此集群是系统的控制中心,当在线用户及资源数量越来越大时,需要对系统的资源进行动态管理。所有节点都通过控制中心来管理,控制中心与节点间保持通信,每个节点都定期向控制中心报告其状况(比如CPU、内存占用情况,网络占用情况等),控制中心

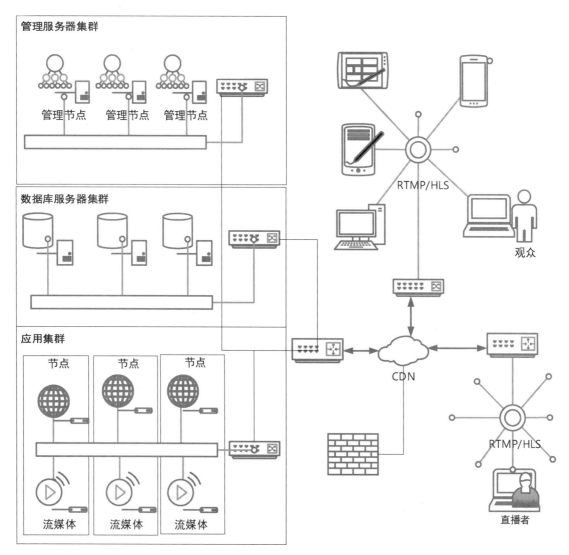

图1-1 直播授课系统架构图

会根据节点的状况数据进行决策。当发现某个节点CPU过高或者某个指标不达标时,控制中心会将其业务转到其他节点或者在有新的业务时分配给其他负载更低的节点去执行,以保证每个节点负载均衡。实际上节点和控制中心之间还有个内总线,内总线的作用是保证数据的安全。

直播服务端:服务端是指提供直播视频服务者所在的客户端。服务者通过直播服务端可以将自己的视频与语音直播出来,方便直播接收端消费该服务。直播服务端通常要求在一个安静的环境下有一台配置较高的电脑、一个麦克风以及其他相关设备。

直播接收端:接收端使视频服务的消费者通过一个专用的软件可以接收直播者的视频,并能够与其进行音频和文字的互动。

CDN:CDN的全称是Content Delivery Network,即内容分发网络。CDN是构建在现有网络基础之上的智能虚拟网络,依靠部署在各地的边缘服务器,通过中心平台的负载均衡、内容分发、调度等功能模块,使用户就近获取所需内容,降低网络拥塞,提高用户访问响应速度和命中率。CDN的关键技术是内容存储和分发技术。

CDN的基本原理是广泛采用各种缓存服务器,将这些缓存服务器分布到用户访问相对集中的地区或网络中,在用户访问网站时,利用全局负载技术将用户的访问指向距离最近的工作正常的缓存服务器上,由缓存服务器直接响应用户请求。

CDN的基本思路是尽可能避开互联网上有可能影响数据传输速度和稳定性的瓶颈和环节,使内容传输得更快、更稳定。通过在现有的互联网基础之上,在网络各处放置节点服务器构成一层智能虚拟网络,CDN系统能够实时地根据网络流量和各节点的连接、负载状况以及到用户的距离和响应时间等综合信息将用户的请求重新导向离用户最近的服务节点上。其目的是使用户可就近取得所需内容,解决Internet(因特网)网络拥挤的状况,提高用户访问网站的响应速度。

1.1.2 直播授课系统的功能

直播授课系统的功能框架如图1-2所示,分为数据库、业务监控、业务管理、流服务、用户接口以及客户端六个层次实现(此为粗略分类)。下面对六个层次分别进行介绍:

数据库层:数据库层是系统的数据存储层,该处的数据库包括RDMS、NOSQL、内存数据库和文件数据库等类型,依据功能的不同,系统会采用最适合的数据库系统。

业务监控层:业务监控层是系统自动化运维的核心,通过业务监控层可以对信令、用户状态、日志、编解码、节点状态等进行监控,并将监控的结果实时地反映到监控中心,方便管理人员做出及时的响应。

业务管理层:业务管理层是整个业务系统的实现中心,用于实现视频的编码、封装和解码,CDN内容分发,拉流和推流等功能。

流服务层:实现视频的流服务功能,通过专门的流服务器为前端用户提供视频流等服务。

用户接口层:用户接口层主要是为客户端提供数据接口服务的功能,对于直播服务端和直播接收端的软件系统而言,所有的功能都是通过对用户接口层的调用来实现的。

客户端层:包括直播服务端和直播接收端。直播服务端是一套软件系统,安装在直播人员的设备上,通过该系统可以将直播人员的场景以视频文件的格式上传到服务器。直播接收

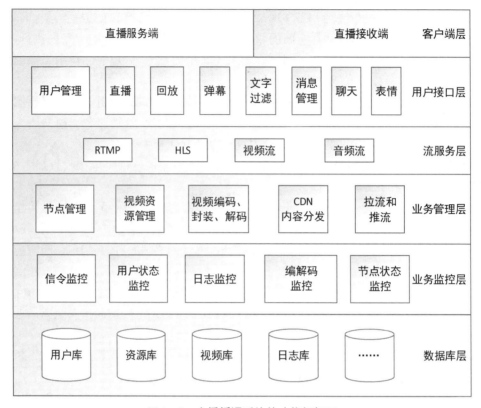

图 1-2 直播授课系统的功能框架图

端也就是观众端,直接消费直播端的服务,也是一套软件系统,通过该系统消费系统提供的视频直播服务。

1.2 录播授课

录播授课是将教师的影像(video)、声音(audio)、上课讲义等,以硬件设备方式即时记录成标准的网络格式,并通过网络及服务器同步直播,用户登录相关网站,在搜索栏自动搜索感兴趣的知识点后,点击就会出现相关视频,用户可进行观看学习。目前市场上此特征较为显著的平台有奥威亚高清录播(https://www.ava.com.cn/)、德胜智课(https://www.deshengzhike.com/index)以及基于中国大学MOOC(慕课)开发的产品"爱课程"(http://www.icourses.cn/home/)等。

1.2.1 录播授课的特点

录播授课具有以下特点:

第一,录播授课克服了时间上的限制,使学习形式更加丰富。学生可以将录播课程下载后进行学习,随时随地观看。遇到不理解的问题时,学生可以暂停课程进行思考,打破直播课程定时学习的时间限制。录播课程可以通过随堂练习(如30分钟课程,每过5分钟弹出一道题目)、课后测试(学完每节课程后有相对应的测试)、期末考试(在课程结束后进行关于所学知识点的期末考试)等方式来巩固知识,使得学习不再枯燥,也为学生提供了多样化的学习形式。录播课程可以通过弹幕交流增强互动性,学生可以向其他学生提出问题,也能够看到其他学生提出的问题而产生更多的思考,增强录播课程的趣味性。

第二,录播授课制作成本相对较低,容易打造精品课程。录播课程制作不受现场条件、时间的影响,录制完成后可以反复观看与传播,制作成本较低。此外,录播课特别有条件实现前期内容精心设计、事先按要求录制并剪辑,因此,其逻辑上比较连贯,不会出现教师卡壳、口误等情况,课程质量方面比较有保证,更容易打造精品课程。

第三,录播授课的互动性较差。录播课程在有限课堂时间内播放,难以安排实时的课堂讨论,学生和教师之间也不能进行直接对话,互动性较差。录播课程难以实现教师对学生学习情况的及时和延伸指导。

第四,录播课程的时效性较差。录播课程的制作一般使用相对经典、稳定的教材,一旦需要实时更新部分内容,录播视频必须全部重新录制,更改时间较长,成本较高。

1.2.2 录播授课系统的体系架构

录播授课系统的体系架构如图 1-3 所示,由视频制作中心、教学资源库集群(包括数据库

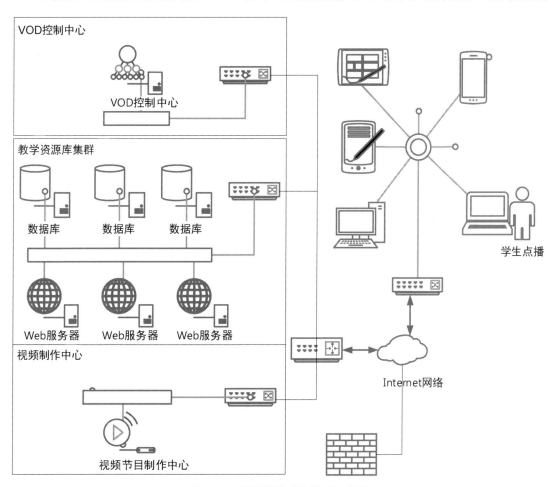

图 1-3 录播授课系统体系架构图

集群和 Web 服务器集群)、VOD 控制中心三部分组成。学生通过 http 协议远端访问录播系统的服务。

视频制作中心：视频制作中心是视频的采编和后期制作中心，一般是在录音室里对课堂的授课信息进行视频录制，并对视频进行后期处理的制作工作。当录制完成后，通过录播系统的上传功能将视频文件上传到教学资源库服务器上，并建立该视频的基础元数据信息，这样就完成了一个课程的视频制作工作。

教学资源库集群：教学资源库集群包括数据的存储和对外提供 Web 服务的功能端。它将用户信息、课程信息、视频文件信息以及相关的学习资源信息存储起来，通过数据库集群实现数据的可靠性和稳健性。其服务功能是通过 Web 应用服务器对外提供服务，包括资源管理、用户管理、在线点播管理等功能。

VOD 控制中心：VOD 控制中心主要进行视频点播工作的统筹控制，其系统主要由片源库系统、流媒体服务系统、影柜系统、传输及交换网络、用户终端设备机顶盒＋电视机或个人计算机组成，根据学生的要求，将学生选择的视频内容传输过去。当学生发出点播请求时，流媒体服务系统就会根据点播信息，将存放在片源库中的课程信息检索出来，以视频和音频流文件，通过高速传输网络传送到终端。

1.2.3 录播授课系统的功能组成

从功能组成上看，录播授课系统由数据库层、数据服务层、视频制作中心和点播系统四部分组成（如图 1-4 所示）。

图 1-4 录播授课系统功能框架图

视频制作中心至少包括音视频采集、编码/转码、课件采集、机位/云台控制、自动跟踪管理等功能。其中，自动跟踪管理功能包括对教师、学生和板书动作的自动跟踪。教师自动跟踪采用智能图像分析算法，精确跟踪教师的走动，教师无须佩戴任何辅助设备，真正做到常态化。

它还支持教师身高自适应功能,无论教师是站着还是坐着,其始终保持最佳拍摄效果,无缝覆盖教师的活动区域,如讲台、讲台与学生中间区域、学生区域。学生自动跟踪采集功能采用图像定位分析算法,自动捕捉单人站起、坐下、单人到多人、多人到单人等课堂场景。板书自动跟踪需要做到板书自动检测,教师板书时给以板书特写等功能。

点播系统至少包含视频管理、课件管理、VOD点播控制管理、课程管理、用户管理和学习进度管理六部分。

数据服务层与数据库层分别负责提供可复用的服务与提供数据的储存与访问,其中,数据服务层包括数据解码/转码、流媒体、点播、缓存和文件服务;数据库层则包括数据库、文件库等。

1.2.4 MOOC

系统较为完善的MOOC(Massive Open Online Course,大规模在线开放课程)一般也属于录播授课。MOOC是基于课件与网络和移动智能技术发展起来的新兴在线授课形式。MOOC平台的课程、讲座视频、嵌入式课程测试与评估、师生在线互动等,使教与学可以不受时空限制地发生。传统上"师"与"生"的意义以及"师生关系"都发生了变化,"学校"与"教室"的概念也被重新界定。

MOOC发端于传统的发布资源、学习管理以及将更多的开放网络资源综合起来的课程开发模式。通俗地说,MOOC是大规模的网络开放课程,是增强知识传播而散布于互联网上的开放课程。

MOOC是以一种将分布于世界各地的授课者和学习者通过某一个共同主题联系起来的方式方法,这些课程跟传统的大学课程一样循序渐进地让学生从初学者成长为高级人才。

随着MOOC平台上线课程和学生注册量的增长,MOOC逐渐暴露出一些问题。对于学生和大学而言,没有先修条件和没有规模限制既是MOOC的优势又是其局限性所在。由于不设先修条件,学生的知识基础参差不齐,不仅损害了学生学习的自信心,也影响了教师教学的积极性,这成为MOOC注册率高、完成率低的重要原因。同时,对学生而言完全免费的在线教育,在大学看来却是不小的投入,支付课程的制作、教师的薪酬和平台使用等费用往往让一些大学望而却步,难以持续发展。

1.3 一对一授课

一对一授课指教师在提前了解学生的相关情况后,针对学生在学习过程中所存在的问题制定专业化、个性化的教学方案,在一定时期内针对一个学生进行辅导。目前市场上此特征较为显著的平台有掌门1对1(https://www.zhangmen.com/)、优思在线1对1(http://www.yousi.com/)、海风教育(https://www.hfjy.com/)等。

1.3.1 一对一授课的特点

一对一授课的特点包括:

第一,一对一授课的相关技术已经较为成熟。各大平台都有一对一直播课程软硬件、智能化的学习系统来辅助完成教学任务,为学生和教师赋能。另外,在技术层面上已经能够实现通过智能书写装备将手写内容同步传输到网络,师生双方都可使用手写板进行互动,这也很好地解决了授课交互性差的问题。

第二,一对一授课更大程度上实现了因材施教。传统的大班化授课模式的效率比较低,但在一对一的授课模式下,学生与教师的互动性以及授课针对性明显增强,尤其在各类考试的冲刺阶段以及一些英语口语的练习方面,一对一授课模式具有更好的效果。

第三,一对一授课平台更依赖和强调个性化选择,各教育平台和教育对象之间的需求默契往往要经历一段较长的时间。教育平台满足教育对象的设计成本和开发成本相对较高。

1.3.2 一对一授课系统的体系架构

一对一授课包括课前沟通评估、制作相应教案、课中一对一辅导、课后跟踪沟通评估以及制作下一次课的对应教案,可视其为因材施教教学的循环模式。对学生而言,每堂课都是对自己个体能力的查缺补漏和提高,学习效果非常显著。一对一授课具有图1-5所示的体系架构。

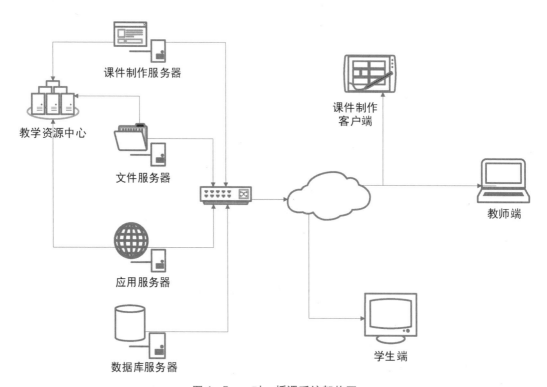

图1-5 一对一授课系统架构图

因为教师和学生的沟通方式是音视频远程通话,且其通话内容没有必要保存在系统平台上,所以体现在系统架构中就没有课前的沟通评估环节,但是该环节在实际教学的过程中是必不可少的。一对一授课系统的内在逻辑如下:

首先,教师通过学生的作业、与学生的交流或者对学生的测评等对学生当前的知识体系或者对其上一堂课内容的掌握情况进行摸底,了解学生对知识的掌握情况。

其次,教师在对学生的学习情况充分了解之后,通过专门的课件制作工具客户端软件进行课件制作。该课件是针对该学生量体裁衣的,不仅能够加强上一节课知识点的学习,而且能够兼顾学生对知识的接收。要做到该课件是目前最适合该学生知识体系的课件,在制作课件时,需要通过课件制作服务器调用教学资源中心中的在线资源,将这些资源用课件制作工具组装起来,形成最后的教学课件。

再次,教师利用一对一授课系统在线向学生教授知识,同时将最适合该学生的课件信息通过系统展示出来,让学生能够与教师互动,此时的授课不再是枯燥的板书和宣讲,而是有目的的、有针对性地对该学生进行知识的传授。

最后,一对一授课完毕后,教师会给出课后作业习题安排与测评试卷,学生在巩固本堂课所学内容的基础上在线完成课后作业与测评试卷。系统会进行自动评阅,并将结果反馈给学生。同时教师可通过系统对学生的课后作业和测评试卷进行审阅,及时了解学生对本节课知识的掌握情况,并对下一节课的一对一授课课件进行有针对性的设计。

1.3.3 一对一授课系统的功能组成

一对一在线教学包括课前沟通、课件制作和一对一授课三部分。这三部分之间存在内在的逻辑。课前沟通是基础,教师通过课前与学生沟通能够更好地掌握学生的情况,这就决定了教师能够制作出个性化的有针对性的课件教案。个性化的课件教案是实现因材施教的基础,没有针对性的教案,则无法实现个性化教学。如图1-6所示,一对一授课是利用最新的信息技术手段完成网上视频一对一教学目标。

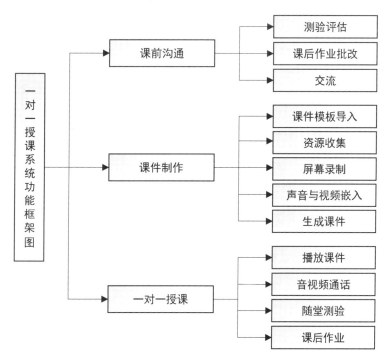

图1-6 一对一授课系统功能框架图

课前沟通：教师通过课前沟通能够实时掌握学生的学习情况。沟通的手段有交流、课后习题的批改和测验评估等。

课件制作：教师依据课前沟通的情况，有针对性地设计下一节课的课件，课件制作由专门的课件制作工具来完成。一般包括课件模板导入，导入的模板是符合 SCORM 标准（或者电子课件的其他标准）的，然后在模板中添加教学资源，教学资源来源于教学资源库或者教师自己制作的资源。通过屏幕录制工具教师可以录制自己的教学过程，同时加上音视频功能，再将自己制作的微课件导入课件制作工具中，从而生成课件。关于课件制作系统的详细功能此处不再赘述。

一对一授课：一对一授课是本系统的核心功能。实现一对一视频在线授课的功能，可以在线为学生播放课件、讲解和板书，可以进行音视频通话，可以进行随堂测验，以检验课堂教学效果，可以布置课后作业。课后作业需要在下一节课的课前沟通环节中进行批改。

一对一授课模式就是课前了解学生情况→制作个性化课件→一对一授课→测评与课后作业→了解学生情况，这样就形成了一个有机的闭环，能够围绕学生的具体情况实施个性化的教学工作。

1.4 题库式教学

题库式教学，即将不同类别学科的真题汇集起来，再根据同类别不同属性按阶梯将其分门别类，学生通过练习题目来巩固学习效果。目前市场上此特征较为显著的平台有猿辅导（https://www.yuanfudao.com/）、阿凡题（http://www.afanti100.com/）、学霸君（http://www.xueba100.com/）等。

1.4.1 题库式教学的特点

题库式教学具有以下几个特点：

第一，题库式教学在应试教育中不可或缺。在常规教育中，一个教师面对着几十个学生，很难做到对每个学生都有充分了解并为他们构建具有针对性的题库。而题海战术一直是很多科目的加分秘籍，很多题目万变不离其宗，通过练习来掌握知识点已经是大家广泛认可的一种学习方法。

第二，在题库式教学中，题型训练强度较大。题库平台将大量的考试试题进行汇总，例如学生的错题集、错误的步骤等，然后针对每个学生自身特点与学习习惯定制个性化的试题，重点训练学生的薄弱处，简化已经牢记的知识点，充分提高学生的学习效率，更快地提高学生的考试成绩。

第三，题库式教学的学习模式较为单一，同质化问题突出。目前很多题库平台都在试图利用大数据和人工智能来构建他们的技术壁垒，但由于产品的同质化比较严重，所以实际效果并不显著。再者，研发人员并非专业教师，难以区分题目的重点、难点，而且现在的教材更新换代速度较快，题库必须及时变更，因此题库的维护比较困难。目前题库平台需通过手机、平板电脑等电子产品才能被使用，这与在传统的试卷上做题存在差距，无法模拟真实的考试场景。

1.4.2 题库式教学系统的体系架构

如图 1-7 所示，题库式教学系统由后台的试题库数据库服务器、Web 应用服务器以及前端的学生端组成。学生端可以是网页，也可以是 APP 或者终端应用程序。

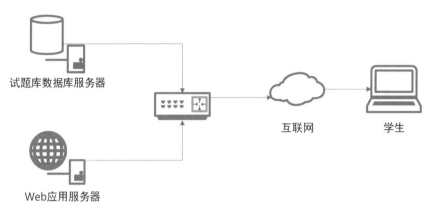

图 1-7 题库式教学系统架构图

试题库中存储了按照难易程度划分的试题集合。Web 应用服务器则实现了编制出题规则、出题、组卷、判卷、查分和统计等功能。

1.4.3 题库式教学系统的功能组成

如图 1-8 所示，题库式教学系统的功能由数据库层、数据服务层、出卷、测试和查询与统计五部分组成。

数据库层：数据库层存储了系统的基础数据结构，例如试题库、文件库、试卷库、用户库、

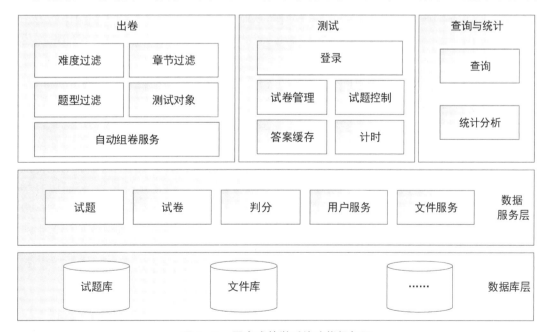

图 1-8 题库式教学系统功能框架图

题型库等的基础数据。

数据服务层：为上层应用提供数据支持，通过数据应用层屏蔽各数据库之间的异构，为上层应用提供统一的数据访问接口，这样既保护了用户的现有投资，也保持了用户选择的多样性。

出卷：出卷是系统的核心功能，只有有管理权限的人员或者教师可以操作该模块功能。依据用户的选择情况，系统能够根据题型、难度、范围等参数自动生成符合要求的试卷。

测试：测试是指应试者通过网络界面登入系统后进行操作的功能。其包括登录、试卷管理、试题控制、答案缓存、计时等功能。

查询与统计：查询与统计的操作对象主要是管理者。

1.5　在线实践式教学

在线实践式教学是指学生登录网站后，进入由网站自身搭建起的实操环境，学生直接在网站上边学边练或者在网站上以练习的方式进行学习。例如学习某种语言，不是教师大量讲解，而是直接让学生在教师指导下编写数百个小例子程序串联知识点，随时在实践反馈中进步。目前市场上此特征较为显著的平台有慕课网（https://www.imooc.com/）、codecademy 中文官网（https://www.codecademy.cn/）等。

1.5.1　在线实践式教学的特点

在线实践式教学具有以下特点：

第一，在线实践式教学能够充分锻炼学生的实际操作能力。平台将很难的编程知识点拆分成小节，通过各种提示引导学生完成各项操作，从而充分锻炼学生自身的实践操作能力。通过这种模式的引导，学生动手操作的机会将更多，使得学生对实践过程更熟练，更能增加后续的使用频率。

第二，在线实践式教学对学生的要求较高。由于这种在线模式不会有细致的讲解部分，在一个部分遇到问题，可能剩下的部分就没有办法继续执行操作，对于部分实践操作能力较差的学生来说学习会更吃力，他们对平台的使用体验感也会变差。

第三，在线实践式教学根据支持的课程的不同，系统间的差别较大。例如，语言类的课程只要按照语言的难易程度逐步实施，按照学习遗忘曲线进行教学设计，不停地对学生进行强化教学即可。而对于化学实验课程，教学环境中不仅要支持各种实验的虚拟环境，还需要有学生实际操作的实例，当学生的操作不符合实验规程时，系统不仅能给出警告信息，还需一步一步引导学生完成正确的实验步骤。所以课程的不同会导致在线实践教学系统的功能差别非常大，但是在系统的整体架构上是相同的。

1.5.2　在线实践式教学系统的体系架构

在线实践式教学系统架构见图1-9，包括学生端、文件服务器、应用服务器、数据库服务器以及学习资源中心。

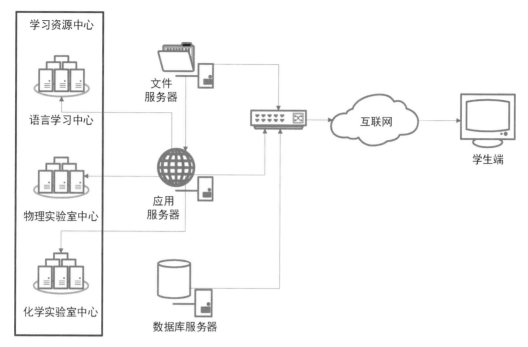

图 1-9 实践式教学系统架构图

其中,学习资源中心包括了支持的各种学习资源,例如语言学习、物理实验室、化学实验室等。每一类学习资源都有其特定的学习和展示方式。无法用一个公用的平台包含所有的信息,一般情况下是按照类别来进行划分的。

1.5.3 在线实践式教学系统的功能组成

由于在线实践式教学系统的功能与所支持的学习目标之间有较强的耦合关系,因此我们就拿化学实验课的实践式教学系统来说明该系统的功能组成(见图 1-10)。

最底层是基础数据库层,由各种类型的数据库组成,为整个系统提供数据的存储服务和数据源服务。

统一数据访问接口层:该层负责屏蔽底层数据库的不同。由于数据库的类型不同,访问数据库的驱动、连接方式以及访问的函数等都会存在差异,因此必须要有一个能够同时支持各种数据库的中间件,这样对于上层而言,就不存在数据库的差异化,上层业务访问数据时就不需要针对不同的数据库专门编写不同的访问代码,如此就实现了数据的统一访问功能。

业务引擎层:该层提供了各种业务的定义、规则、逻辑、工作流、演示动画以及用到的各种基础控件组件(如化学实验中的酒精灯、镊子、显微镜等实验器材及用品)。业务引擎就是将实验中用到的各种物品组件化、实验步骤流程化、动画化。这样方便用户在试验台上使用这些实验器材和物品,并在流程引擎的指导下完成实验。

实验台:用户登录系统后,就进入了实验台(不同的学习对象有不同的称谓,这里是针对实验课程而言,故称为"实验台")。实验台是学生动手操作,在规则引擎的指导下实际完成实验的操作平台,它包含工具箱、音视频、动画和引导流程等。通过音视频,学生可以学习实验的

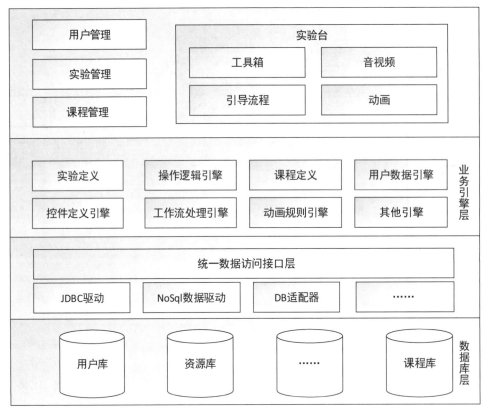

图 1-10 在线实践式教学系统功能框架图

基本要求和步骤。通过动画系统可以为学生演示正确的实验操作步骤和方法。通过工具箱，实验者可以自己动手重复实验，以实际操作者的身份来完成实验。引导流程是一个驱动音视频和动画的基础组件，确保实验者的动作和操作步骤的正确性。

1.6 翻转课堂

翻转课堂(Flipped Classroom)是对直播授课与录播授课的结合，是指重新调整课堂内外的时间，将学习的决定权从教师转移给学生。如图 1-11 所示，这种教学模式下，在课堂内，学生能够更专注于主动的基于项目的学习，共同研究解决本地化或全球化的挑战以及其他现实世界面临的问题，从而获得更深层次的理解。教师不再完全占用课堂的时间来讲授知识，这些内容需要学生在课前完成自主学习，他们可以看视频讲座、听播客、阅读功能增强的电子书，还能在网络上与同学讨论，能在任何时候去查阅需要的材料。教师也有更多的时间与每个人交流。在课后，学生自主规划学习内容、学习节奏、风格和呈现知识的方式，教师则采用讲授法和协作法来满足学生的需要并促成他们的个性化学习，其目标是让学生通过实践获得更真实的学习体验。翻转课堂模式与混合式学习、探究性学习、其他学习方法和工具在含义上有所重叠，都是为了让学习过程更加灵活、主动，让学生的参与度更高。互联网尤其是移动互联网催生了"翻转课堂式"教学模式。

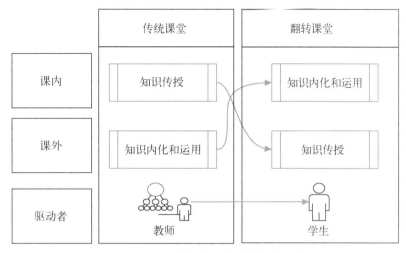

图 1-11　翻转课堂与传统课堂的比较

1.6.1　翻转课堂的作用与意义

翻转课堂创新了传统的教学流程,让学生在课前自主学习,课堂中教师因材施教或开展活动帮助学生掌握和运用在课前学到的新知识与技能。

翻转课堂翻转了教师的传统教学理念,切实做到了"以学生为中心",做到了"因材施教"。

翻转课堂翻转了教师和学生的角色,让学生主动地自主学习,教师提供有针对性的个别指导。

翻转课堂翻转了课堂教学模式,很好地利用混合学习模式,将在线学习与面对面的教学有机地结合起来,将新知识与技能的学习、应用和迁移有机地结合起来。

1.6.2　翻转课堂的特点

翻转课堂具有以下特点:

第一,更加重视知识的内化过程。在传统课堂中,课堂上教师传授知识,学生在课后完成作业、测试。这是一种先教后学的教学模式,知识的内化过程主要发生在课外。而在翻转课堂中,这种教学模式发生了颠覆性的变化,学生在课外自学知识,而在课上以作业、测试及讨论答疑等活动来完成知识的内化。

第二,突出"以学生为中心"的教育理念,有利于学生的个性化学习。在翻转课堂中,学生可以根据自己的实际情况自主观看教学视频。教师课前提供教学资料、视频,课堂上引导学生解决问题等,充分体现了"以学生为中心"的教育理念,极大地提高了学生学习的主动性。此外,微视频便于传输、下载,能在多种移动设备上播放,学生可以随时随地根据自身的认知特点和认知能力调整学习进度,进行个性化的学习。对于一些接受知识较慢或是遇到不懂的知识点的学生而言,他们可以暂停或者反复观看直到掌握知识点。

第三,教学资源丰富生动,能有效激发学生的学习兴趣。通过文字、图像、声音、微视频等多种媒体将抽象的教学内容进行立体化的呈现,可以加深学生的理解和记忆。由于翻转课堂的教学资源是根据每个小知识点制作的微视频,时长大多不超过 10 分钟,学生在学习时能够集中注意力,不会因为视频过长而产生学习倦怠感。此外,视频比教师的口头讲授更加形象、生动,能更好地吸引学生的注意力,学生也有较强的学习兴趣。

第四,学生自主学习形式仍需改进。在翻转课堂中,教学内容大多是通过微视频的形式来传递的,但从某些方面来说,通过观看教学视频来学习对学生而言也存在一些弊端。首先,学生在观看教学视频时极易受到外界因素的干扰,这不利于学生自主学习,从而无法达到预期的教学效果。虽然在传统的面对面课堂教学中也存在很多干扰,但教师作为课堂的管理者和监控者会减少这些外在因素对学生的干扰。其次,在课前,学生也许不会观看或不能够理解教学视频的内容,这将对课堂活动的开展造成较大的影响。

第五,网络学习平台仍需完善。翻转课堂是在信息技术的支持下得以开展的一种新的教学模式,其利用先进的信息技术和教育平台,激发学生的学习兴趣,有效地提升学生的自主学习能力。但目前的网络教育平台并不完善,虽然多数学生对网络、电子产品及各类软件的应用十分熟练,但是由于网络环境资源还不够完全、充分,学习平台便捷性不足,移动智能终端缺乏,这在一定程度上制约了翻转课堂教学实践的深入推进。

第六,教师的教育观念和信息素养仍待改变和提升。教师是教学视频的制作者、学习活动的组织者,翻转课堂对教师提出了更高的要求。在某种程度上,由于受传统教育的长期影响,教师改变"以教师为中心"的教育观念还需要时间,这导致翻转课堂虽有其形,却难以在短时间实现"以学生为中心"的最终目标。教师的传统观念不改变,翻转课堂的实施就存在很大的困难。同时,教师的信息素养落后也会导致翻转课堂在实施过程中受到较严重的制约,教师的信息素养直接影响教学视频的质量。

1.7 其他应用模式

1.7.1 泛娱乐

泛娱乐,指的是基于互联网与移动互联网的多领域共生,打造明星IP(Intellectual Property,知识产权)的"粉丝"经济,其核心是IP,可以是一个故事、一个角色或者其他任何大量用户喜爱的事物。

在泛娱乐经济中,游戏直播和视频直播技术也给了新教学模式一定参考,直播应用大都以OBS(Open Broadcaster Software)技术为基础,在此基础上构建完整的应用场景。

泛娱乐具有以下特性:

第一,任何娱乐形式不再孤立存在,而是全面跨界连接、融通共生。

第二,创作者与消费者界限逐渐打破,每个人都可以是创作达人。

第三,移动互联网催生"粉丝"经济,明星IP诞生效率将大大提升。

第四,趣味互动体验将广泛应用,娱乐思维或将重塑人们的生活方式。

第五,科技、艺术、人才自由,"互联网+"将催生大创意时代。

OBS是一个免费的开源的视频录制和视频实时流媒体软件。其有多种功能并广泛使用在视频采集、直播等领域。

OBS是一个基础软件,其不能单独提供完整的直播技术,主要偏重于直播端的视频录制、视频流媒体的发布。实现视频流的技术就是流媒体技术。所谓流媒体技术,是指将连续的影像和声音信息经过压缩处理后放在网站服务器上,让用户能够一边下载一边观看、收听(即所谓的"在线欣赏"),而不需要等整个压缩文件下载到自己的机器上才可以欣赏的网络传输技术。OBS仅仅是将视频流发布出来,而没有提供连接控制、分发、共享、存储等功能,需要结合服务平台的相关技术才能真正形成一个支持大客户量、大流量、高并发的视频流应用场景。例如,斗鱼直播、游戏直播、腾讯NOW直播等都是一个完整的系统。其系统的结构与直播授课系统一样。智慧生活、智慧学习是未来发展的方向。目前在泛娱乐领域出现了具有先进性的应用技术的新模式,对教育技术领域的发展有积极的启迪作用。

第 2 章
新教学理念

本章基于传统教学模式与现代教育技术的最新发展,提出具有前瞻性、面向未来教育发展的教学新理念。

2.1 现代教育技术

2.1.1 现代教育技术以信息技术为依托

能够应用于现代教学模式中的所有信息技术以及相关技术系统称为现代教育技术。教育、教学与学习过程实质上是信息的产生、选择、存储、传输、转换、分配和再利用的过程,而信息技术正是指用于上述一系列过程的各种先进技术的应用,包括微电子技术、多媒体技术、计算机技术、分布式云存储技术、视频直播技术、人工智能计算技术、计算机网络技术和远距离通信技术等方面。把这些技术引入教育、教学和学习的过程,可以大大提高信息处理的能力,即大大提高教与学的效率。

现代科学技术突飞猛进的发展,使得各种信息资源量产生了几何倍数的增加,20 世纪 80 年代以前每 10 年信息量才增加 1 倍;2010 年后信息量每 2—3 年就翻一番;随着信息技术的进步,2020 年以后信息技术的进步更是呈现大爆发的趋势,人们掌握知识的半衰期在不断缩短。因此,提高教与学的效率尤其显得重要。而信息技术则是提高教与学的效率的技术基础。

2.1.2 现代教育技术以培养全面复合型人才为目标

现代教育技术的出现有利于引导和激励学生向复合型人才方向发展。现代教育不仅要高效传授知识,还要满足社会需求,更要重视学生未来的发展。所以,在教学内容的选择上、在教学方法的运用上和教学实践的形式上应用现代教育技术来实现对复合型人才的培养是当前教育技术的重要发展方向。

现代教育技术是把现代教育理论应用于教学实践的现代教育手段和方法体系。它是现代教学设计、现代教学媒体和现代网络教学的综合体现,以实现教学过程、教学效果、教学资源最

优化为目的。现代教育技术的主要特征,可以从以下四个方面来分析:

(1) 教学规律

现代教育技术规避了传统教学知识结构线性的缺陷,具有信息呈现多样化、立体化、情景化和可回顾的特点,符合现代教育认知规律。第一,在建立和形成认知结构方面,现代教育技术的教学系统符合奎林(J. R. Quilian)的语义网络理论。人类的认知包括感觉、知觉、注意、记忆、思维、语言等生理和心理活动。人类认识世界是从感觉和知觉开始的。人们感知事物时需要以注意为前提,并从众多信息中将有用的信息筛检过滤,储存到记忆系统,继而形成表象和概念。人在认识事物时会联系和抽象这些事物的内外部规律。这种认识要靠思维过程来进行,所以人类的思维具有高度的概括性和间接性。人类在漫长的进化过程中发展出独特的语言功能,通过它来进行思想交流。人类的认知过程会在大脑中形成一个层层相连的网状结构,这个结构中有节点、链等。各节点之间通过链的作用而结成一个记忆网络。学生可以根据自己的实际能力、学习需要来安排自己的学习。传统教学知识结构的线性化不仅限制了学生多层次、多角度地获得知识信息,而且限制了教师教学的灵活性,使教师只能按照固定的教学计划来完成工作。第二,在认知过程方面,现代教育技术教学符合加涅(R. M. Gagne)的认知学习理论。该理论揭示了人类掌握知识、形成能力的阶梯式发展过程。现代教育技术把感知、理解、巩固与运用融为一体,使学生在较短时间内记忆得到强化,可以有效地促进个体主动参与认知结构不断重组的递进式学习过程,更符合加涅提出的联结与连锁学习、辨别学习、概念学习、规则学习、高级规则学习的五个层次划分。

(2) 教学模式

现代教育技术教学系统既是一个可以进行差异化自主学习的教学环境与应用系统,又是一个能够形成教师与教师之间、学生与学生之间相互协作的教学环境与应用系统。现代教育技术教学手段丰富,输入与输出方式的多样化使其具有很强的交互能力。反转课堂教学、群组学习、主题学习等多种学习形式交替使用,可以最大限度地发挥学生学习的主动性和积极性,从而实现按需学习和兴趣学习的目标。与网络技术相结合的智慧化的教学系统还可以使学生与学生之间、学生与教师之间跨越时空进行互相交流,实现自由讨论式的协同学习。

(3) 教学内容

现代教育技术可以集声、文、图、像以及互动于一体,使知识信息来源丰富。同时,现代教育技术信息量大,内容充实,展现形式多样,形象生动,更具吸引力。其创造的无限想象的学习空间,既可以超越现实时间,生动地展示历史或未来的认知对象,又能够拓宽学习的活动范围,使学生回到事件发生的年代,将历史空间与微观世界的事物充分展示出来。现代教育技术教学系统学习知识的来源多样化、内容呈现的立体化颠覆了传统的课堂教学模式。

(4) 教学手段

现代教育技术的教学系统主要是指智能化教学管理系统。智能化教学管理系统强调以网络技术为基础,以分布式的网络知识库为学习资源集市,以智能化的教学工具和系统为中枢,以教师为纽带,以学生为节点,通过智能化教学管理系统将这些信息连接起来,从根本上改变了传统教学中的教师、教材、学生三点一线的格局。学生面对的不再是单一枯燥无味的文字教材和一成不变的粉笔加黑板的课堂,呈现在学生面前的是图文并茂的音像教材、视听结合的多媒体教材,甚至是学生能够参与教学活动的主动学习的教学环境。所有这一切使得传统教学中抽象的书本知识形式转化为学生易于接受的立体多元组合形式。

教学手段现代化是实现教育现代化的一个重要突破口。充分利用现代教育技术,尤其是借助现代网络和各类先进媒介来进行教学,所发挥的重大作用将是无法估量的。

2.2 教学模式的现在与未来

更新的技术正向我们走来,教学理念、模式也将随着技术的变化而变化,这对新教学提出了更高的要求。无论是应对互联网形态变迁的大趋势,如网络社会提供的信息支持、工具支持、平台支持和网络效能、性能的提高等等,还是应对教与学的新需求,都需要一个适应更新技术、能够与其共同发展的全新的教学模式。

本书在第一章阐述了在计算机及网络不断更新发展下的现有模式,包括直播授课、录播授课、一对一授课、题库式教学、在线实践式教学等等。然而,这些模式更强调线下教学形式上的迁移,进行了便捷性的改造,而实质性的教学思想、教学理念以及教学方法还需要随着技术手段向更高阶段的发展而发展,如此教育的内涵、教育本身规律的拓展与延伸才能得以更好地应用与实现。

AI 展现了人与机器交互的更高水平,更深层次、更真实地反映人与人之间交流的场景。5G 时代的到来使得网络视频更快速便捷。区块链也成为底层技术的重要支撑。因此教育的理念、模式、工具也需要随之发生变化,与新兴技术同步发展。

技术的进步、在线交互平台的发展必然给教育带来颠覆性的变化,引领人们构建起新的教学理念。借助更新的技术手段,实现教学过程、教学形式与教学场景的转变,大学正悄然发生着变化,一场影响深远的划时代的大学变革正向我们走来。

大学的在线交互平台已经成为高等教育发展的重要组成部分,它的发展增加了普通大众接受高等教育的机会和选择。大学已经充分认识到现代在线交互平台上的教育方式具有潜在发展前景,为此积极进行教育教学创新。越来越多的教育工作者、创业者和投资人也都试图创新传统教育模式,重新定义教育的未来。

大学以突出的智力优势与人才优势在构建人类命运共同体中扮演了重要角色,在理念引领、科技进步、成果产出、产业升级、文明交流等方面发挥着不可替代的作用。大学需要战略性的前瞻与审时度势,面对信息化社会对大学功能的新需求,在技术变革背景下,大学的架构与定位需要超前预判,由此决定其面向未来的教学元素、教学理念与教学职能。

下面从未来大学的发展来讨论新教学发展的新机遇与新思考。

2.2.1 教学元素

未来大学中的学生和教师将没有严格的界限。未来大学的学生,也可能精通某一领域或者某一范围内的知识,也可以随时转变为教师来分享自己的知识。学生和教师的界限变得模糊起来,他们随时有可能角色互换,这样的学习模式将更加灵活,更加主动。未来大学最有可能成为真正意义上的学习型组织。未来大学的自学习模式也更符合学习型组织的特征。大学在传授知识中的批判精神有时被压抑,未来大学新模式知识传授过程中的质疑和批判将成为最普通的知识交流、共享和传递方式。学生和教师可以自由无限制地进行思想上的碰撞,新的知识火花也将更多地产生出来。这样一来,交互式的学习模式将使知识更加开放化,知识的羽毛也更加丰满,真正意义上的百家争鸣态势必将形成。

未来大学的教材也将出现革命性的变化。大量的电子化的教材出现,教材将实现多种交互式的学习方式。未来大学的教材将进行深层次的变革,集成化、定制化的教材将会出现,按需定制所学的教材体系将成为现实。虽然传统教材不可能完全消失,但越来越多的人不再将学校理解为一栋建筑、一堵围墙,不再将家庭作业理解为一堆纸张。对于未来的人而言,大学只是学习的地方,技术正迅速改变学习的方式和位置。百家争鸣的局面会在未来大学的交互平台上愈演愈烈,未来大学所产生的知识的质量和数量也将空前提升。未来大学对新知识的响应速度、波及速度、传导速度将大大提升。新知识将以更快的响应速度、更广的波及面传递到世界各个角落。通过未来大学的新型教材,人们将超越大学的围墙,冲破时间和地域的限制,学习者可以以互联网为主的学习方式摆脱教室的"禁锢",其最大优点是扩大学习的自主性,能使他们自主地选择学习内容,自由地安排学习时间和地点。从此,人类的知识文明再不是由大学围墙里的人独享,这种知识传播的方式将推动社会高等教育的普及化,使实现真正意义上的虚拟大学成为可能,增加普通大众接受高等教育的机会和选择。

未来大学将迎来微学位时代。微学位的模式最大限度剔除了不需要的东西,成为知识冗余最小的学位。在未来大学,以课程"组件化"为特征的"微学位"将成为新的教育模式。与之对应的招生模式也将变革为以"按需学习"为特征的"全民化",即任何一个想要学习的人都可以通过在线交互平台选择需要的课程,需要什么学什么,实现真正意义上的大学变革。未来大学争夺人才的方式将变成自我创新的竞争,没有创新、没有品牌就没有生源。未来大学也将进入社会的大熔炉,接受市场的考验。目前的大学是以学历来组织课程,学生为了拿到学位,为了修够学分,要完成一整套的课程,实际上有很多课程跟学生的兴趣或者专长甚至所学的专业关系不大,这对教育资源也是极大的浪费。而未来大学的教育方式趋向"组件化"。"学历"的概念将逐渐淡化,学生可以不再拘泥于学位或者某个特定的大学。这样,学生将可以选择世界上所有来源的最优秀的课程,并因此获得新的"微学位"。而未来大学的这种教育方式也将成就大学无界化,使大学真正没有围墙,众多被目前大学拒之门外的人也享有受教育权利,也能获得社会认可的"微学位"。打个比方,在未来大学,学生在上大学时将不会局限于某个专业,即使学生的专业是"计算机软件",也仍然可以选择上诸如"广告学""艺术学"这些专业的各门课程。实际上,不同专业的课程也可能对个人发展、职业发展产生非常大的影响。但是,传统的大学教育因为受到人力资源、场地和制度等的限制,有时无法满足跨专业学习的需求,使部分学生因此成为局限于本专业的井底之蛙。在未来的大学,学位或者说资质的认证本身显得不那么重要,教育的普及和深化、资源的共享和灵活调度、个性化的学习实际上让更多的人受益。而且,在这种趋势下,未来的大学更像是一个大学围墙之外的学习中心,学生有机会习得各专业的知识,个人学习也不会局限于大学四年,而是终身学习。学位至今是社会价值信任度的重要砝码,有了好学校的更高学位,才会有更好的社会机会。未来大学实践的一个重要内容就是把人们的知识与获得知识的方式区分开来。

2.2.2 教学职能

大学在职能上将更综合。在人才培养、科学研究、社会服务、文化传承这四大新时期高等教育功能的基础上,大学将衍生出更多迎接变化的新功能。这些功能将围绕大学的核心特色构成一个动态平衡。大学以其核心功能为主线,在校内、校际协同过程中不断优化升级、功能整合,通过对不同功能要素之间的优势互补,在每个环节上实现价值,这些价值最后将围绕核心竞争力构建起整条资源价值链,形成互动协作团体。

大学在职能上将更加开放、包容。如今社会的知识资源比物质资源更丰富,人们贯彻"活到老,学到老"的终身学习精神来紧跟时代变革的步伐。高等教育正日益普及,以其开放包容面向大众。大学生、社会学生都具有多渠道取得教学资源的权利,大学所提供的不只是传统教育,更是人皆有之的平等学习机会,甚至可以在评估认证的基础上为各行各业的资格准入提供教学平台。教育的方式将更加多元化,教授的对象将覆盖社会的各个年龄段、各个群体。除了适龄的学生,想完成自己领域内的深造的工作者、对专业外的知识有渴求的社会成员,都将有机会重返校园,接受灵活、平等的教育。这样的大学将在规范化的教学模式下培养具有结构化能力的各行各业的学生。

大学将更加专业化。未来大学将成为对社会经济发展反应最快、最敏感的单元。传统大学的行政架构已经相对成熟,未来大学蓬勃发展的新架构正向我们走来。未来大学的发展将更加遵循"从实践中来,到实践中去"的哲学理念。未来大学的架构取决于交互平台的架构,未来大学的基础就是交互平台,而架构也与交互平台有着最大关联性。交互平台本身发展的思想和理念极大影响了未来大学的架构,未来大学不再仅仅适应技术发展带来的影响,而是通过交互平台对未来大学的思想和理念带来的变化,反过来促进交互平台的进一步发展。未来大学与交互平台将成为互相推动、共同发展的结合体。未来大学教育新模式兴起后将面临更激烈的市场竞争,在全球范围内将涌现更多数量、规模更加庞大的学习中心,无界化的学习中心将实现对全球范围的教育市场覆盖。不同大学的组织机构与管理复杂程度将多有差异,而大学作为一个学术机构、一个教育机构和一个经营机构,其所具备的基本管理属性是不会变化的:一方面,大学是由教授学者组成的专业机构,具备专业的独特性,这体现在大学的学术与教育功能导向上;另一方面,大学也是需要管理的经营机构,这体现在大学在学术与教育各领域的资源投入产出的效率绩效上。在新型交互平台上,人才、学科和创新也将产生变化,传统大学的人才学科分散、封闭、低效以及缺乏原创的问题将得到解决,未来大学将实现人才、学科和创新的高度融合。

大学边界的模糊将弱化其独立性。在全球经济一体化的时代,大学正在与社会各阶层更密切地合作,形成一个"长期"利益共同体,从而实现社会各要素间的可持续发展。在未来的大学里,学科联盟与课外伙伴关系将成为一种发展趋势,今后将减少传统意义上的一体化大学。大学必须确定自己的发展优先事项,明确界定其在社会中的作用并建立属于自己的价值观。在课程内,一门学科的教学将不局限于该学科内部的知识点应用,而应涵盖该学科涉及的全方位应用和学科交叉内容。每所大学依据职能发展出的独特竞争力与有针对性的知识体系将不断在纵深上得到加强。在横向上,构建起与其他大学、企业间的伙伴关系,并分享教师、课程、设施、服务等资源,使大学和社会建立密切联系。在"未来大学"的逻辑里,校际互动、校外融合必将给校内已有体系带来不同程度的影响,但这一影响会随着融合的加深、体系的构建而形成更强的联盟,带来整体的崛起。

未来大学与社会的融合是空前的,界限也在模糊化。未来大学的无界化将使大学与社会产生前所未有的关联。大学存在于一定的社会中,作为社会组织中的一个机构,大学与社会中其他机构之间存在着千丝万缕的联系。尽管不同的国家社会制度不同,但大学具有相同的社会性,在社会中承担着相同的社会职能。未来大学的社会关联性将会更加紧密,这主要体现在

四个方面:

一是未来大学会由"适应社会发展"升华为"引领社会发展"。从世界教育史看,大学一直是在社会发展之后适应社会的发展和变化的。大学正从适应农业经济、适应工业经济、适应后工业社会转向适应21世纪知识经济的发展。随着未来大学围墙的消失,更紧密的联系会使大学的地位上升而不是下降。将有越来越多的"社会人"通过大学参与知识创新、知识传播和知识应用,因此,未来大学将引领社会的发展。

二是未来大学服务社会的方式发生变革。一直以来,大学主要是通过培养人才为社会服务的,大学要根据社会的需求努力培养各类合格人才。未来大学服务社会的方式和力度得到升华,将发展到"以人为本"的阶段,而这里的"人"不止大学围墙里面的大学生、教师,而是整个社会上的人。也就是说,大学所培养的对象不仅仅是"大学人",大学还要承担起培养"社会人"的责任。从资源配置方面来看,未来大学教育既不是公共产品也不是私人产品,而是准公共产品。未来大学拆除了与社会隔绝的"围墙",社会需要什么知识、需要什么人才,大学依此制定教育计划、培养目标,按需为社会服务,由此未来大学也将具有社会公益性,为社会的物质文明和精神文明建设服务。

三是未来大学将具备开放性大学的特点。未来大学将让社会走进学校。大学是社会的产物,一直以来,产学研结合的办学模式为大学与社会架起了一座桥梁。未来大学的教育资源将向社会开放,主动为社会服务,如实行多样化的办学体制、多样化的办学形式,以多样化的方式为社会培养多样化、适合社会需求的人才。未来大学的全球化进度将大大加快。未来大学通过在线交互平台,可以让外国专家以面对面的方式进行讲学,我们的教师也可以为外国大学讲学,同时,学生不用出国就可以与国外的教师、学生进行面对面的交流,一方面可以学习外国先进的科学技术,另一方面可以宣传中国的优秀文化。

四是未来大学将真正嵌入社会生产的价值链,成为社会生产价值链的一部分。未来大学不再被动地发展,而是更加贴近社会生产价值链的需求,更加贴近市场的需求。经济社会的发展与大学的发展将更加贴近。未来大学也将成为社会发展的桥头堡,知识可以第一时间应用到经济社会,促进社会的发展,同时,通过知识的应用,大学也在第一线进行知识的创新,产生新的知识,进入新的知识循环。未来大学的学科更加贴近社会,不适应社会发展或者滞后的学科将由于选择的人减少而自行消失,避免出现落伍的学科仍然招生的现象,人们也不会花费很大的精力去得到已经不适应社会发展的知识,从而避免社会资源的极大浪费。人们不会学习对社会已经失去价值的东西。所以,未来大学的学科概念将淡化,真正实现按社会所需的快速反应发展模式。

随着社会的快速发展和知识价值的增加,未来的大学将更加注重前瞻性,成为教育结构变革的行动者与领导者,承担体系重构的重任。与此同时,社会的迅速发展将持续激励大学对社会的演变做出更迅速、更准确的反应,最终使其社会服务职能从"被动调整"转变为"积极探索"。未来大学需要在观察人类进步模式和发展路径的前提下,带着超前性与预见性的眼光培养人才,进行科学研究、社会服务与文化传承创新。

未来大学将最大限度地融合世界文化。不同文化之间的交流与合作空前广泛,它将突破地域的限制,多种文化的交流将变得更容易、更普遍、更广泛。未来大学不再向社会提供等级类的人才产品,而是按照技能提供人才产品。借助交互平台运行的未来大学管理,将全新改变人才在传统大学的传统烙印,通过交互平台上更加细化的微学位真正选拔出符合岗位要求的优秀人才,真正实现按需选择人才。

2.2.3 教学理念

面向未来的大学教育将与其他组织实现功能共享、职能互通。在传统的社会各组织形式中,不同组织间或一个组织的不同组分间具有清晰而明确的界限。而未来的教学理念则强调大学与社会的边界变得更模糊,通过大学的灵活性与易变性来化解其与企业、地区甚至国家的关系。大学在履行许多职能时被人为地划分了界限,从而导致大学教育与科学研究发生矛盾、大学的社会性影响科研的独立性等。大学的组织结构将在内部与外部同时实现融合,即在大学的职能上同时跨越内部和外部界限:在内部实现跨部门的合作,在目标统一且具有重合功能的基础上实现职能相融;在外部建立跨领域跨行业的联结,与政府、社会和外部市场达成越来越多的战略合作。大学的职能界限将更加开放和灵活,以灵活的组织取代固定的模式。

未来大学中的课程资源是共享的,知识创新得以真正实现,学生和教师实现全球性的共同聚集与共同创新,创新主体空前多元化。未来大学的平台方式可以使全球优质教育资源最大限度地发挥作用,解决优质高等教育资源缺乏的社会问题。未来大学的学习者可在全球任何时间、任何地点完全自由免费地获取任何所需的开放资源,并对其合法使用、改编进而派生成新的共享资源。它的深刻意义在于:大学无界、专家无界、知识无界得以前所未有地实现。大众既是知识学习者又是知识的传授、集成、整合和创造者。"众人拾柴火焰高",全社会的力量使知识的创新更为实用,更加贴近生活。大学也变革成为最能培养创新能力、最不保守、最不受条条框框约束的创新平台。未来大学的知识的产生更贴近应用,在应用中产生新的知识,这是一种螺旋上升的方式。知识的产生、传播和应用不再是串行的发展线路,而是并行的发展路线。

2.3 新 教 学

新教学就是要构建适应未来大学发展的、服务于现代网络环境学习和现代媒介学习的创新教学模式。

新的技术正不断向我们走来,AI 交互教学平台给大学教育模式带来了全方位的改变,大数据的多样性、可扩展性、实时性、个性化价值,不断影响并改变着大学教育模式。传统教学模式需要不断发展以紧跟现代技术发展的步伐,其中,教学场景、教学过程、教材载体、教师与学生的任务等都有待进一步变化。

新教学尝试基于在线交互平台的网络化、数字化、智能化与虚拟化等,在未来大学人才培养、科学研究、社会服务、文化传承等方面注入创新的内容。基于新型 AI 交互教学平台的大学教育新模式将成为高等教育创新的重要探索模式,深刻影响现代大学的办学理念。未来的大学将成为具有开放性、共享需求的互联网平台,成为具有创造力和前瞻性的学习中心。新的教学模式与教育技术正为发展未来大学的新模式贡献力量。科技的发展催生了在线交互平台,进而让大学也走进新时代。交互技术的发展改变着传统大学,但是未来大学绝不是传统大学的电子化,而是在人们教学思想、教育理念与教学行为上的深刻变化。新教学将伴随未来大学的新规则、新体系、新理念展现它的勃勃生机。

第 3 章
新教学模式

本章从新的形式、新的教师、新的学生与新的教材视角介绍新教学的模式。

3.1 新教学模式概述

新教学模式改变了传统教学的知识传递过程,探索了在时长(精简)、学分设置(微学位的学分)、教学内容上适应现代网络环境和媒介学习的创新教学模式。组图 3-1 至组图 3-5 以高等数学知识点 1 为例,呈现一节课的标准流程:

① **课前:预习与签到(组图 3-1)**

学生扫码登录终端。

图 3-1-1 新教学 AI 交互教学系统扫码登录终端页面

学生输入信息,课前预习,考勤签到。

图 3-1-2 新教学 AI 交互教学系统学生进入页面

图 3-1-3 新教学 AI 交互教学系统课前界面

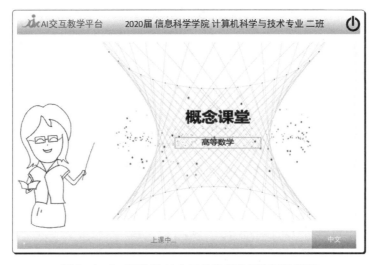

图 3-1-4 新教学 AI 交互教学系统课程开始界面

第3章 新教学模式

🕐 **第1分钟：关键词与课前引例(组图3-2)**

重点描述知识点概念与背景，涉及知识点引例与引用场景。

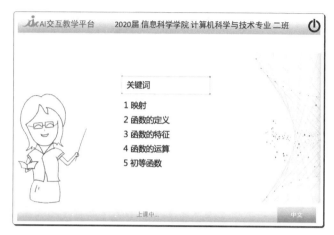

图3-2-1 新教学AI交互教学系统"关键词"界面

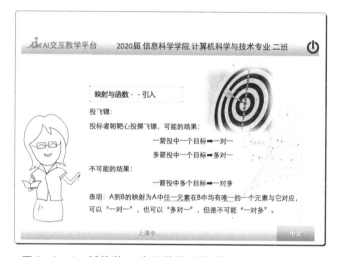

图3-2-2 新教学AI交互教学系统"知识点引入"界面(a)

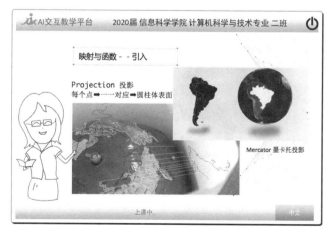

图3-2-3 新教学AI交互教学系统"知识点引入"界面(b)

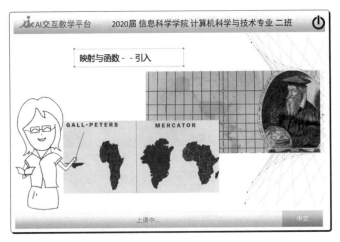

图 3-2-4　新教学 AI 交互教学系统"知识点引入"界面(c)

⏱ **第 2—9 分钟：关键过程（组图 3-3）**

详述方法与知识点，涉及基础性重点。

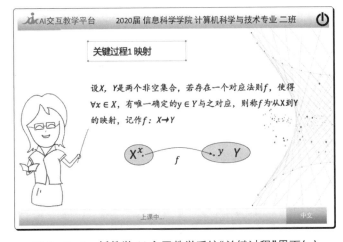

图 3-3-1　新教学 AI 交互教学系统"关键过程"界面(a)

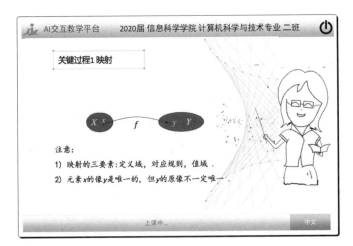

图 3-3-2　新教学 AI 交互教学系统"关键过程"界面(b)

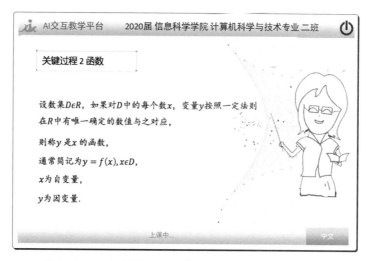

图 3-3-3　新教学 AI 交互教学系统"关键过程"界面(c)

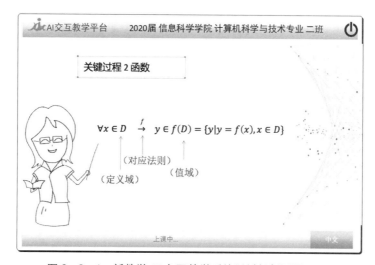

图 3-3-4　新教学 AI 交互教学系统"关键过程"界面(d)

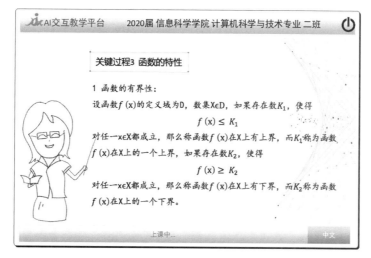

图 3-3-5　新教学 AI 交互教学系统"关键过程"界面(e)

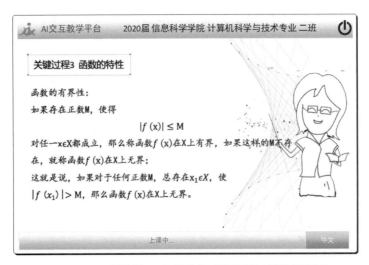

图 3-3-6　新教学 AI 交互教学系统"关键过程"界面(f)

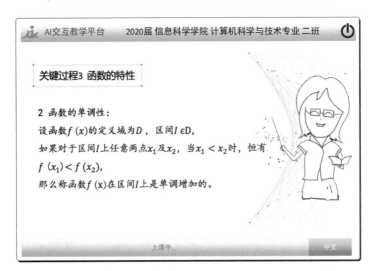

图 3-3-7　新教学 AI 交互教学系统"关键过程"界面(g)

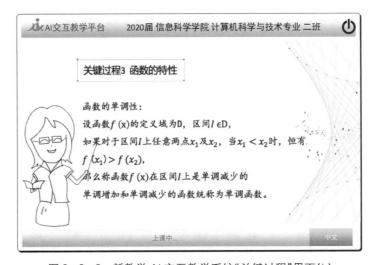

图 3-3-8　新教学 AI 交互教学系统"关键过程"界面(h)

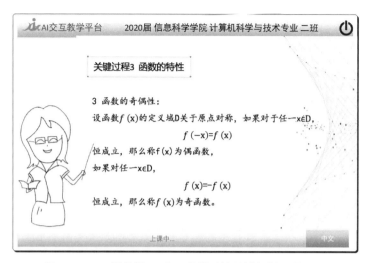

图 3-3-9　新教学 AI 交互教学系统"关键过程"界面(i)

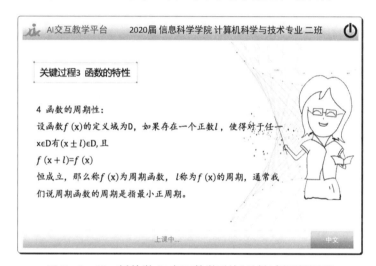

图 3-3-10　新教学 AI 交互教学系统"关键过程"界面(j)

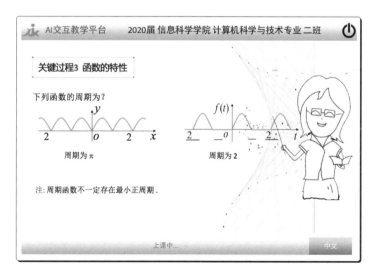

图 3-3-11　新教学 AI 交互教学系统"关键过程"界面(k)

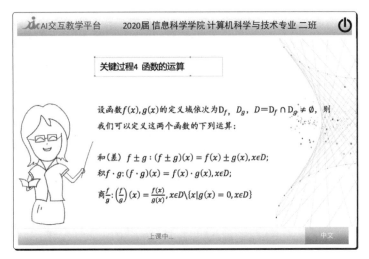

图 3-3-12　新教学 AI 交互教学系统"关键过程"界面(l)

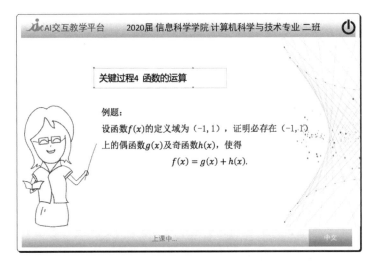

图 3-3-13　新教学 AI 交互教学系统"关键过程"界面(m)

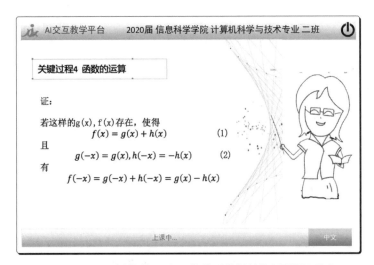

图 3-3-14　新教学 AI 交互教学系统"关键过程"界面(n)

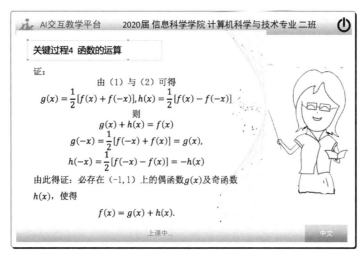

图 3-3-15　新教学 AI 交互教学系统"关键过程"界面(o)

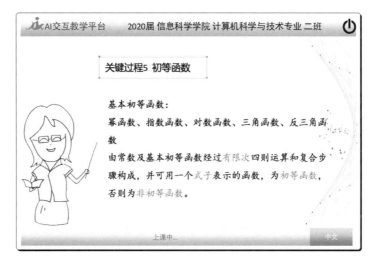

图 3-3-16　新教学 AI 交互教学系统"关键过程"界面(p)

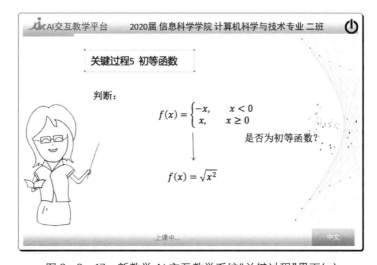

图 3-3-17　新教学 AI 交互教学系统"关键过程"界面(q)

🕐 **第 10 分钟：关键结论（组图 3-4）**

总结与重点回顾，涉及该节知识点的关键性结论。

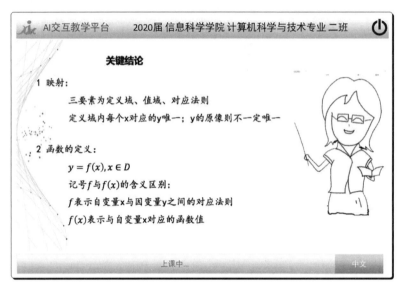

图 3-4-1　新教学 AI 交互教学系统"关键结论"界面(a)

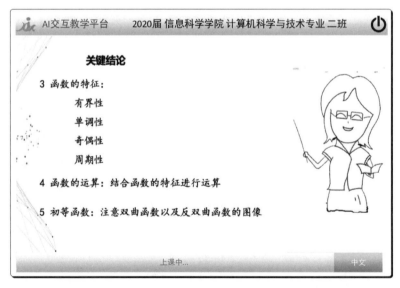

图 3-4-2　新教学 AI 交互教学系统"关键结论"界面(b)

🕐 **第 11—20 分钟：测试与成果（组图 3-5）**

🕐　测试部分

选择性覆盖重点与基础概念（10 分钟），总结性评估与过程性评估相结合。涉及基础关键点，兼顾知识获取过程与习得结果，不涉及难点，学生将在 10 分钟的规定时间内完成学习结果检验。

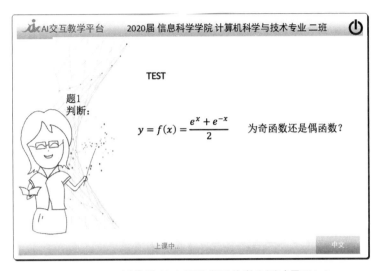

图3-5-1 新教学 AI 交互教学系统学生测试界面(a)

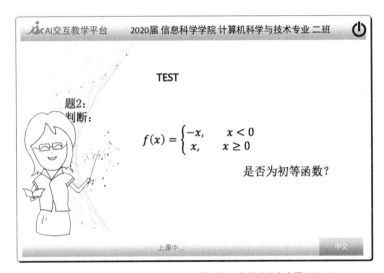

图3-5-2 新教学 AI 交互教学系统学生测试界面(b)

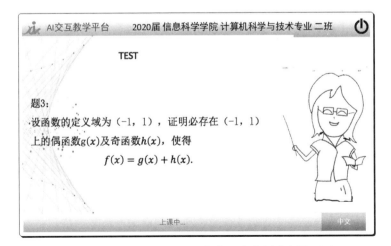

图3-5-3 新教学 AI 交互教学系统学生测试界面(c)

🕐 查看成绩,微学分取得

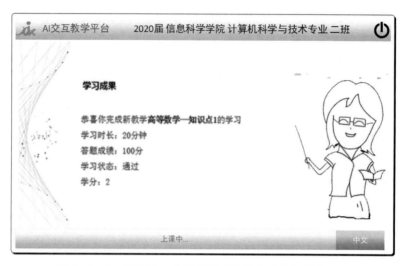

图 3-5-4 新教学 AI 交互教学系统学生成绩与学分取得

图 3-6 以一节课(即一个知识点)为单位,通过时间轴具体阐述新教学模式中的核心要素。新教学借助大数据对学生的预习结果等进行分析,课程也将以精简、开放为特征,授课过程中对教师、学生的状态作调整,引入机器人教师,是既服务校内学生,又有助于社会学生,实现"双工并发"的知识传递过程的新教学模式。新教学教学过程示意图如表 3.1 所示,知识传递及评估模式如表 3.2 所示。

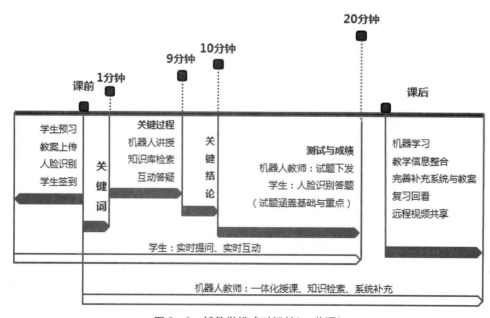

图 3-6 新教学模式时间轴(一节课)

表 3.1 新教学教学过程示意表

新教学过程						
课　前		课　中		课　后		
教师	教案编写	教师	课件播放、展示	教师	资源管理	
	资源管理		课堂互动 状态监控		反馈管理	
机器人 教师	自测试管理	机器人 教师	信息检索	机器人 教师	数据分析	
	课前预习管理		测试管理		教案管理	
	学生数据分析		数据管理		课程完善	
学生	资源下载、学习	学生	知识习得	学生	灵感交流	
	预习、自测试		答疑互动		课后答疑	

表 3.2 知识传递及评估模式

知识传递				
同　步	实时翻译	预习与自测试	异　步	
	拓展检索	复习回看		
	远程参与	评估反馈		
	灵感交流	成功取得		
评估模式				
课程评估	线上终端	线下教室	形成性评估 总结性评估	
	任务评估	表现评估		
	同行评议	参与度评估		
	平台评估	成绩评估		

新教学以机器与智能教学为关键词,构建适应未来大学发展、服务于现代网络环境学习与现代媒介学习的创新教学模式。在课程设置上,每 20 分钟为一个小节的课程安排,每小节包括关键词、关键过程、关键结论与测试,具体实施流程如下:

(1) 课前考勤

学生通过教室中的指纹识别系统或人脸识别系统进行签到打卡。签到系统与学生学习信息相连接,识别成功即进入新教学授课系统,可以开始上课。新教学考勤系统在对出勤率进行整合后,计入学生学习表现。

(2) 课程内容

在现代技术的支持下,机器人教师课前将配备有投影设备与文本、语音识别系统。机器人教师将在授课时自动将机器人教案转化为文字,并输出成为学生所需要的语言。授课情境将是一个由机器人教师、教室共同构建成的虚实结合又生动有趣的氛围,教师还将通过 AI 交互教学系统实现与学生的实时互动、实时检索功能,为学生构建资源透明、信息共享的学习环境。

此外，AI交互教学系统将针对不同学科的不同教学要求进行不同的教师布局调整以增强学科适应性。每个课桌都配备有电脑，电子书里存有实时跟进的电子教材，使学生在无课本的情况下获取最新版信息。

在课前，教学管理系统将学生该课程所需课件上传至云端共享，使学生在课前完成的只是概览、预习，使系统获得该课程的学生预习信息与课前知识掌握程度。课后经过学生、教师对课堂反馈的补充，教学管理系统将重整课件、二次上传，供学生复习、巩固与内化。

课程每一节总时长共20分钟，包括4个部分（关键词、关键过程、关键结论与测试），在保持学生亢奋状态的同时，将知识碎片化，强调重点知识的习得，确保快速高效地传递知识。

关键词：知识点概念与背景，涉及知识点引例与引用场景。（1分钟）

关键过程：方法与知识点详述，涉及基础性重点。（8分钟）

关键结论：总结与重点回顾，涉及该节知识点的关键性结论。（1分钟）

测试及成绩：选择性覆盖重点与基础概念，总结性评估与过程性评估相结合。涉及基础关键点，兼顾知识获取过程与习得结果，不涉及难点。（10分钟）

（3）同步

交互：多语言并发交互，手机终端可实现语言切换与实时翻译、扩展检索、提问、考试，确保课堂交流学科无界。

反馈：人脸识别系统不仅仅帮助签到、考试，还通过识别学生的面部表情对学生的关注度与情绪进行分析，并实时反馈给系统，方便机器人教师掌握学生的实时动态，更好地把握课堂节奏。

标记：实时标记高度集中时的瞬时灵感，形成灵感总结闭环，并在课后总结（考试中反馈自己的理解与想法）。

群组：推倒"大学围墙"，在20分钟外的课后时间内获取灵感交流机会，实现多维度思想碰撞。系统将科学地判断出最有针对性的建议，为将来工作提供指导与咨询。

远程：提供远程参与，所有学生（跳出年龄层之外，不同年级、不同层级、对知识有渴求的自然人）都可以参与。

新教学在同步方面力求做到实时传授知识、实时回答问题、实时积累学分。

（4）异步

大纲罗列：课程进度、课时安排与授课大纲将提前发送给接收端，保证学生全时回放。

复习回看：注册学生可以多次回看授课内容，以便及时复习巩固。

课后反馈：授课过程中被检索到的问题与课后反馈、知识点外扩链接也将在大数据整合处理后反馈给学生，并作为自身体系的补充。前10分钟的关键词、关键过程与关键结论授课完毕后，系统将测试题自动发送给学生，学生答题并上传系统，系统自动进行批改、评分，及时把错误的问题反馈至机器人教师端与学生端。对学生而言，这一反馈便于后续有针对性地巩固复习，对教师而言，这一反馈便于收集学生学习状况，完善教学设计。

（5）注册制度与成果取得

注册制度：注册→收费（或免费）→上课→成果。

学分制度：采用动态学分制，即化课程学时为累进学时。

考核制度：采用多元考核制，即化集中考试为课堂测试，将课程成绩碎片化。同时平台提供两次微课程复修机会、一次微课程成绩覆盖机会,确保知识获取的激励传授方式。

成果取得:在校学生可将课程取得成绩直接与学分进行转换。社会学生在不同领域课程中取得的成绩将被视作该领域水平合格证明。

(6) 教材

授课板块:教师编写机器人教材→导入机器人→机器人授课。

教材编制:使用全球采购式,区分高等院校教材。

学习板块:机器人整合信息并深度学习,提供可以随时补充更改、不受局限的教材。

(7) 学生

在校学生:目前针对中外大学群体,在新教学平台上完成与在校学习相同的甚至更进一步的课堂交流(与机器人对话等)。

其他学生:新教学平台所针对的学生受众将涵盖各行各业,将对该问题(知识点)感兴趣的人联结到一起。

学生中心:开设 After Class 服务,没听懂或需要沟通的问题在后台交流。

身份识别:智能识别学生身份,为系统内可被识别的学生提供电子化、有实效性的学习资料。

(8) 教师

机器人课件:综合名师教学方法,汇编成机器可识别语言。课件设置开放性代码,支持自行取用修改。

机器人教师:具备实时翻译、语音识别与拓展检索功能,读取机器人教案进行授课。

机器人检索:拓展检索技术将智能识别、总结学生在上课过程中提出的问题与课后反馈,可做到在线实时回应与课后系统补习。

表 3.3 新教学与传统教学模式对比

	传统教学模式	新教学模式
课前准备	教师:教案编写、云端上传 学生:课前预习	机器人教师:对学生进行数据分析、机器教案导入 学生:资料下载、自测试
考勤模式	课堂点名	人脸识别签到
课程时长	40—45 分钟/节	20 分钟/知识点(注意力高度集中时长)
内容特征	内容固定	内容碎片化,强调重点知识习得
授课内容	基础理论:与当堂主题相关概念 知识实践:与当堂主题相关习题或案例	关键词:引例与应用场景(1分钟) 关键过程:知识点详述(8分钟) 关键结论:知识点总结与重点回顾(1分钟) 测试与成绩:重点与基础概念的实践,无难点(10分钟)
课程教材	固化的纸质课本、数字教材或 PPT 课件	碎片化、全球采购式的机器人教案,支持机器学习下的智能课件完善
课件资源共享	以 PPT 课件或讲义形式发布	课前:学生在云端自行下载,进行预习 课后:整合完善后的教案上传,学生实时补充、实时复习内化
课堂疑问	围绕课堂主题的专业领域内提问	专业领域内外实时检索功能、实施机器交互

续 表

	传统教学模式	新教学模式
教学场景	实体教师课堂讲授,课件或 PPT 作为辅助	媒介教学、虚实结合、多语言的机器人教师课堂讲授,机器人、教案与教室场景一体化
	教室布局以容纳学生为主	智慧教室、学生环坐
	当堂授课	支持复习回看、远程视频共享与课后知识体系补充
考核制度	大课程、集中考试、期末结课	微课程、多元考核、实时结课
教学对象	大学学生	大学学生与社会学生
教学成果取得	学分转换(教学目标完成)	学分转换与专业资格认证

3.2 新形式

在状态与形式上,传统的课程,无论线上还是线下,都以40分钟至1个小时的课程为主,旨在以陈述的形式为学生覆盖所有知识点,需要学生有筛选性地学习。其学时大多以章节计算,便于教师有计划地备课,却不能保证学生一次性地吸收完全。传统大学课程的考核方式以期中、期末考试为主,辅以论文,实时检测如当堂反馈的环节较少,考核方式受限于教师的时间与精力分配。而目前课程的结课形式也以期(中)末为一阶段,时间线过长使学生寄希望于考前突击而非每一节课的扎实学习。

新教学科学依据学生注意力集中时间长度,将大课程合理精简为以20分钟为单位的微课程,保证每一堂微课程都能让学生高效掌握重点知识点,学分也相应缩减为微课学分。在课程精减的基础上,考核方式则更多元化,跳出期(中)末考试的限制,在每节课后有针对性地通过创新式题型考查学生对该节知识点的吸收程度。同时,考后立即出分,出分后立即结课,使教学的时间线大大缩短,学生无须因为对先前知识点的模糊记忆而担心,将考前高强度突击均匀分配到每一节的合力高效分配上,精简课程,分散压力,高效学习。

3.2.1 课前引例

课程初始是最需要集中注意力的阶段,鲜活的例子引入可以提前让学生直观了解概念,在脑海中构建起基本的框架,以便于在后续课程中更好融入,并将专业术语与抽象概念以易于接受的方式传达给学生。而新教学的线上教学模式使师生交互感减弱,这对知识的引入提出了更高的要求,因此,新教学课堂的每一节知识点都要求具备问题式、实例式、类比式或归纳式等引例,以提高学生专注力与知识点的延伸性。教学模式的改变对教学方式提出了更高的要求,包括知识点引入的方式。

(1)课前引例的重要性

"引例"是指能够启发、引导学生比较顺利地进行课堂学习的例题或实例。引例教学就是教师在课堂教学中为了引入新知识而通过口语、文字、音像等教学手段,列举社会生活、自然界等方面的实际事例,进行分析、说明、解释和论证的一种教学手段。引例使学生的学习过程变得生动有趣,将抽象概念转换为易理解的知识。

(2) 课堂引例的基本原则

首先,课堂引例需要具备科学性,它作为教育的基础,帮助学生建立追求真理、不断创新的学习态度。科学性要求教师在课前引例的设计上围绕科学事实,不夸张、不新增、不加以主观臆断。同时,还要求教师抓住教学重点与难点,使教学内容不偏离。

其次,课堂引例需要有针对性,紧密结合并突出教学的重点与难点。具体的解释在围绕该知识点相关应用的同时,给予合理的展开,以学生在这一领域已经面临或将要面临的问题为基础,通过引例来衔接已有知识与新知识,达成知识的内构,以利于吸收新知识,并利于后续的理解与应用新知识。

再次,课堂引例需要有启发性,其目的是使学生从例子中构建新的感悟与启发。引例作为知识的延伸,同时也拓展了学生的思路,激发其主动获取知识的探索欲。

最后,课堂引例需要具备趣味性。引例的形式多样,包括动画、图片、模型等。AI交互平台基于数字技术,与机器人教师、智慧教室一起构建出虚实结合的教学情境,有助于传递引例中的生动信息,构建身临其境的学习氛围。趣味性使得知识变得更具体,使学生在接受知识的初期就能够对知识产生直观的概念,身临其境的引例能够有效吸引学生的注意力。学生通过将具体的引例与教师所教授的知识点之间形成纽带,通过AI交互技术与新教学平台最终达到知识的内构。课前引例是连接学生自身知识体系与课堂知识点的桥梁,帮助学生更好地融入上课状态,提升教学效率、提高课程的可感性与可信度。

在理论依据上,皮亚杰(J. Piaget)、加涅与马斯洛(A. Maslow)分别在思维的发生、信息的处理加工与人的需求层面有所探索,这为新教学注重引例引入提供了理论依据。

首先,瑞士心理学家皮亚杰提出了新知识的获取是由于连续不断实现构成的结果,这源自思维的发生、发展过程的特点与自身规律。皮亚杰认为同化机能与顺应机能在认知过程中始终存在。其中,同化机能是个体将外部元素整合到生活环境中,把外部认知到的事物归为自身认知的结构中,在某些程度上反映了认知构成,而顺应机能是当人的原先认知不能将新认知的事物同化而导致的认识结构质变,这有助于个体发现全新的认识结构,更深地拓展了认识的过程。皮亚杰的研究证明,不论少年还是成年人,在知识的获取过程中的反应过程都不是单向的,而是同时包括同化机能与顺应机能的双向反应,因此,如今的教学进程中,教师应该改变原有的单项灌输教育,激发学生的顺应机能,提高学生对新知识的接纳与反馈,让接受知识成为一种兴趣。这种兴趣则可以通过设计教学情境与知识点引入来培养,在情境与引入中将学生被动接受知识的单向机能转化为主动探索知识与敢于向新知识发问的精神。

其次,加涅将心理学与信息加工过程相结合,提出整个教学的过程可被分为引起注意、告知目标、提示回忆、呈现教材、提供指导、导出作业、提供反馈、作业评估与跟进保持这九个阶段。位于首位的就是注意力的发生,若学生并没有对直接投向感官的直接刺激产生反馈并引起注意,后续的学习也将得不到较好的吸收,容易被淡忘或混淆。因此在教学问题的评估与解决上,知识点引例与知识的导入成为吸引学生注意力、激发学习活动兴趣、最终达到高层级学习效果的方法。

最后,马斯洛将人类的需求按照高低划分层级,高层级需求必须基于低层级需求,其中自我实现需求与学习的主观能动性息息相关,让学生具备获取知识的动机。知识点引例旨在吸引学生注意力,使其具备吸收知识的主动性,以确保后续教学的高效性。需求层次因此也是教学设计引例导入时需要考虑的一个方面,以唤醒学生主动获取知识为目的,激发学习动力。

课堂引例的设置往往能以具体的例子为引入、以易懂的概念为载体,运用教学技术将关键知识点以高度凝练、通俗易懂的方式涵盖教学难重点,具有较高的教学价值。

在运用上,课堂引例具有科学性、针对性、启发性与趣味性等特征。在价值上,课堂引例需要具备问题价值、架构价值和示范价值。引例往往由问题构成,好的问题能够引导学生发现知识点的应用,并试图借助自身知识体系解决问题。对于那些在引例中被提出但学生无法立刻通过自身知识体系解决的问题会带来学生的认知冲突,唤醒学生注意力与求知欲。同时,引例需要构建起学生已有认知与新认知间的桥梁,通过引例步入新的知识殿堂,用新的知识去解决原有认知中旧的问题,而这一解决问题的范式将被应用到更多的相关概念上,从而搭建起成体系的解决问题的思维模式。

(3) 新教学的课堂引例

传统的引例受制于授课时长,不能借助引例做进一步深化,课时限制以外,教学辅助工具、搜索引擎的限制也导致引例往往形式化。新教学将课堂引例作为 20 分钟思维闭环的起点,与后续知识点融会贯通,为引例增加实操性。同时,在机器人教师的授课形式与环绕式课堂的授课环境中,机器人教师得以更好地模拟引例,AI 搜索引擎将结合课程相关领域的知识点应用给出延展,这将协助实现课堂引例的生动性,增强学生带入感。大学教育如今需要培养出的是能多维度思考问题、解决问题的学生,知识的拓展应用尤其重要。数字化赋能下的学生有能力去吸收课本外的信息,也有意愿去学习更多不能被量化的隐性知识。而科学合理的课前引例将帮助学生获得知识的多层次现实应用。

新教学首先根据引例的使用原则,在教学实践中力求满足启发性、趣味性、新颖性、针对性,满足其一或多种兼具,使其互相支持、辅助。其次,教学引例的使用应遵循三个基本环节——学生注意力的引起、学生寻求解答动机的激发与学生同知识点间关系的建立。最后,知识点引例还需注重其目的性、高效性与灵活性,防止过于强调引例而导致的喧宾夺主。

在新教学课程中设置的所有引入方式都与知识点相匹配,并具有示范价值,遵循引例所需具备的要素,与教学目标、教学要求相契合,在带动学生积极性的同时,拓展学生知识点的应用范围。以新教学"高等数学"中的知识点为例,在对定义域、值域及其对应规则的引例中,融入了信息化时代下学生每日进行的社交媒体搜索行为,即在媒体与社交数据中通过关键词查找对应词条的行为与函数定义相匹配,其中,函数定义域所对应的是关键词所在专题列表,函数对应规则所匹配的是关键词检索时的机器算法,函数值域所对应的是媒体社交总数据库。此外,图 3-7 所示是关于函数映射的另一个引例,结合了投标者投掷飞镖的实例:在投标者向靶心投掷飞镖的过程中,可能存在的结果为"一箭投中一个目标""多箭投中一个目标",但永远不会出现的结果是"一箭投中多个目标",这直观印证了 A 到 B 的映射为 A 中任一元素在 B 中有唯一的一个元素与它对应,可以"一对一",也可以"多对一",但是不可能"一对多"。

而对于映射这一概念,学生可能只能联想到平面上的点对点投射,在机器人投影与 AI 搜索引擎的帮助下,机器人教师还将为学生呈现"球面"到"平面"的映射。以地球投影成为平面世界地图为例(图 3-8、图 3-9),在虚拟成像技术下,学生将身临其境地感受球体的地球是如何通过"摩卡托投影"还原土地形状与经纬线的投影方式,通过"高尔彼得斯"投影映射成为一个面积完全符合实际的世界地图。对于学生而言,映射将不仅仅是一个高等数学概念,而是一个与生活实例息息相关的场景。

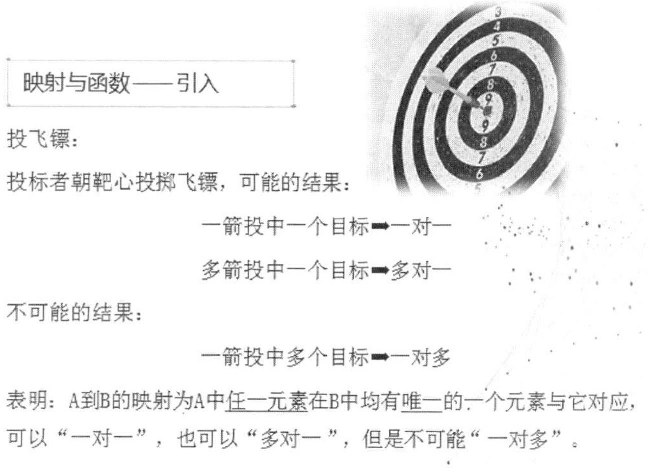

映射与函数——引入
投飞镖：
投标者朝靶心投掷飞镖，可能的结果：
一箭投中一个目标➡一对一
多箭投中一个目标➡多对一
不可能的结果：
一箭投中多个目标➡一对多
表明：A到B的映射为A中任一元素在B中均有唯一的一个元素与它对应，
可以“一对一”，也可以“多对一”，但是不可能“一对多”。

图 3-7　新教学“高等数学”知识点引例(a)

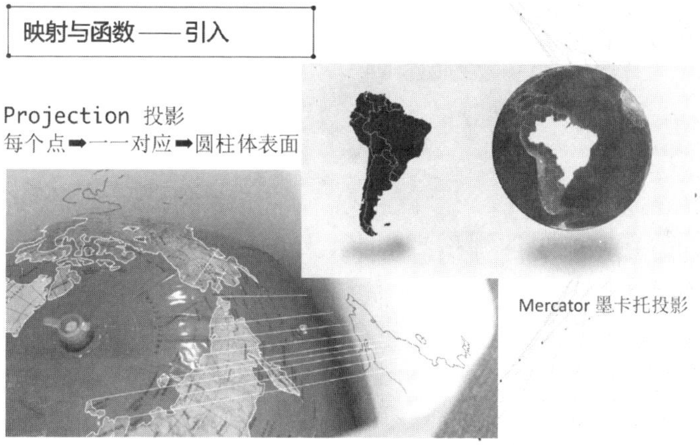

映射与函数——引入
Projection 投影
每个点➡一一对应➡圆柱体表面
Mercator 墨卡托投影

图 3-8　新教学“高等数学”知识点引例(b)

映射与函数——引入
GALL-PETERS
MERCATOR

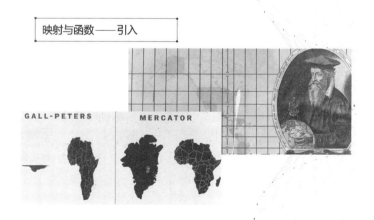

图 3-9　新教学“高等数学”知识点引例(c)

新教学的引例所强调的正是在 AI 技术(如虚拟成像技术)辅助引导下,新教学的学生活动实现的互动体验。其在扩充知识点范围、集专业知识与通识知识于一体,使学生获得发散性思维而不局限于单一知识点的同时,增强课堂教学的趣味性。

3.2.2 授课时长

新教学模式下,每一节课总时长共 20 分钟,包括 4 个部分(关键词、关键过程、关键结论与测试),在保持学生亢奋状态的同时保证快速高效地传递知识。

(1) 注意力集中时长

赫伯特·A. 西蒙(Herbert A. Simon)就提出了注意力管理(Attention Management)与注意力的重要性,其作为一种"探索与决策"的过程,使得人们在大量可得信息中进行探寻,并最终对特定的信息做出反馈并采取相应行动。随着大数据和互联网通信设备的不断发展,当人们无法消化所有信息时,注意力就成了一种稀缺资源。"注意力管理"对于大学的教学有深刻意义,研究表明注意力资源是一种心理指向,通过注意力管理,个体能够对获取的信息加以处理和探索,并与个体自身认知形成知识内构。

数字化社会下海量信息的涌入,使得大学在对学生的知识管理上需要重视其注意力的选择与指向。教育学家玛利亚·蒙台梭利(Maria Montessori)曾表示:"学生注意力的高度集中是学习的最佳方法。"大学应通过一系列教学变化如缩短教学时长、碎片化教学内容、避免重复知识点堆叠,帮助学生利用起这一稀缺的注意力资源,使学生有选择性地吸收信息,剔除冗余,合理分配课堂注意力。

(2) 注意力与刺激的关系曲线

注意力与刺激间的关系可以用一个倒 U 形曲线来表示——绩效(或注意力)随着觉醒(或刺激)的增加而增加。如图 3-10 所示,倒 U 形曲线的横轴为个体受刺激的程度,某些条件下也通过动力、紧张、动机、肾上腺素的分泌水平来表征。纵轴代表注意力,即集中度、专注性、效率或智力。

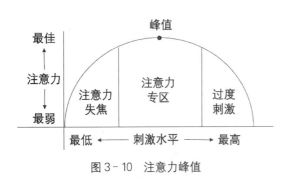

图 3-10 注意力峰值

当外部施加于个体的刺激水平在最高或最低的两极时,肾上腺素的分泌呈现极高或极低的状态,个体的专注力都不处于最佳的状况,或过度兴奋,或缺乏足够的内生动力,表现为注意力失焦或过度刺激。当外部施加于个体的刺激水平处于峰值时,个体将达到最佳的注意力水平,即注意力的高度集中。当个体将精神完全投入某种特定活动时,就会带来高度的兴奋感和充实感等正向情绪,产生心流。将其运用到学生的授课与知识点获取过程中,心流的状态使学生的身体能够自动运转,做事不需多加思考,身体便自动发挥。在这一过程中,学生不会感受到时间的流逝,也不觉他物,能够专注地投入知识点的学习,思维清晰,不易受外界刺激的影响。在高度注意力集中的状态下完成任务后,学生将感受到愉悦、满足与成就感等正向情绪。

(3) 学生注意力失焦

大数据时代下,各种信息化大数据涌入学生的学习、生活等各个方面,数字化学习应运而生。学生广泛使用电子产品,而电子产品在拓宽学生获取知识渠道的同时,也容易使学生获取信息过载。因此,相对于海量的网络信息而言,学生学习的注意力成了非常有限的资源。海量的信息会使学习者的认知负荷现象逐渐凸显,学生在复杂环境中分心,而对社交网络的过度使用则会破坏学习动力,使日常的学习工作更加困难,学生对学习变得紧张而焦虑。一项基于北京、上海等8个城市34所学校的大中学生的调查结果显示,只有58.8%的学生认为能在上课时集中注意力,39.7%的学生认为能坚持集中注意力听课30分钟以上,48.6%的学生认为在自习时能集中注意力。在传统的课堂教学中,教师会通过提问、点名或提高声音等手段来吸引学生的注意力,而花费过多的精力与时间在吸引学生注意力上,必然会打破原有课堂安排,打乱教学进度。因此,过于冗长的课时安排(如传统模式下一门课程被安排1—2小时甚至半天),过于密集的知识点传递使学生被赋予较大的挑战与艰巨的任务,容易缺失一鼓作气完成任务的决心,更容易受到外部刺激的影响而丧失内生动力,缺乏连贯的学习状态,导致精神分散与注意力失焦。

(4) 提高注意力策略

当学生出现注意力失焦的情况时,教育者需要重构教学要件,通过更合理的方法与手段激发学生的学习动机,提高学生的注意力,调动学习积极性。比如,在教学内容上重点讲解难重点,通过课前引例促进有意注意。在教学安排上,通过课前与课后的信息预告与课堂反馈强化学生对知识点的记忆。在课程设计上,将冗长的课程任务碎片化,缩短课时、凝练难重点以明确学习任务,减少学生认知负荷,提高学习信心。

教学内容的安排需要循序渐进。课前预习为学生构建知识点框架,引例引导学生集中注意力投入学习,在引起兴趣的前提下唤起"心流",将最高的兴趣激发时间留给第2—20分钟的集中强化学习。从体系建构到具体引入、知识点呈现、知识点传递、知识点内构再到最后加以检测、应用,合理的课堂内容安排能有效根据学生注意活动的内在规律进行教学活动。一项对研究生的调查发现学生认为每周上3天课、每节课50分钟的形式比每周上1次课、每节课持续3个小时所学到的信息更多。尽管大多数学生认为他们更愿意立即上完课,但是当他们在较短时间内收到信息时,他们会保留更多信息,也拥有更高的注意力集中度。

因此,碎片化课堂时间能调整学生的课堂认知负荷量,帮助实现课时内注意力高度集中。课堂的专注力与学生的认知负荷相关,过长的时间间隔与过高的认知负荷都会使学生认为任务难以完成而分心。科学的课堂设计将学习任务分成小块,使学生专注于足够长的时间来执行部分任务。认知负荷是指学生在处理多任务时替认知系统施加的压力,包括内部、外部以及关联认知负荷。传统的课程往往存在较多与教学重难点不相关的外部认知负荷,使学生吸收的总负荷过高,而合理的课程设置使安排的知识点总量、内外部以及关联认知负荷处在学生可接受的认知范围内,带来适当的思维负荷量。

注意力是有选择性的,将课时碎片化能使学生将有限的脑容量(即感觉系统与知觉系统)分配给当下认为最重要的事物,帮助实现教学从"与脑抵抗的教学"转向"与脑兼容的教学"。神经科学领域曾提出注意力维持的10分钟法则,若将这一法则运用于教学领域,即在一节课的课时中,以10分钟为一个时间节点,需要教师或教育者提出新的方法、开展新的活动来提高学生的注意力。教师可以通过每10分钟进行一次教学要件的转变或教学内容的转化来防止学生注意力的分散,如在前10分钟进行重难点知识点讲解,后10分钟进行回顾、整理与知识点应用。美国加利福尼亚州立大学的凯恩夫妇提出在知识习得过程中,教师引导下的沉浸状态、放松性警觉以及合理的过程处理,这三个要件调节学生的注意力,使其维持在兴奋感与舒适感共存的状态。在这一状态下,学生兼具对不确定知识的探求能力与延迟满足的能力。

TED(Technology, Entertainment, Design)践行了这一时间理念。它作为以知识共享（CC-BY-NC-ND）授权的学术视频演讲平台，旨在用优秀的思想改变人们对世界的看法。TED 的演讲引人入胜，具有启发性与教育意义，究其原因可以发现，除了演讲者自身因素外，组织方为所有的 TED 演讲者设立了 18 分钟的上限，也帮助 TED 在有限的时间内吸引并保持住观众的注意力，将信息在短时间内传达，并持续引起观众的思考与共鸣。

3.2.3 课堂内容反馈

课堂内容的反馈是每一个教学环节评判教学质量、做出后续完善的重要依据。当下的教学反馈机制需要一个更细化的反馈维度来反映不同层面的情况，同时，还需要智能信息系统通过数据整合归类，将收集到的数据信息进行多维度分析来估算当下教学进程的完成状况，为后续规划的制定提供参考。

（1）反馈机制

反馈机制是目前对大学教学过程质量评判的要件之一。大学对教学链中的每一环都非常注重，尤其是学生的反馈，但往往繁复的反馈形式下并不能获得最有价值的评价。大学容易过度注重"提出反馈"这一形式而忽略了反馈的内容与目的，使学生的反馈更多地倾向于课后评价与积极的建议而非真实的课程经历与对教学过程中不佳体验的反思。这将导致大学并不能收到最有价值、最有建设性的反思，更不能基于有价值的反馈重整教学结构。

信息反馈需要收集的信息经由控制中心传递给反馈主体，再由反馈主体进行评估、思考后完成反馈结果并返还中心，中心将对收到的反馈结果作整合，重新输出，进而形成整个反馈—改进—实践机制的有效运作。对于大学的教学反馈而言，这是对教学程序评价的关键步骤，是学习结果评估的关键环节。

反馈主体、反馈对象与反馈的信息构成了整个信息反馈机制（见图 3-11）。在大学学习结果反馈过程中，学生、教师以及各相关教学管理部门都属于教学反馈的主体。反馈主体有别

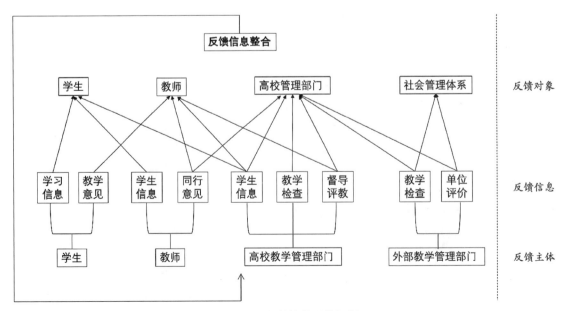

图 3-11 大学教学反馈机制

丁评价主体,前者具有结果获知权与信息掌握权,而后者仅实行对教学状况进行评价的行为。此外,学生、教师以及学院、学校乃至地区层级的各相关教学管理部门构成了反馈对象,他们是反馈信息的接收部门,需要对各方反馈进行汇总、分类与整合。反馈主体对于反馈内容做出的评价即反馈信息,是为反馈主体提供完善标准的信息源,也是各个层级的教育部门改善教学过程的重要凭据。供完善标准的信息源反馈对象与反馈主体间的路径不唯一,也并不用严格依照层级反馈。学生和教师指向院部的反馈路径较为常见,但教师也可以直接向大学内部或外部的教学管理部门反馈。

反馈机制的运行随反馈主体的变化而变化。通常情况下的大学反馈机制中,教师与院级、校级管理部门是反馈主体的主要构成元素,评价的主体往往由在校生或课程的受众构成,管理部门会对反馈的信息进行整合与处理,最后以反馈的形式汇报给对象。

在不同的评估分层上,我们以美国高等教育委员会(Middle States Commission on Higher Education)对机构大学的评估标准为例(见表3.4)。它分别从课程、项目与高校(机构)角度评判了对学生学习结果评估的直接与间接途径。美国高等教育委员会对机构使命、目标、绩效和资源自信进行评估,机构的认可需要得到该委员会的证明,证明其自我监管和同行评审,证明其目标已实现。该委员会认为每个教育机构在多大程度上接受并履行认证过程中固有的职责,是其致力于取得卓越成就承诺的一种衡量标准。这些标准肯定了每个机构的任务和目标,该委员会认识到有许多不同的教育和运营卓越模式,因此它的标准设定强调功能而不是特定结构。

表 3.4 美国高等教育委员会分层学生学习结果评估标准

	直接措施	间接措施
课　　程	- 课程与作业任务 - 测验与考试 - 论文与报告 - 实地工作与实习表现 - 调研项目 - 课堂讨论参与度 - 案例分析 - 写作与表达技巧 - 艺术表现 - 明确标准下的学习目标达成	- 课程评估 - 蓝图(课程内容与技能大纲) - 课堂资助学习占比 - 服务学习时间 - 家庭作业时间 - 课程相关的文化活动时间 - 课程标准外学习活动的成绩
项　　目	- 顶点项目、毕业论文、设计 - 证明、证书通过率 - 论文发表或会议报告 - 就业与实习表现	- 焦点团体访谈(学生、员工) - 课程注册信息 - 项目评论数据 - 就业安排 - 员工与学生感知调研 - 高阶课程占比
高校(机构)	- 读写能力、辩证思维、通识教育 - 通识教育、跨学科核心课程设计 - 学业成就测试 - 学生关于高校项目的详细自我汇报	- 学生评价或自我报告调研 - 学生测验成绩单或课程选择 - 高校教学基准的年度报告

当反馈主体由学生构成时,他们往往对和自己同级的学生(包括自己)、上一级别的教师进行反馈。部分教育反馈机制往往将最需要提出反馈意见的学生群体忽略了,而恰恰是学生群

体对自身或同学的反馈建议才是检验教学结果是否有效的最佳途径。在对自己的反馈内容上,学生能够跳出自我框架,审度自身。在对同学的反馈内容上,同一教学成果的接受者之间能形成更清晰的互相界定,可以以彼之长补己之短,互相学习,互相进步。在对教师的反馈内容上,学生将站在知识的接受者角度,对教学模式的设计、教学大纲的逻辑以及教学进度的合适与否给出建议。对于学生反馈信息的加工处理可以由学生以集体反馈的形式加工汇总,也可以由教学管理部门整合汇总。

当反馈主体由教师构成时,教师自己以及所教的学生构成他们的反馈对象。通过对学生的反馈,可以清楚教师角度的教学目标以及学生的学习目标达成程度,使学生能更好地站在教师的立场理解自己所需要掌握的内容。通过对同行教师的反馈,可以站在教师的角度、以教师的标准来互相评判,同行反馈往往指出问题,同行间的反馈既要包括教师的课程设计,又要包括其与学生的沟通方式或知识的传输技巧,以互相促进、互相激励的良性循环为目标。通过对自己的反馈,在吸收学生、同行建议后,审度自己,给出最适合自己教学、最具针对性与可操作性的改进措施。

当反馈主体由大学教学管理部门构成时,大学学生、教师以及各个层级相关部门构成反馈对象,同样,反馈内容随对象不同而改变。对教师的反馈,有助于使教师明确其在履行教学职责上是否存在不足,看清自己与同行间的区别,制定更有效的教学计划,教学管理部门还需要对反馈结果给出解释以便教师理解与改善。若反馈对象是学院或大学层级的教学管理部门,则更需要以一个系统化、统筹性的角度概括各项反馈指标,其中指标应该明确清晰、经过归类与整合,且能被量化,使管理部门对教学过程中出现的问题一目了然,帮助其进行后续教学理念与教学目标的调整。此外,以教学管理部门构成反馈主体的反馈链中,反馈信息内容并非止步于管理部门,若反馈信息经由学生提出,则有必要最终反馈给学生,增加其教学过程融入感。

当反馈主体由校外教学管理机构或社会部门构成时,往往比本校自身的评估更具专业性与权威性,能够站在第三者的角度,做出辩证的评判。若是政府给出反馈,则还具备强制性,能够促进大学提升教学能力、提高教育水平。

反馈机制的运行需要具备四个性质:

一是反馈内容的针对性。反馈内容的针对性是为了确保反馈对象与反馈主体之间信息的沟通畅通与理解准确。如教师对教师的反馈中,教学手段、教学目标与学生理解程度等维度可以以同行相关术语来表达。但当反馈内容需要跨等级向下覆盖到学生或向上呈报给院级、校级教学管理部门时,就需使用更通用普遍的语言,确保学生或管理部门能清晰准确地理解反馈内容并及时做出应对。此外,同一反馈主体对不同反馈对象给出的反馈不同,这也要求反馈内容随反馈对象改变而更具针对性。

二是反馈方式的交互性。如前所述,反馈并不是单向给出反馈信息即可,它是反馈信息在主体与对象间的传递,具有双向性与互动感。反馈的目的在于使反馈对象能够明晰自己教学行为的合理性以及是否能取得认同与支持,这就需要与反馈主体进行多方面沟通,如站在教学管理部门角度理解教师的理念构建、站在学生角度理解教师的形式设定、站在同行角度理解课程设置。双向反馈便于双方了解彼此教学行为的目的,形成共担,更好地深化对反馈内容的理解,最终达到互相促进的作用。

三是反馈途径的多样性。反馈的最终目标是使反馈对象能够收到合理的信息并及时做出有效调整,因此反馈对象的接受是反馈行为的最重要环节,反馈的途径也应以普适性、易于接受为主,包括面对面反馈、文字反馈以及系统反馈。面对面反馈相比其他两种形式可操作性更强、更为灵活,也更适合简洁的口头建议,如教师与学生间的相互反馈,可以直接在课后通过面对面反馈的形式完成,既保证时效性,也便于双方的理解、沟通。相对而言,文字反馈的内容更全面,能够专业、正式、系统地汇总反馈内容,以便于控制中心整合与反馈对象的理解应用,它的优点是不受时空约束,且为双方都留有理解缓冲的余地。系统反馈在计算机、大数据的协助下方能发挥其出众的整合优势,它更多地用来处理大量可被量化的反馈,能够客观理性地得出反馈意见。

四是反馈的及时性。反馈是有时效性的,这点毋庸置疑,因此在反馈的及时性上必须做要求。在面对面反馈的过程中,反馈主体与对象双方通常能在最高效的路径下获得反馈信息,而在文本反馈与系统反馈的情况下,往往反馈主体需要花时间先加工信息,并将其转化成相对正式、官方的文字或系统语言,这可能造成一定的延迟。

新教学在系统反馈方面,借助大数据信息管理系统与机器人反馈系统,既保证反馈的时效性,又以具备庞大计算能力的系统做支撑,不论是由学生、教师还是由教学管理部门构成的多渠道反馈主体和这些主题的多渠道反馈方式,都能准确识别术语、归纳分类,并转化为对应的机器语言,将授课过程中被检索到的问题与课后反馈、知识点外扩链接在大数据整合处理后有针对性地反馈给学生,并成为自身体系的补充系统。

(2)反馈机制的完善

目前对于大学的课程管理反馈机制,需要在反馈意识、反馈主体、反馈对象、反馈内容、反馈渠道等所有的要件上进行改变,通过科学技术以及数据汇总能力加以整合,建立一套依托大数据与 AI 算法的高校反馈管理机制。

反馈机制的完善需要从大学层面对教学理念与方式的改进做起,使反馈机制能够帮助大学改善教学理念、培养方案,成为大学在决策制定、理念构建过程中的决策依据。反馈机制的建立能够有效促进教学机制,帮助完善教学流程。大学需要将教学反馈的结果融入教学理念与教学策略的制定,依据反馈对信息与教学资源进行重构。

新教学所依托的大数据技术可以基于 AI 交互教学平台,帮助实现教学反馈的量化,如新教学的精简课程模式,其量化的评价包括教学文本、课程反馈(教学双方)、学生的学习结果、教学文本等。教学文本即新教学的机器人教案。机器人教案的撰写与更新全程都需要教师以及 AI 系统算法提供辅助支持。具体的机器人教材构造与内容将在后续章节"3.5 新教材与 AI 教师"中详细介绍。教案的原创性、新颖程度及同当前最新社会机遇的结合程度都将作为课程反馈的重要组成部分之一。机器人教案也以其可识别性与可读取性为反馈系统提供了便利。同时,教师的教学风格、现代教育技术如图媒技术、影音播放技术与虚拟现实技术等构成的教学环境给学生留下的知觉感受,也将成为学生课程反馈的一部分。

建立在反馈结果基础上的系统完善是通过追溯原因来达到最终的改善目的的。新教学通过不同层面或者同一层面不同维度的评价来判断教学双方提供的课堂内容反馈所属分类(如是知识点分析型问题、价值创造型问题还是能力型问题),对学校发展信息、学生课堂表现进行归纳总结,经由大数据整合反馈给系统,再由系统完善下放到教学端。

同时,新教学的智能信息系统将通过数据整合归类,将收集到的数据信息进行多维度分析来估算当下教学进程的完成状况,为后续规划的制定提供参考,这样再次反馈时就能有的放矢,让每一个反馈主体得到预期的反馈结果。为了确保新教学模式下的教育系统能在学术水平与其他方面都保持卓越,评价系统反馈还将与战略规划、课程研究相结合,有针对性地为机器人教师制定教学大纲与表达技巧方面的改善方案,为学生制定符合需求、易于理解的教案,甚至为整体课程制定以实践就业为导向的模式。

3.2.4 结果评估

(1) 学习成果检测

学习成果检测的最终目的是评判学生是否达到教学目标所要求的知识习得程度与知识应用水平。

新教学的学习成果衡量将总结性评估与过程性评估相结合,主要涉及基础关键点,兼顾知识获取过程与习得结果,不涉及难点。新教学的教学评估类型包括:个人作业、讨论、项目与考试。个人作业往往出现在课前预习中,对于每项作业,学生都会收到预习作业的主题、交作业的截止日期和详细规范要求,并在机器人教师规定的范围内输出结构合理的论据。

新教学课上讨论活动的内容会因课程知识点结构而异,机器人教师通常会在每次讨论时就问题或话题进行辩论。学生需要研究主题,并发表对任务的回应以证明自己的知识水平和理解程度。项目活动是持续不断地为学生提供机会回顾课程教授期间所学到的知识以及将来如何应用所学到的知识。项目活动是 AI 交互系统直接掌握学生在课程中的进展情况以及是否在正确的领域中获得知识的直接方法。课后测试是每个知识点都设置的,测试内容只包括教学重难点,对于有明确答案、需要学生记忆的考试,AI 交互系统会启用人脸识别以监督虚拟考试。对于开放式和笔记式的考试,教师将协助机器人教师评判答案,机器人教师在重复迭代过程中进行机器学习,以适应多样性的学生作业批改。

新教学将学生作为高等教育机构生产的"产品"加以检验评价,学生需要达到该领域"合格产品"的质量标准。

在检测学生专业技能方面,值得强调的是,新教学的 AI 交互教学平台与检索功能在技术上帮助实现学生学后即用、现场模拟实操,更好地评估学生创造、选择、应用、改编相关工程技术、资源和现代工程工具设备的能力。

在检测学生终生学习能力方面,新教学认为学生具备将学习精神从课堂延续到工作,包括对职业环境的分析、项目风险的评估、职业道德修养的培养等的能力。因此,对学生终生学习能力的考量将涉及是否能兼顾企业及社会环境影响,持有可持续发展理念;是否能根据操作环境的改变而随机应变,在日益变化发展的世界环境中持有并应用自身领域的相关知识创造社会收益;是否能在不断的经验积累中持续提高专业水平。

在检测学生程序方法的习得方面,除了运用知识点进行分析、归纳、调研等,在新教学 AI 交互教学平台的组间互动中,学生的团队合作与沟通交流能力也得到了体现。对于涉及多知识点、多学科的复杂项目,不同学生将以个人账号为单位,构成 AI 组间互动体系,基于该体系进行团队协作,完成考核,而系统也将记录每个个体账号的表现,给出团队协作上的表现评分。同样,在协作中的沟通能力、对外展示复杂项目成功的陈述以及阅读、写作、语言表达、听力理解、撰写高质量报告、设计编制文件、发出响应和清除指令等也都将呈现在沟通能力的评估中。

测验是检验学生知识吸收程度的普遍方式,大部分测验都会在考查学生应用能力的同时,以进阶或高难度的习题来拓展应用能力,这需要学生在掌握基础知识应用能力的同时记忆更多的解题技巧。但作为基础学科的考查,新教学在测验中只考查基础概念与关键点,既检验对关键知识点的理解、复习新的术语与概念,也为学生减压减负。在此基础上,新教学课程会考查学生在给定专业领域内检索新学术应用的能力，AI交互教学平台将提供技术环境，让学生以海量可得信息为依托，去寻找当前所学理论知识点的实际应用，既考查学生自身语言组织、信息筛选等能力，又检验学生在专业层面的学习效果。

（2）教学成果评估

结合中外教育评估体系的构建，新教学尝试持续构建更客观的教学评估体系，为提高该模式下的整体教学水平打下坚实的质量基础。

制定与学生发展需要和社会相关工作领域需求相契合的评估标准，涵盖学生与教师质量、课程内容、教学流程、课堂知识取得氛围等全方位的考量评估要素。评估的流程包括对学校管理者的访谈，对教师教学目标、教学态度、教学动机以及教学实践的评估，对学生吸收知识程度、教学硬软件使用情况、学生学习成果、学位论文的评估等。

新教学的评估立足于专业，以科学为指导：

第一，新教学邀请专业评估机构以认证专业项目的形式，根据通用的标准来评估教育质量水平。

第二，新教学通过多元的评估方式如自我评估、同行评估、报告评估等进行多方监督与多方考评，营造相关领域共同促进教育进步的氛围。

基于高水平、标准化的教学评估，新教学会不断适应社会发展需求，建立一套高标准评估体系下的教学系统，确保教育资源、教学效益、教学过程、教学效果最优化。同时，为在线学习平台与虚拟互动相结合的教学模式创设一套全新的评估体系，助力未来大学成为具有开放性、共享需求、创造力和前瞻性的互联网创新平台。

3.2.5　教学平台

目前的授课平台所进行的线上与线下结合授课，更多的是以"面授内容＋网络平台"的形式直接迁移至线上。新教学并不只是将线下的教学结构与教师简单"平移"至线上，而是重构以达到高效学习为目标的整个学习闭环。在内容上，注重知识碎片化和数据结构化。

在AI交互教学技术帮助下，将机器人教师的网络授课移到教室内，最大化节约教师资源，同时为学生提供高互动性的课堂体验。

新教学的机器人教案是预先录制的，但在学生规模、课程模式、课堂互动与课后评估模式上都与目前在线授课模式有所不同。新教学建成的教学平台集全球教学资源、20分钟精简的微课程模式、机器人教师和有针对性的授课方式为一体，既服务校内学生，又服务全球学生。

（1）新时代的教学平台

"互联网＋"时代下，只有线下授课单一模式的传统大学需要变化。数字化会对教学过程中的环境、教学双方关系以及教学理念和流程带来变化，但其原有的逻辑并未发生改变。

教学形式发生变化，表现在以下几方面：

一是教学场景的变化。传统的大学教学是以课堂为场景构建的，师生上课的时间与地点相对固定，容易造成教学目标、知识来源以及教学双方信息传递的方向相对单一。互联网时代下，教学的目标将不限于知识传递，还包括实践教学，即将教学场景的构建作为学生信息技术与教学的辅助手段来解决实际问题。现代网络与现代教学媒介帮助实现知识获取的多元化，许多因技术手段不足而被忽略的教学技能培养如信息搜集能力、信息筛选能力、跨学科思维能力等如今可以通过AI交互系统、教学检索系统得以强化。学习者可以以互联网为主的学习方式摆脱教室的"禁锢",其最大优点是扩大了学生自主学习的范围,使他们能自主地选择学习内容,自由地安排学习时间和地点。

二是师生关系的变化。传统大学中的师生关系以教师为主导,知识由教师单向传递给学生,教师是知识的传授者,学生是接受者,有时传授知识中的批判精神通常难以受到鼓励甚至被压抑,师生之间是"教师是主体、学生是客体"的教师主导型关系。现代网络与现代教学媒介下,师生间的关系不再是完全不对等的状况,学生能有效使用新的教学媒介来获得更多课堂外的知识,有时甚至能比教师掌握更多的资讯。教师与学生间的关系是一种互为导师、互为引领、互相参与的教学相长状态。教师的职责从以课堂讲授为主转变为课堂引导为主,引导学生借助现代教育技术教学媒介主动搜寻信息,提升信息收集、甄别、整理和加工的能力,并在教师的指导下培养运用知识分析、解决问题的能力。

教学双方没有严格的界限,学生也可能精通某一领域或者某一范围内的知识,也可以随时转变为教师来分享自己的知识。学生和教师的界限变得模糊起来,随时有可能角色互换,这样的学习模式将更加灵活更加主动。新模式知识传授过程中的质疑和批判将成为最普通的知识交流、共享和传递的方式。学生和教师可以自由无限制地进行思想上的碰撞,新的知识火花也将更多地产生出来。这样一来,交互式的学习模式使得知识更加开放化。

三是教学过程的变化。大学教学依然是一个认知的过程、一个知识传递与创造的过程。学生将得以在课前完成教师上传的课堂内容,完成记忆和理解等低层次的认知活动。在课堂上,自行解锁信息,将所学知识进行进一步利用应用,实现隐性知识的传递。大量的电子化的教材出现,教材将实现多种交互式的学习方式。大学的教材将进行深层次的变革,集成化、定制化的教材将会出现,按需定制所学的教材体系将成为现实。虽然传统教材不可能完全消失,但越来越多的人不再将学校理解为一栋建筑、一堵围墙,不再将作业与课件理解为堆叠的纸张。技术正改变着大学教学的学习方式和位置,大学产生知识的质量和数量也将空前提升,大学对新知识的响应速度、波及速度、传导速度得以提高。

互联网改变了大学教学的教学场景、师生关系与教学过程,但是并没有改变大学教学的本质,具体表现在:第一,教学本质强调教学需要师生共同参与,互联网对教师提出了更多的要求,但是并没有取代教师的地位。第二,教学本质强调师生之间的高效互动、信息双向交流,互联网只是提供了更加高效、易用的互动交流手段。第三,教学本质强调教学要适应学生个性化的特点,互联网通过优化教学资源配置为教师关注学生个性需求、进行个别指导提供了更多的便利与可能。有鉴于此,互联网不仅没有改变教学的本质,反而让我们更加接近教学的本质。

(2) 在线教育模式的启示

新教学旨在实现教学元素的解绑与重组,它以现代网络环境和现代教育技术为基础,构建适应未来大学发展的创新教育模式。目前类似的教育模式包括翻转课堂、以翻转课堂模式构建的 MOOC、微课等,这些在线教育平台都为新教学的教学模式提出了可供参考的方向。

其一,翻转课堂。翻转课堂是一种将线上教学与线下教学相结合的教学模式,并对教学流程进行了调整和优化。其教学流程为:学生先进行线上基础知识的学习,然后教师进行线下教学。在翻转课堂模式下,学生自主学习,预先观看教师录制的教学视频,掌握基础知识,并进行初步的思考。在课程中,翻转课堂以学生为中心,教师的作用更多地体现在解答学生问题、与学生共同讨论上,以深化学生对相关知识的理解、掌握和应用。在课后,翻转课堂要求学生之间组建学习小组,利用所学的知识解决具体的问题,实现学生对知识的内化。翻转课堂实行先学后教,有利于不同层次学生的学习。在传统课堂中,所有学生都是先统一听老师的讲解,在听讲过程中,若是简单内容,学生掌握起来没有多大问题。但是,遇到较难理解的内容时,不同学生掌握程度就明显不一致。这样会造成后续学习的障碍,并且严重影响学生的学习兴趣和意志。翻转课堂的先学后教,给了学生更多机会去追赶同伴。在自学视频时,学生可以根据自己的需要进行暂停、重复,直至掌握相关内容。只要有足够的时间,所有学生都可以达成基础学习目标。所以,这种方式有利于防止学困生的产生,同时也给学优生更多自由。完成基础任务后,学优生可以进行个性化学习,满足其学习需求。

翻转课堂对传统教学流程进行了重新设置和优化,其实质是对教学时间这一核心教学资源进行更加合理的配置。它利用互联网技术,将课程基础知识的学习交由学生在课前完成,从而释放出大量的时间资源,让师生可以更好地开展互动交流,教师有更多的时间对学生进行个性化指导,学生有更多的时间运用相关知识来分析、解决问题,有效增加学习的广度和深度。

翻转课堂对团队合作、教学反馈、课堂管理设计都提出了更高的要求。翻转课堂把学习分割成若干块,简单易学的就让学生自学,教师上课不再重复讲解,而复杂问题则在课堂一起解决。这样虽然有利于学生学习时各个击破,但是可能会造成知识点孤立,学生未必能发现知识点彼此间的联系,这需要我们整合资源并进行精心设计,以流水线的工作方式进行前期准备工作,借助集体的力量完成整个课程体系设计。翻转课堂以学生的掌握为核心,因此学生的反馈至关重要,翻转课堂需要借助反馈,如学生是否自学完成、自学质量如何、学生问题何在等来完成后续学习计划的制定。同时,翻转课堂还需通过课堂设计来使学生将注意力集中于教学活动,避免因线上互动感减少而导致注意力分散。

其二,MOOC课堂。目前为人们熟知的线上授课模式为MOOC,其通过充分利用互联信息技术,将教学资源、教学过程和学习讨论在线呈现。MOOC课程具有涵盖内容广泛、吸收名师资源、课程门槛低、学生受众广等特点。

在学科知识方面,它包括MOOC提供的教学课程、渠道、资源与专业技能。课程是MOOC教育的核心,除了正规有学分的课程外,MOOC还提供更多半正式的授课形式以及非正式的授课,比如短期课程、暑期学校或公共讲座。目前MOOC对非正式、半正式和正式课程都有涵盖。在线领域的教学课程和计划的不同方面正在重构。这些维度包括电子技术、课程设计与开发、课程交付、课程的学生支持、课程、课程评估和课程维护更新。维度内的每个部分都可以由不同的提供商或供应商作为一项服务或多项服务来提供,从而实现平台的实践。不同维度上的课程服务增加了学生课程体验的复杂性,也对新教学提出了新的要求,以应对日益融合和在线的系统。

在课程设置上,MOOC通过高质量的在线课程内容,强调知识的跨学科传递,使学科间的壁垒被打破,学科之间知识传递的界限变模糊。

在教学资源上,MOOC将教育学的资源相捆绑,使它们更细化、涵盖方面更广、模式更宽泛。模块化的知识框架方便学生或者平台教师进行知识的打包和分解。MOOC目前的资源使用模式为免费增值模式,即部分免费、部分开放和部分付费。这种模式通常被推广为具有巨大价值和巨大利益。同时,MOOC还鼓励原始资源创新,它使用基于开放许可的通用模型来实现对所有人的持续免费使用并提供改编权。

MOOC不是简单地将教学视频放到网上,它的整个在线学习的周期包括视频、作业、论坛、习题、考试、证书等。MOOC的形式可以总结为三点:个性化的主动选择、全球化的协同学习、智能化的多维评估。MOOC以知识点为单元进行讲解和学习,学生想学什么点击相关链接和路径即可。MOOC 环境下的教学内容由授课教师及团队根据学科特色、学生认知特点设计,基于教学目标选择对学生实用性较强和价值较高的教学内容,并在教学中根据反馈实时调整。其涉及强结构性知识体系、专业信息、行业与专业最新动态等内容,学生可自主学习。

新的学历证明方式不断被建立,它们基于学生的能力,往往以证书、学位等形式构成。目前 MOOC 正在开发微证书、微学位,希望能够使学生通过收集学分将其从非正规领域转移到正规领域。通过学分计算,学生不必交付所有的课程学费、读完所有正规的课程而取得部分学分,享有更多的学习机会。

MOOC 希望打造出教育界的品牌效应,在"学历"即品牌的大环境下,不少提供工作岗位的企业,关心学生的学习背景大过学习内容,MOOC 的品牌意味着一群自主有学习能力的学生。

MOOC 是现阶段帮助学习的好工具,但不是所有课都适合 MOOC,也不是一门课的所有内容都适合 MOOC。MOOC 如何能在系统上吸引更多的学生访问、学生如何能够在 MOOC 平台获得想要的知识、学生如何取得持续连贯的教育经历以及学生需要什么样的文化资本来评判他们在 MOOC 上的学习经历是这一平台值得长远考量的。

采用线上授课的主要原因是当前教育资源不均衡,发达城市和地区占据更多的优质资源,贫困偏远地区的教育资源稀缺。教育资源的不均衡是客观存在的,这就需要通过 MOOC 来打破这种不平衡,建立新的平衡。同时,师生比也是很重要的因素之一。学校里面的优秀教师资源是有限的,通过 MOOC 则能把全球的优质教师集中起来培养学生。MOOC 加速了学生从被动学习向主动学习的转变,有助于知识的留存。

"教学相长"是大学教学模式的核心要素,教师和学生在其中互为主导作用。教师着重于教学与科研,专注于整合教学资源、编写整理教案、在课堂上为学生答疑解惑。而学生则需要自主学习、接收知识点、提出自己的疑问,并通过实践检验学习成果,以提供自主探索、与教师协作达成教学双方的促进为主。MOOC 的整体模式采用混合式学习,其中授课过程还将包括课内与课外的学习活动。数字化的技术手段为 MOOC 提供了支持,也帮助 MOOC 在课堂反馈的过程中双向促进,提供形成性的评价与形成性的考核来激励教学科研的进步,培养学生的主观能动性。有学者在 2015 年曾提出基于 MOOC 的教学模式总体架构(见图 3-12)。

教学方式采用翻转课堂和混合教学。教学流程为教师碎片化组织教学资源、设置教学情境、主导研讨和评价,学生选课预习、社会化学习、意义建构。教学评价以形成性、总结性为主,

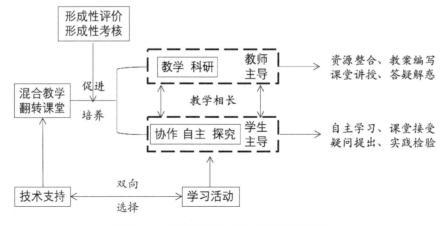

图 3-12 基于 MOOC 的大学教学模式架构

最终实现教学相长、成果共享。

大学 MOOC 采用混合式学习法（见图 3-13）。其中 MOOC 的教学内容由线上同步教学与线下异步教学构成。在线下，MOOC 将建构学习社区、教师答疑等形式，安排面对面的交流，为学生补充线上未涉及的知识点或提出的反馈与问题。线上同步教学 MOOC 课程发布的主要渠道，分别从教师授课和学生构建的角度展开，教师将在线上提供课件、视频、讲义、测试、作业以及发布考试，而学生则可以进行线上的内容检索、在课堂的社群中进行讨论或其他相关互动。

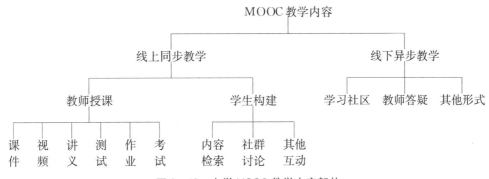

图 3-13　大学 MOOC 教学内容架构

如图 3-14 所示，MOOC 模式下的教学双方将在平台建设与教学流程上互为促进。平台将通过学习小组、讨论论坛、作业考核等方式促进教学双方间的互动，通过教学资源、教学设计、作业测试、结业考试等要素建设一个成体系的平台。同时，由于线上教学为 MOOC 模式的教学授课主体，线上将涵盖内容选择、疑难解答、学习评价、现场答疑、搜集信息、现场互动等要素，帮助在线学习并碎片化地组织知识。

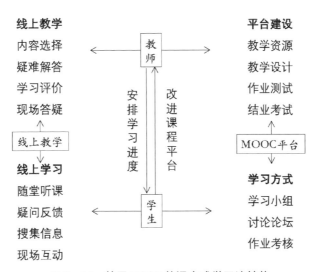

图 3-14　基于 MOOC 的混合式学习法结构

在教学流程方面，MOOC 包含教学主体、教学客体、教学活动等要素，其中教学主客体关系是推进教学进程的引导性力量，平等的师生关系可以使学生学习更主动，有利于培养其创新意识和创造力。教学活动存于一定时空，时间上表现为教、学活动的安排方式。空间上表现为教学理论、教学目标、教学活动中的师生地位及其关系。教学流程为：先由教师主动探索教学规律，在MOOC平台上展现成果；然后，教师通过提问引导建立教学双方的共同研讨并启发学生思维，提高教学互动性；最后，以基于慕课平台的教学评价实现社会化探究和意义构建。

教学评价将包括定位性的评价、形成性评价、诊断性评价以及总结性评价，分别涵盖通过学生的大数据收集以及课前预习所得出的学生知识掌握情况、教学过程中学生对于知识的习得程度、学生提出问题或并未获得理想成果的诊断原因，以及对于整体教学流程、教学目标实现的总结。四者在教学过程中的关系如图3-15所示。

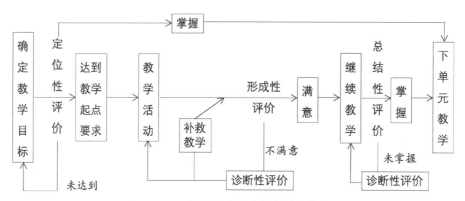

图3-15 不同评价方式在教学过程中关系

大学MOOC教学模式采用符合网络学习评价特征的多元学习评价方式（形成性评价为主、总结性评价为辅）全面评价学生。评价内容包括预习检验、课后测试（客观题为主、主观题为辅）、平时作业（以主观题为主，采用同伴互评与教师评阅结合方式，实现大规模课程学习作业批改、相互学习）和期末考试等。评价方式由教师评价、校友评价、同伴互评及自评组成。评价形式包括基于平台的内嵌测试、随机提问和基于学习过程大数据的机器评价。MOOC全程记录学习过程，实时收集、积累、分析学习数据，通过数据挖掘分析学生知识掌握、技能体验与熟悉情况，供学生批判性、创造性思考学习过程和主题熟悉学习环境，认识学习经历。

MOOC模式对大学教学创新具有如下启示：从微观视角看，MOOC模式改变了传统的课堂教学模式，实现了教学资源的互联与共享，打破了教学的时空限制，改变了传统的教学场景。从宏观视角看，MOOC模式在一定程度上解决了教育资源在国家、地区、学校之间分配不均的问题，扩大了教育资源的供给并对大学相对封闭的运行现状产生了一定的冲击。受限于现行技术，MOOC模式本身也具有一定的局限性，主要体现在师生交互性方面还有待进一步改进。大学的教学活动不仅仅是知识的传递，更重要的是，通过师生之间、学生之间的相互影响、思维碰撞，实现知识的创造。从目前来看，MOOC模式所提供的交流模式以在线交流为主，师生之间、学生之间的互动容易停留在较浅的层次，交流的广度、深度和频率均有待进一步加强。目前在线教育行业是动态的、不断变化的，而且竞争激烈。高等教育的分散化、学生体验不连贯的情况也成为一大风险。这也对新的教学模式提出解构与重组的要求——利用现代媒介与网络信息技术构建适应未来大学发展的教学模式。

其三，SPOC课堂。SPOC(Small Private Online Course，小规模限制性在线课程)是翻转课堂模式下的一种教学应用，其中"Private"是指对学生的准入条件设限，需要学生达到特定要求。

当前的SPOC主要针对大学生和在线学生两类学习者。针对大学生的是一种结合了课堂教学与在线教学的混合学习模式，是在大学校园课堂，采用录播网课实施翻转课堂教学。其基本流程是：教师把这些视频材料当作家庭作业布置给学生，然后在实体课堂教学中回答学生的问题，了解哪些知识被学生吸收了，哪些还没有被吸收，在课上与学生一起处理作业或其他任务。总体上，教师可以根据自己的偏好和学生的需求，自由设置和调控课程的进度、节奏与评分系统。针对在线学生的是根据设定的申请条件，从全球的申请者中选取一定规模（通常是500人）的学习者纳入SPOC课程。入选者必须保证学习时间和学习强度，参与在线讨论，完成规定的作业和考试等，通过者将获得课程完成证书，而未申请成功的学习者可以以旁听生的身份注册学习在线课程。例如，观看课程讲座视频、自定节奏学习指定的课程材料、做作业、参加在线讨论等。但是，他们不能接受教学团队的指导与互动，且在课程结束时不会被授予任何证书。

SPOC课堂具有如下五个特点：

第一，SPOC既推动了大学的对外品牌效应，也促进了大学校内的教学创新，提高了校内教学质量。有学者指出，这些顶尖大学对SPOC的追逐，是因为它完美适应了精英大学的排他性和追求高成就的价值观，帮助大学实现了其提高教学质量的目标，SPOC是在线教育在大学校园中的真正价值所在。

第二，SPOC模式的成本较低，且能用来创收，提供了MOOC的一种可持续发展模式。相对低的教学成本使学生以更少的经费获得更多的教学资源。

第三，SPOC重新定义了教师的作用，创新了教学模式。与MOOC使教师有机会服务于全球、在专业领域扬名立万不同，SPOC让教师更多地回归校园，回归小型在线课堂，成为真正的课程掌控者。课前，教师是课程资源的学习者和整合者。他们不必是讲座视频中的主角，也不必准备每一节的课程讲座，但是要能够根据学生需求整合各种线上和实体资源。课堂上，教师是指导者和促进者，他们组织学生分组研讨，随时为他们提供个性化指导，共同解决遇到的难题。SPOC创新了课堂教学模式，激发了教师的教学热情和课堂活力。

第四，SPOC更加强调赋予学生完整、深入的学习体验，使学生学习动机增强，有利于提高课程的完成率。通过限定课程的准入条件和学生规模，SPOC能够为这些经过特别挑选的学生定制课程，为他们提供有区别的、力度更大的专业支持，可以增进学生对课程的完整体验，从而避免MOOC的高辍课率和低完成率情况，让证书获得变得容易。

第五，网络平台的不完善与移动智能终端的技术欠缺使得SPOC课程传输和师生对接不够畅通。表3.5总结了SPOC的优势与不足。

表3.5 SPOC优势与不足

SPOC优势	学生	有规模限制，学生主导，有正式的学分认证，有师生互动，课程体验完整
	大学	回归校园，对外品牌，产生巨量学生学习数据
SPOC不足	学生	有课程准入条件
	大学	第三方平台问题，智能终端技术缺陷

其四，微课。微课在学生自主学习的形式与"以学生为本"的教学思想上成为翻转课堂的应用之一。"微课"是指按照新课程标准及教学实践要求，以视频为主要载体，记录教师在课堂

内外教育教学过程中围绕某个知识点(重点、难点、疑点)或教学环节而开展的精彩教与学活动的全过程。

微课的核心组成内容是课堂教学视频(课例片段),同时还包含与该教学主题相关的教学设计、素材课件、教学反思、练习测试及学生反馈、教师点评等辅助性教学资源,它们以一定的组织关系和呈现方式共同"营造"了一个半结构化、主题式的资源单元应用"小环境"。因此,微课既有别于传统单一资源类型的教学课例、教学课件、教学设计、教学反思等教学资源,又是在其基础上继承和发展起来的一种新型教学资源。

微课的不足:学生在观看微课视频时因时空限制而导致参与度降低,极易受到外界的干扰。网络平台的不完善与移动智能终端的技术欠缺使课程传输、师生对接不够畅通。课程过于碎片化,未成体系,不适合长期教学,只适合作为教学辅助。表3.6总结了微课的优势与不足。

表3.6 微课的优势与不足

微课优势	学生	没有先修条件,没有规模限制,课程情景化,内容具体、针对性强、主题突出
	大学	成本简化,传播多样,易创作,教学内容较少,贴合教师需求,产生巨量学生学习数据
微课不足	学生	参与度低,几乎没有师生互动,得到的支持有限
	大学	没有先修条件,平台不完善,移动终端技术欠缺,未成体系

(3)新教学平台构成

AI交互教学平台的设计以翻转课堂教学模式为框架,结合现代化的教育技术手段来实现教师、学生在课前、课后以及课堂环节的教与学的活动。这是教学思路上的转变,基于AI技术所提供的学习环境支持,带来教学理念、教学流程与教学手段全方位、大范围的改变。

新教学的课堂支持同步、异步、线上、线下的全流程授课。在同步的课堂上,由机器人教师进行实时授课,现场教室里的学生可以在手机终端、教室的电脑以及教学现场的虚拟教学氛围中与机器人教师或AI设备进行互动和习得知识。

非现场教室中的学生也将通过远程直播,在手机终端上获取同步的实时授课情况。新教学所面向的学生也可以是所有的社会人,这将使学生的范围跳出年龄层之外,不同年级、不同层级、对知识有渴求的自然人都可以参与其中。线上线下的学生都可以在手机终端获得多语言并发交互的授课体验,利用AI搜索引擎实时拓展检索该学科领域外的应用型知识、向机器人教师或AI教师提问,最后借助AI交互教学平台进行考试。

新教学除了同步授课平台外,还设有异步回放、反馈功能,为"围墙内""课堂中"的教育解除时间与空间上的桎梏。所有课程的目标学生,只要注册并具有上课资格,都可以在课程结束后或学校外进行回放。在课前,所有课程的注册学生都能在接收端获得列有课程进度、课时安排与授课大纲的授课计划,课程可以全时回放。为了强化学生"实时学习""实时总结"的学习习惯,他们可以在课程进行时实时标记注意力高度集中时的瞬时灵感,在课后总结并反馈自己的理解与想法,形成灵感总结闭环。"大学围墙"将被推倒,在20分钟外的课后时间,学生对瞬时灵感所记录下的信息将在课程群组内获得互相讨论、钻研、获取灵感交流的机会,实现多维度思想碰撞。AI交互教学系统将科学地选取有代表性的问题,判断出最有针对性的建议,为进一步教学工作提供指导与咨询。同时,授课过程中被检索到的问题与课后反馈、知识点外扩链接也将在大数据整合处理后反馈给学生,并成为自身体系的补充系统。前10分钟的关键词、关键过程与关键结论授课完毕后,系统将测试自动发送给学生,学生答题并上传系统,系统自动进行批改、评分,及时把错误的问题反馈至机器人教师端与学生端。对学生而言,这一反馈便于后续有针对性地巩固复习;对教师而言,这一反馈便于收集学生学习状况,完善教学设计。

新教学的这一平台构成是为了使教学双方真正达成"在课堂上深入思考,在课堂外持续学习"的目标。新教学的真实授课时间虽然每节课只有20分钟,但新教学希望知识取得这一过程能够持续,贯穿于生活的每时每刻,让深入学习真正发生在课外与课内。

为了实现这一目标,新教学模式提出了新的课堂编排方式、备课要求、教案设计模式以及教室的智慧化教学环境设计等。随着网络学习平台的不断深化,智能识别、在线感知、智能推送、专家知识系统、优质资源库系统和在线智能考试系统等,在新技术与教育新模式的整合下也将焕发出新的活力。

自主深入的学习可以发生在课堂外是翻转课堂的前提,这使课堂内产生面对面的思想碰撞成为可能。课堂内如何产生思想碰撞,而不仅仅是停留在某一层次的徘徊,课堂教学需要借助一定的技术手段和教学教具来完成新教学模式下的一些课堂交互活动。

(4) AI交互平台模式设计

在AI交互教学平台中,有以下模式是针对新教学而设计的:

AI教师教学模式:在AI交互教学平台中,在课堂上进行主讲的不再是教师,而是一个虚拟的机器人教师。机器人教师可以识别新教学模式所定义的课件结构,并能够依据课件脚本的逐步执行而触发对应的动作,比如在线提问、在线交互答题、点评、语音交互、屏幕共享、投影、在线点名、在线考试等动作。

在线语音交流模式:AI机器人教师(简称AI教师)在课堂教学活动中识别AI交互教学平台制作的课件并以语音的形式朗读出来,在朗读的过程中允许语音中断。学生可以发出"教师好,我有疑问/问题/我不明白"等语音指令。AI教师可以接收学生端的语音指令,中断当前的朗读或者活动,与学生进行交流。当AI机器人教师识别学生的语音后,可以像人一样与学生交流,交流的内容以后台知识库为基础加上特定的知识搜索范围限制。当学生的思维发散时,AI教师能够中断交流。

基于控制端的交互行为模式:新教学模式下的AI教师在目前阶段还达不到完全的拟人化,还需要课堂助教或者教师的指令干预,及时对课堂教学纠偏。在课堂教学过程中,助教可以指挥AI教师的动作,以监控课堂教学活动的顺利进行。特别是一些复杂的教学活动更离不开助教的干预,例如分组讨论、点评等活动。当然随着AI技术的发展,AI教师的能力也会逐步提高,具有完全独立的课堂教学行为的AI教师是我们期许达到的目标。

基于多语言全能型教师模式:目前教师角色相对固定,教师所用语种比较单一,课堂教学不能多语种同时授课,而AI教师的出现使多语种授课成为可能。在AI交互教学平台系统中有两种模式实现多语种授课,一是在课件制作的过程中,通过软件自动生成课堂需要的多语种脚本;二是学生通过学习终端软件进行语种选择,如果课件中包含需要的语种则以学生的选择为主,如果课件中不包含学生需要的语种则以机器现场语音翻译为主。多语种授课的实现使来自不同国家的学生能够同时参与课堂沟通交流,也进一步降低了教师课堂教学的语言难度。语言不再是阻碍多语种教学的难题。AI教学管理系统遵循上述模式提出了AI机器人虚拟教师教学的架构、模式和交互手段。

（5）新教学在线课堂要素

支持同步与异步的线上课堂是新教学的重要特征，也是新教学相对于传统教学的主要差异。新教学依托AI交互教学平台与远程视频技术，为大学构建起连贯的教学交互方式，为学生去除时空的桎梏，带来更高效、便捷、自主的学习，其中可评价的教学要素包括：

第一，科学性要素。线上授课平台本身就具备比线下授课更先进的特性，依托手机终端，学生能够更好地融入一个数字化的时代，交互技术与高效的数据检索功能将为学生提供一个可以身临其境的科学学习环境。确保机器人教师授课内容科学性的要点就是机器教案的科学性。在新教学中，机器人教案经过反复雕琢，择其精华，其在内容结构上须包含如下内容：专业课程知识的经典内容、学科专业知识的新近前沿和成果、学科知识前沿研究的思考与评价。机器人教师不仅教授学科必修的经典知识点，还会自动搜索最前沿、最新颖的学科发展成果。教学过程置身于学科前沿，赋予教学内容新资料、新观点、新方法，以引导学生关注、了解学科的研究新动向。教师还向学生提供前沿研究资料，引导学生课后查阅文献，加大学生对知识理解的深度，培养学生的独立思考能力。

第二，情感性要素。线上授课面临的一大难题是，机器人教师可能无法向传统教师那样出现在学生的身边，及时跟进学生的现场反应，通过互动吸引学生的注意力。因此，新教学的AI教师会考虑教学情感因素。新教学的机器人教师具有多种可选择的声音模式以及情感状态，其会根据不同的学科展现出不同的教学情绪以达到最佳教学效果，不仅不会削弱学生的课堂交互感，还能凭借线上教学特有的数字化优势建立更有趣的虚拟课堂。机器人教师将以趣味性作为核心竞争力，辅以3D视觉动画等技术手段增加教学吸引力，强化教学效能。人有认知和动力两大心理系统，而情感属于动力心理系统，机器人教师能有效唤醒学生的学习热情。只有当学生的情绪高涨、饶有兴致时，才能有较高的感知能力与学习认知能力，从而实现教学效果和教学目的。新教学的机器人教师将知识赋予情感的媒介作用，从而提高学生的感知接受乃至思维能力。

第三，特质性要素。教师因性格、气质、能力和情绪等个性特征的差异，在教学的语频、语速、语音起伏变化、肢体仪态、教学节奏等方面都会表现出差异性，并由此形成不同的教学风格。而新教学的机器人教师将这些不同的教学风格和现代教育技术融合后，便会取得不同的教学效果。尽管教学实践不能也不可能强求教学风格的一致化，但机器人教师能够依据教学内容调整教学风格，也能实现教学效果最优化的目标。如在讲授社会科学与自然科学课程时分别运用平缓或高昂的语音语调、丰富或生动的肢体语言，在机器人教师的演绎下，学生将不会因为课程内容的晦涩而产生视觉疲劳，借助不同的机器人教学风格与课程内容相契合有利于最大限度地发挥教师作用、提高学生专注力。

第四，技术性要素。AI交互教学平台系统涵盖教学的方方面面，不仅能够为教师打造一个方便的集备课、资源管理、学生管理、课堂管理、自测试管理等功能于一体的教师工作管理终端，而且能够极大地减轻学生的学习负担，为学生打造一个融在线学习、互动、作业、笔记及测试为一体的智能化学习终端。其中，信息化教学应用研究是关键。新教学在学科教学创新探索与实践的基础上，开展信息化教学应用研究，通过新媒体技术支持转变学习方式，倡导"自主、探究与合作"的学习，改变以教师为中心、课堂为中心和书本为中心的局面，重视参与性学习、个性化学习、协作学习理念和方法的应用，加强交流，及时评价，有效调动学生积极性，促进学生积极思考。新教学的技术环境将在下篇——技术篇作具体阐述。

技术和教育理论仍在不断发展，每个阶段都有其鲜明的特点。如今"互联网＋"、在线教育是大趋势，未来的教育也在变革中不断地前进、改变。新教学所助力的未来教育是混合式学习、社群化学习、智能化学习、游戏化学习和国际化学习。

3.2.6 成果取得

学生所面临的教育压力很大部分来自教育成果取得途径的局限性，学生必须在极大竞争下通过单一路径获得学历水平证明，在新教学模式下的注册制度与成果途径就更多样化：

注册制度：注册→收费（或免费）→上课→取得成果。

学分制度：采用动态学分制，即化课程学时为累进学时。

考核制度：采用多元考核制，即化集中考试为课堂测试，将课程成绩碎片化。同时平台提供两次微课程复修机会、一次微课程成绩覆盖机会，确保知识获取的激励传授方式。

成果取得：在校学生可将课程取得成绩直接与学分进行转换。社会学生在不同领域课程中取得的成绩将被视作该领域水平合格证明，多途径取得经教育部认可的教育成果。事实上，只要学生的资历在其专业领域得到认可，在线学位还是校园内取得的学位并不会被严格区分，在线学位甚至为学生带来了更强的竞争力，在线学习需要大量的奉献精神、承诺精神与自律意识，在线获得资格所需要的热情和动力能为各行各业的学习者赋予独特的竞争力，使其在未来求职过程中脱颖而出。

肖恩·加拉格尔（Sean Gallagher）指出："专业发展、职业资格认证和正规高等教育之间的传统界限正变得模糊。"新的学历证明方式不断被建立，它们基于学生的能力，往往由证书、学位等形式构成。世界各国的教学成果取得模式不同，新教学以海外认证制度的核心为参考，考察德国的认证制度：德国的大学通过实行大学质量认证体系来进行大学教学质量管理，这与我国的大学认证制度相似。除此以外，德国还针对所有全日制课程外的非全日制课程、线上课程、重点特色课程以及双元制课程进行认证。在德国国际工商管理认证基金会2019年出台的制度中，非全日制的课程仍纳入可认证课程，这有助于实现学科成功获得渠道的多样化。同时，德国的大学认证系统使大学学科间有所区分，为政府或个体的选择提供参考，也为就业单位对人才的筛选提供录用依据。

德国的大学将质量体系认证作为衡量教育质量的重要标准，以此来监督保证教学质量与科研结果。教育认证能够反映教学理念或教学流程上的问题，促使大学进行自我反思，从而激发教学方法的完善，促成教育质量的提高。而将第三方认证机构与大学、社会独立开来，有助于提高机构的专业性。机构以大学的教学理念为指导，制定评估标准，学校将根据评估的结果对内作调整，社会也将根据评估结果按照社会需求寻找适合的人才，实现了大学发展与人才培养的多样化。

同样，加拿大也在"允许学分转化的规定"中将学生的学习成果衡量指标朝着多元化发展。以加拿大工程教育为例，加拿大大学的评估标准正从教学内容本身转到学生的质量上，通过对专业项目进行评估认证所获得的结果将直接或间接反映该工程教育下学生的质量，强调学生的个人素质、工作能力以及未来前景。加拿大工程协会"允许学分转化的规定"明确了获得资格认证的项目——大学有权利使其下的免试、学分转换、交换学习项目与认证委员会标准保持契合。这在保障项目本身质量的同时，为学生的学习结果取得开拓了新的渠道。

新教学的概念中亦涉及此问题,新教学探索并非仅仅修完全日制大学课程可以获得学位认证,能够证明学生知识习得与应用能力的非全日制、远程课程也具备学术能力证明的资格,有理由获得学科认证。因此,在校学生可将课程取得成绩直接与学分进行转换。而社会学生在不同领域课程中取得的成绩将被视作该领域水平合格证明,因而学生多途径取得经教育部认可的教育成果,在就职时也为企业提供学生水平评判标准与参考依据。该标准也将使新教学的各科课程能够依托各自核心竞争力在世界教育市场受到欢迎。同时,新教学在学分转换标准上统一方式,通过对课程内容学习的指标进行量化,设置具体的学习内容与学分要求,最终实现学习结果可追溯、可量化、促进专业化与通识化相结合的教育与教学模式的内构,结合新的技术环境,适应教学模式的创新要求,提高学生个性化培养,拓展学生学习成果取得渠道,使各行业、各学科塑造精于所长的学生。

新教学基于 AI 技术与机器人教师而实现的代入式引例、精简化课堂、针对性考核以及高效的课堂内容反馈可以取得优秀的教学质量认证,形成"优质教学体系—优质认证结果—优质反馈建议—更优质体系"的良性循环。

3.3 新教师

3.3.1 教师的变化

从教师的角度观察,未来大学的教师将在身份和职能上发生新的变化。未来的大学将是没有"围墙"的大学,因此学科间、学校间的融合也不断加强,教师将不只是深耕于自己的科研领域,还将建立起跨越学科、跨专业框架的学术联合体。数字化的背景下,教学资源也将更加广泛,院系内、大学内以及社会的资源都需要教师来进行整合,在这个具有高参与性与高流动性的大学背景下,高水平的教师将组成联合体,共同研究跨越学科与专业、具有前瞻性的课题。

教师自身的职能所承担的责任与使命也将随之改变。新教师的职责将不局限于将知识传授给学生。

3.3.2 新教师与学生的互动

教学中的互动是指在教学过程中教与学双方即教师与学生通过书面、口头等各种形式的表达,对彼此行为或心理产生相互影响的过程。有效的互动能够同时对学生和教师的个体认知与个体素养起到促进作用。

新教学为师生呈现有效互动、互为主体创造了条件。在师生的互动中,无论发起方是教师还是学生,两者都在彼此影响。新教学模式下,虽然课堂上负责授课的教师变成了机器人,但教师依然在后台系统中通过对教案的编辑、教学问题的设置不断影响学生,发起知识的传递。而学生则通过课堂提问、课后作业、课间讨论等方式,在接受教师影响的同时,在互动中将自身的知识习得结果与感悟反馈给教师。在数字化时代下,教学相长是师生关系的重要诠释,学生获得知识的渠道更加多样,而教师不再是知识的唯一来源和唯一权威,教师与学生间形成动态、高效、连续的交互行为。在学校这种有目的、有计划性地汇集教师资源的做法,为学生提供教学服务的平台,教师所代表的不再是讲台前的个体,而是一个群体,这一群体包含所有教师资源的整合。

在教师与学生的双向互动中,需要体现出教师自觉、自主、自为、自由的属性,并在备课、上课、收集反馈中加以表现。数字化时代下,这一属性帮助教师与 AI 系统、学生建立更高效的信息沟通,从而提高课堂效率,发挥学生主观能动性。

教师需要自觉感悟和认知社会需求、经济需求等。教育的需要不仅在于维持社会生存和发展的总体需要,而且在于人们对社会环境、自然知识与个人意义的探求。教师和学生在教育中不仅要适应社会和人的发展的整体需要,而且要适应个人发展需要。教师不断提高自身素质,为社会培养新人,需要有对自我价值的认知和自觉把握。教师通过这些需求认知,把目标内化为自我实现的价值追求。教师需要发挥主观能动性,为实现自我价值而发自内心地运用自己的智力资源为教学注入新的活力。这一自主性体现在教师依据教学发展规律与教学环境,将外部社会需求与内部价值体现在教学过程中进行统一。在自觉、自主、自为的属性下,外部技术环境为当代的教师赋能,教师将通过对价值规律的把握,结合 AI 交互系统,为新的教学注入创造力,创建更迎合时代的混合式学习、社群化学习、智能化学习与全球化学习。

由教育的理念变为教育的现实,起关键作用的是教师。教师的主体性能否真正得以发挥,实现有效的师生互动,主要取决于教师的人格素质与和谐宽松的互动环境。

新教学的 AI 机器人教师是一套能够自动识别外部输入并做出响应动作的智能化的人工智能程序,可以是虚拟 3D 成像技术下的虚拟人像,可以是虚拟的教师形象的动画人物,也可以是拟人化的机器实体,未来其更有可能是一个具有自主思维和灵活动作的"机器人"。机器人教师在师德师风、专业水平、教育技能、个性心理、人际互动能力等方面都与传统教师无异,甚至因集其所长而具备更强的教学能力。在师生互动中,机器人教师注重塑造和展示以渊博知识、高尚师德、完善个性为核心的人格形象,将自己外在的职业权威转化为内在的人格魅力,与学生建立朋友型师生关系,与学生一起去探索,与学生分享经验与知识。

新教学的 AI 机器人教师还将通过虚拟现实技术,构建起和谐宽松的互动环境,机器人教师将在教育活动中自由、自主地选择和切换教学方式,使之既适合教师主体性的发挥,又适合学生主体性的培育。与之相适应的教育评价方式,应该以有利于学生、教师的个性全面自由发展为指标来评价教育活动的有效性、考核教师工作的实绩。

学生课堂上的心理状态与专注度都与教师提供的教育环境、教学氛围相关,能够直接影响师生间的交互行为。AI 机器人教师根据不同的知识点与科目形成不同的授课状态,将有效调节学生的上课情绪,提高学生的专注度。机器人教师得以通过高效的数据在线搜索取得丰富信息来开阔学生的思维,通过所设定的不同表情、不同语气与不同表达活跃课堂气氛,提高课堂师生心理相容度。

教师在实现主体性的过程中,对其自身素质的考量可以通过教师资格考试与授课技能考评进行,目前已比较完善,但仍会受到教师自身因素如教学风格的影响。同时,在编写教案、课后答疑方面,庞大的学生基数导致了较高的生师比,学生能够获得的教师资源相对有限。此外,教师与学生间互动环境的创造也受制于教师自身的性格与表达能力。若可以借助一个集大众认可的教师形象于一体的机器人教师,在实现授课主体性的同时,满足社会对教师水平、互动环境的要求,最大化利用优秀的教师资源,则可以最大化地惠及学生。

新教学的教师,在机器人身后,同时发挥授课内容与授课方式上的主体性,避免因教师个体化差异而导致的良莠差距,集合 AI 技术建立更高效的课堂输出,为教学双方的互动赋予更强的自觉性和更明确的目的性。

3.3.3 教师教学过程的变化

在新技术支持下的新的教学模式发生了改变,同时也使得教师授课功能的过程发生了相应的改变。

(1) 教师教学模式的变化

如图 3-16 所示,在新教学模式下的课前阶段:教师必须编制学生能够进行自主学习的新的教案,该教案以讲授新知识为主。在课前学习阶段,对学生而言是没有教师的监督的,如何提高学习的效率是 AI 交互教学平台要考虑的重要问题。在教案中教师通过设计各种问题场景和交互模式让学生在学习的过程中按照问题进行交互,从而提高学生的学习效率,智能备课子系统就是针对该问题而设计的。

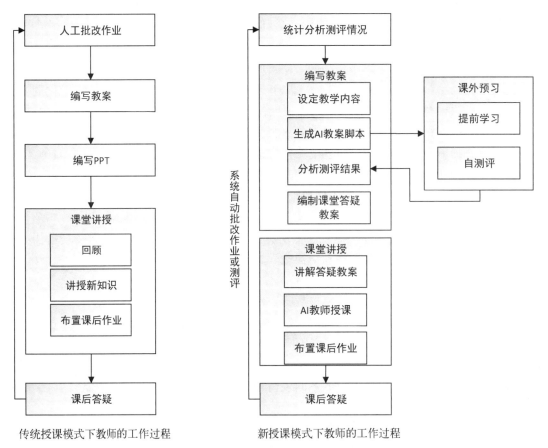

图 3-16 新授课模式下的教师工作

据教案的课件制作完毕后,在指定的时间内,AI 交互教学平台会将教案课件推送到学生端,指导学生进行自主化学习。学生完成学习后会将自测评的结果反馈到 AI 交互教学平台,教师可以直观地看到学生的学习情况,通过对学生自主学习情况的分析,再制定有针对性的课堂教学 AI 教案,生成 AI 教案脚本。

如图 3-17 所示,在新教学模式下的课堂上:AI 机器人教师是课堂教学的主讲人,教师不再是课堂教学的主讲人,而是课堂教学的控制者。AI 机器人教师会依据课堂教学教案的设

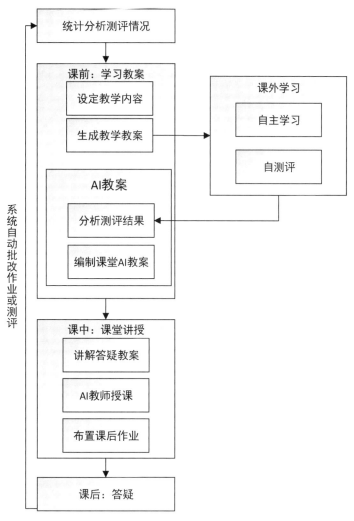

图 3-17 新教学模式下教师的工作过程图

计,在教师(助教)的辅助和指挥下,一步一步实现课堂教学。

在课后:教师必须参与答疑活动,教师和学生通过家校安全管理子系统实现语音、视频通话,完成在线答疑。

(2) 教师工作行为的改变

批改作业的方式:传统教学模式下由人工批改作业,教师在批改完作业后要统计每道题的答题情况。在新教学模式下,由系统批改作业,系统会自动统计每一道题目的答题情况。这既节省了教师的时间,又减少了教师的工作量。

教案的编写:传统模式下进行的教案编写,教师仅能借助有限的工具,亲力亲为,自己动手完成。在新教学模式下,教师依据系统对作业的测评情况,借助先进的互联网络和现代化的教学工具,能够从知识的难易程度、广度、深度等方面对教案进行立体化设计,生成满足新教学模式的 AI 教案脚本。教师将教案脚本发送到学生端,在课前,学生就根据该教学教案进行自主学习。在学生学习时,教案的脚本是运行在新教学模式下的学生智慧学习终端系统上的,学生可以与智慧学习终端系统进行互动学习,学习完成后都会进行自测试,系统会将自测试的结果收集起来,反馈到教师终端系统中。教师依据学生对教案的学习情况有针对性地设计本节课的教学教案。该教案将应用到课堂教学环境中,是依据学生测评情况而编制的,具有针对性。

课堂教学:传统教学模式下,教师在课堂上以讲授新知识为主。新教学模式下,教师将课堂教学的任务交给了 AI 交互教学平台系统中的 AI 教师。在课堂上,教师只需要负责监督和管理工作以应付突发状况,甚至不需要到教室里上课,完全把课堂交给 AI 教师。当课堂教学完成后,AI 教师会自动将课后作业要求推送到学生的智慧学习终端系统上。

课后答疑:传统教学模式下课后答疑需要学生到教师的办公室或者教师在固定的教室固定的时间进行答疑。新教学模式下教师的答疑是通过 AI 交互教学平台系统进行的,双方可以通过网络进行视频或音频通话,并能够在线共享各自的移动设备屏幕,实现身临其境式的答疑,以达到传统教学模式面对面的答疑效果。由于学生与教师不在同一个位置,能够有效缓解学生交流的压力,提高学生对知识的理解和掌握程度,提高学生的学习效率。

在教师设置上,传统的课程由实体教师直接面向学生教学,两者间进行的是课本知识传递、接受的狭义交流。因教师的专业范围限制,课程都以单科单课的形式呈现,每位教师有其所长,也精于所长,但学科交融已成趋势,当学生提出跨学科的问题时,教师往往容易受专业所限,固守领域内的内容,缺乏多维度看待问题的格局和能力。实体教师还会受自己物理位置的局限,即使通过直播的方式仍有不能解决的问题,无法及时回应和总结多方提问。这也涉及交互形式。传统教师与学生的交互形式包括课上和课后——课上互动会在很大程度上打乱教学进度,而课后的提问也面临学生积极性不足、重复提问导致教师劳动力浪费的问题。

相比传统教学,新教学最大的变革就是媒介的变化,通过媒介教学丰富了直接教学,使师生间仅专注于单科知识点的狭义交流转变为广义交流。新教学模式在保留教师实体的基础上,融入能够高速处理海量信息的机器人教师,既不打破师生间关系的平衡,又使教师的能力得到提升。机器人教师能力的提升意味着教师格局的拓展,单科单课的模式可以延伸为多科交融,一门高等数学的应用可以涉及物理乃至运动学,这都基于单科的实体教师无法延伸出去的知识点,而这样的多科交融则给学生更大的扩展空间,有利于提高学生的融会贯通能力。机器人教师的远程共享整合语音识别与 5G 网络运用,以高精度、高准度传递知识点。最后,传统课程的两大交互问题在新教学中得以解决甚至创新——课上课下的所有提问将直接由机器搜索引擎解答,其还会整合所有提问信息以完善现有教学库,实现从复制信息向整合信息的转换。

3.4 新 学 生

从学生层面看,学生群体将从小众化向大众化转变。现代大学由于各种因素制约,不是每个人都能进入大学接受高等教育,因此,其学生群体归根结底是一种"小众"形式。未来大学将突破"小众"形式,在学制年限的不断拓宽、年龄限制的逐渐放开以及实现"校友"到"学友"的转换情况下,将没有传统意义的大学同学了。在未来,受教育对一个人的生存是必不可少的,受众面相对较小的局面将会彻底改变,未来大学放开学制和教育形式的多样化将使一般大众接受高等教育成为可能,大学也将成为一个时时处处向学习者、求知者开放的学习中心、资源中心。

3.4.1 学生的互动

如前文所述,师生间的互动是教师与学生发生交互作用和影响来开展知识传递的行为。两者互为主体,学生的课前预习结果是一种反馈,学生的课上呼应是一种反馈,课后的提问与交流、测验结果也是一种对教师授课内容的反馈,学生通过互动来影响教师。

学生对教师的影响有时更甚于教师之间的影响,学生对课程内容的关注度和贡献能够更好地促进教师授课内容的改善,实现教学相长。而目前的学生投入更多集中于完成课后作业或回答教师的课堂问题,需要有更多的互动形式来完善教师与学生间的知识传递。

(1) 学生投入

学生投入是指学生在校期间对学习活动、人际互动等方面投入的时间、精力等,它不仅包括常规学习情景下的学生投入,而且包括在线学习情景下的学生投入。新教学对于线上学习与线下学习的学生投入状态都是及时衡量和评估的。学生参与表现出三个特点:一是学生被课程所吸引,二是学生在面对挑战和障碍时依然坚持投入,三是学生在学习工作中获得成就感。

新教学把课堂构建为知识传递的动态过程。在这个过程中,学生通过与他人的互动、与自己的互动以及对自己内在过程的反思,创造出新的意义结构,这有助于学生学习如何使用和提炼隐性知识。这个过程的一部分是积极地发现和转换复杂的信息,以体现它并使之成为自己的信息。

通过比较线上与线下的学生投入程度可知,在线下,由于教师与学生的直接沟通较多,学生缺乏投入情况比较少,在批判思考、理解分析和课外投入的时间和精力较多。在线上,学生在线阅读、在线利用资源较多,学生学习负担较轻,利用在线课堂学习进行互动较少。此外,线上与线下不同情境中,学生投入维度间相似程度较低,两者间可替代性较弱。在线学习由于其低互动性的属性,对于教学中学生投入的要求更高。

因此,为了更好地发挥学生在师生知识传输链条中的互动作用,尤其是在以机器人教师为主体的授课模式下提高投入程度,学生的任务相较于从前也发生了变化。

站在动机理论的角度分析,新教学需要通过内部激励(给学生带来持久的自我提高信息)与外部激励(对手头任务的外部鼓励)使学生具备课堂互动的动机,为学生提供能使学生展现并提高他们能力和成就感的课堂互动。具体方法表现在调动学生好奇心、鼓励自我表达与创造力、促进同伴互动、组织课堂活动等增强学生互动。

(2) 增强学生互动

第一,唤起学生好奇心。新教学课程需要唤起学生的好奇心,唤醒他们对知识的渴望与深入理解。这需要对课程内容赋予定义性特征,包括将提供的知识信息碎片化,既与学生原有认知相关又有创新性。高度固化的教科书很少能引起学生的兴趣,而碎片化的信息更能促进学生进一步了解知识。在课前引例部分,新教学就是通过提出与学生已有认知息息相关的问题这一策略来唤起学生的好奇心。

第二,鼓励自我表达与创造力。学生需要能够表达自己的自主性和原创性的学习氛围,使他们能够保有在知识吸收过程中的自主性,知道自己的定位,明确自己想要达到的目的。部分注重创造力的方式有时会阻碍学生自我表达的动力。

新教学赋予所有学生提问的权利,扩大学生互动的范围,机器人教师将学生的个人想法和关注点联系起来,给学生提供更多选择,在线上与线下都确保学生互动的自主性与公平性,让学生获得反馈并受到鼓励。

第三,促进伙伴互动。学生都会受到人际交往的驱动而更愿意与志趣相投者共同从事感兴趣的学习,在学习环境中互惠互利。AI交互教学平台将通过数据算法为学生匹配更多知识互补或背景相同的学习伙伴,提供伙伴互动的学习氛围,用彼此的知识背景实现价值互补。

第四,组织课堂活动。新教学打破教师与教师、教师与学生、学生与知识之间的界限,通过数据分析了解学生的需求后,组织在数据工具辅助下的知识检索活动。学生通过技术辅助下的课堂活动,寻求知识掌握、内容理解、自我表达和人际关系,建立更有创造力与更互惠的课堂体系。

3.4.2 学生学习过程的变化

在新技术支持下的新教学模式发生了改变,同时也引起了学生学习过程的改变(见图3-18、图3-19)。

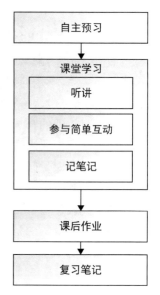

图3-18 传统授课模式下学生的学习过程

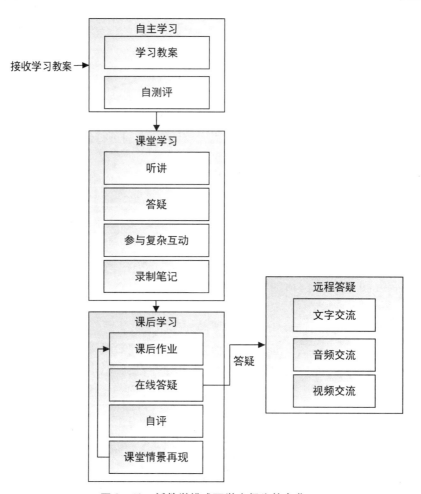

图3-19 新教学模式下学生行为的变化

课前预习：在课前预习阶段，传统教学模式下学生基本通过课本进行预习，对于预习的好坏程度、知识点的重要程度、难点等不易把握，主要靠自己理解。新教学模式下，由于教师提前将备课的教案下发给学生，学生不仅可以对课本进行预习，还可以通过AI交互教学管理系统在线或者离线学习课件，学习结束后进行自测试，检查自己学习的效果。这种模式更能提高学生的学习效率。同时自测试的结果会同步到AI交互教学管理系统中，教师可以根据学生预习的自测评情况合理制定课堂教学的内容，教师的课堂教学更有针对性。

课堂学习：传统教学模式下的课堂学习手段比较简单，例如记笔记、听讲、回答问题、分组讨论等，学生简单地参与课堂活动。教师以讲授内容为主，通过讲授把知识传递给学生，至于学生能领会多少、掌握多少，在一堂课上教师较难把握。课后学生只能通过书本和笔记来加强记忆学习。当学生有问题时只能到教师的办公室去寻求解答。新教学模式下，教师在课堂上不是以讲授内容为主（讲授内容交给了AI教师），而是以答疑为主，专心解答学生的问题，并且AI教师讲授的内容是根据学生预习的自测试结果而设计的，具有针对性。同时利用AI交互教学管理系统学生可以参与教师的日常教学活动，例如是非题、问答题、选择题、讨论题等题型都可以在课堂上快速进行，而且是全员参与，并能够快速得到每位学生的答题情况，进行实时结果统计，让教师能够实时掌握每一个学生的学习情况，并当场解决问题。在课堂上，学生除了听讲、参与教师活动之外，不需要再记录纸质笔记，在AI交互教学管理系统直接提供记笔记和录播的功能，能够让学生把更多的精力投入课堂听讲和参与互动。课堂情况可以在任何时间任何地点进行回放，也就是当学生复习内容时可以重温当初的课堂场景。

课后学习：传统教学模式下的课后学习以课后作业为主，学生在遇到问题时较多求助于书本和自己的笔记。新教学模式下，学生不仅可以求助于书本和笔记，而且能够通过AI交互教学管理系统与教师进行文字、语音或者视频交流等。新教学模式使师生交流更方便、更快捷。在新教学模式下，学生可以通过在线自测评将上节课学习的效果展现出来，测评的结果会自动推送到教师端，当学生对自测评的结果不满意时除了在线求助教师进行答疑之外，还可以通过AI交互教学管理系统进行课程回顾，学生可以将整个课堂环境还原出来，这就是课堂情景再现。通过新技术实现的课堂情景再现功能使学生可以不断温习课堂上教师讲授的内容，对所有学生来说这将是一种极大的帮助。

传统教学模式下的学生使用常规介质如书本、课件等，即使是线上学习，其使用的数字教材也相对固定、单一。在寻求答疑时，往往只能选择在课中或课后进行，并容易因为课程结束而失去提问兴趣。由于获取不到教师资源，在注意力最集中、知识关联性最强的上课时间，为了不打断教学进程而放弃提问。如此模式下，学生获取知识的方式是被动灌输，较缺乏在知识获取上的主观能动性。

新教学首先突破的是常规学习介质，将其转化为数字与实体相结合的复合介质学习，复合介质包括后续开发加工过的派生教材，如实体教材、数字教材以及视频、音频、实验等。新教学的教材要经历版本迭代与精华提炼，确保与手机终端同步完成教材的内容与功能衍生。对学生的答疑也将在知识点学习的过程中同步完成。系统中高效、强大的实时搜索引擎协助机器人教师对学生在课中、课后上传的提问给出及时反馈、实时解惑。新教学在复合介质的助力下，使教材、教程与教学模式都呈现较大变化，经过迭代与提炼后的复合介质教材无论在引例新颖度方面还是在阐述具体化方面都具备了激励传授的必备元素，使学生在学习状态上完成被动向主动的转变。通过对20分钟时间的合理分配，学生在唤醒模式下的激情状态可以保持精神高度集中的高效学习。这就能发挥学生主观学习的潜能，使学生积极且有创造性地吸收知识点。

3.5 新教材与 AI 教师

3.5.1 新教材构造

新教学模式下的概念教材分为三个板块：

授课板块：教师编写机器人教材→导入机器人→机器人授课。

教材编制：全球采购与自编。

学习板块：机器人整合信息并深度学习，提供可以随时补充更改、不受局限的教材。

在新教学概念教材规程上，机器人的自动学习占主导，采用大范围替代传统教师自行学习、学习后将知识传授给学生的方式。在传统模式的授课板块，教师起到的是总结知识→编写教材→传授知识的作用，在这一链条中的每一环都容易受到教师自身素质的影响——总结的知识是否全面、编写的教材是否严谨、传授的内容是否有针对性等等。在学习板块，学生需要在课堂上根据教师进度进行知识的归纳梳理，并加以独立掌握。

新教学模式下，新教师在更大的范围共同编写机器人教材，集众教师智慧于一体，编写出的教材以分镜头拍摄的剧本形式使涵盖范围更广、更全面、更严谨。机器人教材的书写语句也以机器人识别为首要考量标准，待输入机器人后，再由系统导入并传授给学生。

教材规程中的学习板块包括学生学习与机器人自身深度学习。学生学习活动在课堂内外同时发生，机器人在读取教案后，会根据课堂提问、后台反馈进行大数据汇总，从而实现机器人教学的一大优点——深度学习。

最终被读进机器人的教材以综合视频的形式呈现，将传统表达与多介质表达相结合，在融入不同的教学场景作为知识点的背景补充、不同的思维方向作为学科交融后，逐步形成多场景、外延式的场景教学。

3.5.2 机器教案

（1）教案构成

新教学的教案由两部分组成：一是呈现在屏幕上的屏幕放映；二是经过文本分类转化、机器人识别的文本，这是真实的写给机器人读取的教案。

教案是教师为顺利而有效地开展教学活动，根据课程标准、教学大纲和教科书要求及学生的实际情况，以课时或课题为单位，对教学内容、教学步骤、教学方法等进行具体设计和安排的一种实用性教学文书。教案包括教材简析、学生分析、教学目的、重难点、教学准备、教学过程及练习设计等。

新教学教案的受众由传统教师转变成机器人教师，这就对教案的可读取性提出了更高的要求。

由于新教学课程内容的不同，机器人教案会因不同学科涉及的不同专业术语作相应调整，大学的学科包括自然科学、农业科学、医药科学、工程与技术科学、人文与社会科学五大知识体系。我国高等学校本科教育专业则设置了哲学、经济学、法学、教育学、文学、历史学、理学、工学、农学、医学、军事学、管理学、艺术学这13个学科门类。针对不同的知识体系与学科门类，新教学的机器教师分别有相应的储备术语知识库。如人文与社会科学知识体系下的教案涵盖了古今中外人类对人文、社会科学的认识与观点，其术语知识库将侧重于储备精神文化奠基者的姓名与经典理论。对于自然科学领域知识体系下的教案，则需涉及探究物质世界规律下的客观定律，包括物理学、化学、生物学、工程学等方面的公式与代表符号，如符号"$\sum$"在知识库中有所储备后，机器将同时识别出"求和"与"Summation"的含义，并在讲授中以语言形式加以表达。图3-20中的示例为新教学《高等数学——关键词3 函数的极限》中的一页投屏，输入给机器人教师的脚本文字为：对于任意epsilon大于零，存在正整数大n，当n大于大n时，有$f(n)$减a的绝对值小于epsilon，这里$f(n)$无限接近于确定的数a，则我们引入epsilon，用$f(n)$减a的绝对值小于epsilon来刻画，这里n趋于无穷大，我们引入大n，用小n大于大n来刻画。

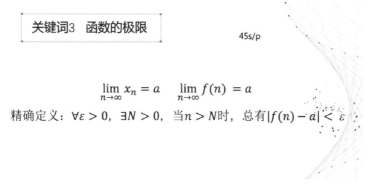

图3-20 《高等数学——关键词3 函数的极限》投屏

（2）文本分类

文本识别技术是新教学的机器教案读取中最重要的技术，机器人教师的储备术语知识库中涵盖了五大学科知识体系下的关键术语，并通过"术语储备""文本分类"的方式读取，将其转化成机器人"读得懂"的教案。

文本分类（Text Categorization，TC）技术是信息检索和文本挖掘的重要基础，其主要任务是在预先给定的类别标记（label）集合下，根据文本内容判定它的类别。这有助于机器人对自然语言处理与理解、信息组织与管理、内容信息过滤等。20世纪90年代逐渐成熟的基于机器学习的文本分类方法，更注重分类器的模型自动挖掘和生成及动态优化能力，在分类效果和灵活性上都比之前基于知识工程和专家系统的文本分类模式有所突破，成为相关领域研究和应用的经典范例。

新教学基于机器学习的文本信息识别提取方法，在技术上实现以下步骤（图3-21）：

连接数据库：在移动终端上下载对应的端口，利用端口并通过无线网络与服务器终端进行连接，服务器终端内建立相应的数据库。

文本识别提取：电子版教材将由摄像头直接扫描。如对照片、纸张、手机中的图片上的文本进行识别提取时，将其平放，由文字扫描摄像头读取、扫描并借助蓝牙功能发送至系统移动终端识别。同时，机器间隔时间将在脚本中标明。

建立模型：移动终端将不同使用者使用所形成的历史记录存储信息通过无线网络发送到服务终端上，由服务终端上的智能程序对这些信息进行分类整理，并通过机械学习方法建立不同的模型，从而模拟使用者的搜索习惯。当使用者再次搜索某些信息时，可优化其搜索目标，提高使用者的搜索效率。

筛选结果：文本识别完成后，智能系统可根据关键字信息模拟出使用者的使用习惯自动筛选，将使用者所需要的信息进行显示，由使用者将所需要的搜索结果打开，并将使用者的使用历史进行记录，再次上传，不断进行优化。

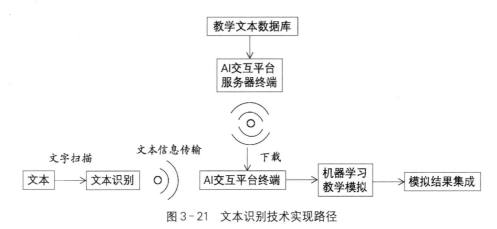

图 3-21 文本识别技术实现路径

该文本信息识别提取方法将达到：
- 识别特殊领域内的相关专业字符；
- 提取连贯信息；
- 对信息进行检索、整合，优化机器人教师检索结果；
- 机器学习，提高新教学师生与系统搜索效率。

3.5.3 机器人教师授课流程

图 3-22 所示的 AI 机器人教师是一套能够自动识别外部输入并做出响应动作的智能化的人工智能程序。AI 机器人教师可以按照写好的脚本执行课堂教学活动，其工作流程见图 3-22。

由于 AI 机器人教师还不能像人一样具有自主思考的能力和行为，它的运作还是以人为设定的代码程序为主，目前阶段还离不开教师的远程指挥，因此其授课流程和教师实体的授课流程有很大的差异。其授课流程特征如下：

第一，它需要人工开启课堂教学活动。在开始上课前，助教或者教师必须开启应用，设定课堂上的相关资料，初始化课堂教学环境。

第二，在 AI 机器人教师的后端必须支持语音和网络接口，这两个接口服务程序始终在线，随时等待接收指令、翻译识别指令。在 AI 交互教学平台上自定义了很多指令集，这些指令集都是和课堂教学相关的，为了屏蔽课堂环境的噪声干扰，AI 机器人教师只能识别属于指令集中的指令。

第三，在 AI 交互教学平台上定义了很多指令响应活动，AI 交互教学平台会根据指令对应的活动激活课堂教学软件中的功能界面。

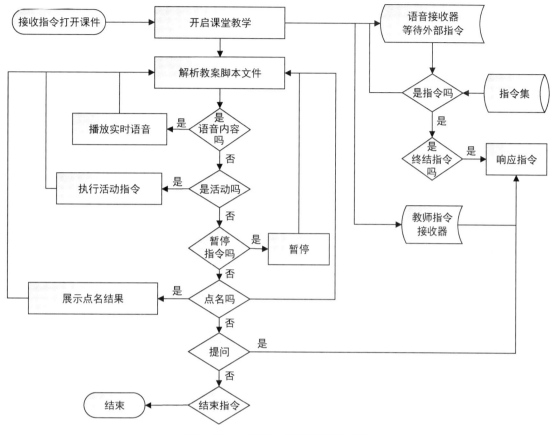

图 3-22 AI 机器人教师的工作流程图

第四,在 AI 脚本执行的过程中不需要人工干预,AI 机器人教师会自动识别在教案中定义好的动作和指令。

第五,脚本的解析执行和语音指令的输入是相互独立而又相互服务的。语音指令的识别由单独的 AI 智能语音硬件实现,其运行不依赖于 AI 交互教学平台,但是其动作和响应可以通过 AI 交互教学平台展示出来。

第六,在课堂教学环境中,教师端具有最高的操作权限,教师可以随时指挥 AI 机器人教师的动作和响应。

3.5.4 机器教案内容

除了"文本读取"技术外,新教学的"机器教案"设计内容包括:教学目标、教学内容处理、教学重点与难点、教学方法、教学内构、板书设计与教学媒体的运用等要素。教案强调学科特色。教学目标可以细化到学生的认知目标、情感目标、行为目标等。教案内容应有针对性、有侧重地进行表述。

以新教学"高等数学"知识点 1 中的"映射与函数"为例:

教学目标:
a. 使学生了解映射及其要素构成。

b. 使学生了解函数的概念，掌握函数的表示方法，并会建立简单应用问题中的函数关系式。

c. 了解函数的奇偶性、单调性、周期性与有界性。

d. 理解复合函数及分段函数的概念，了解反函数的概念。

e. 掌握基本初等函数的性质及其图形。

（一）教学内容与脚本

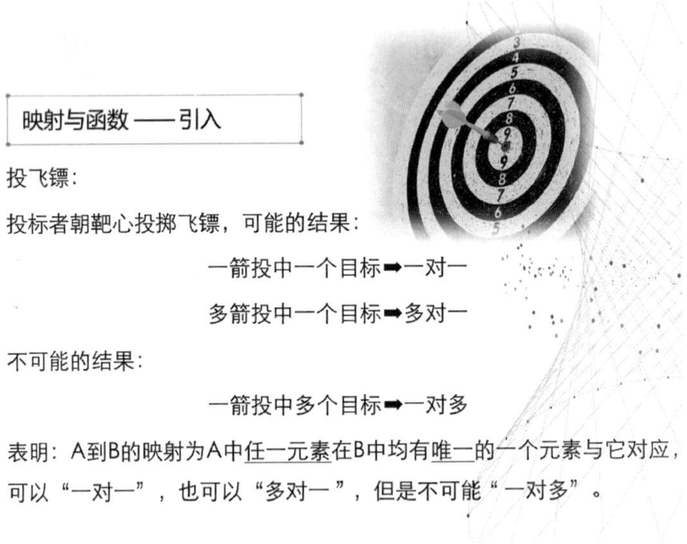

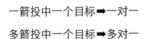

映射与函数——引入
投飞镖：
投标者朝靶心投掷飞镖，可能的结果：
一箭投中一个目标➡一对一
多箭投中一个目标➡多对一
不可能的结果：
一箭投中多个目标➡一对多
表明：A到B的映射为A中任一元素在B中均有唯一的一个元素与它对应，
可以“一对一”，也可以“多对一”，但是不可能“一对多”。

图 3－23 “映射与函数”机器教案

图 3－23 脚本为：

同学们，如图所示是关于函数映射的另一个引例，结合了投标者投掷飞镖的实例——在投标者向靶心投掷飞镖的过程中，请同学们思考一下可能存在的结果有哪些？

［5 秒］

可能存在的结果为“一箭投中一个目标”“多箭投中一个目标”，但永远不会出现的结

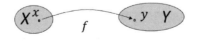

关键过程1 映射
设X，Y是两个非空集合，若存在一个对应法则f，使得
∀x ∈ X，有唯一确定的y ∈ Y与之对应，则称f为从X到Y
的映射，记作f：X→Y
X
x
y
Y
f

图 3－24 “映射与函数”机器教案

果是"一箭投中多个目标",这直观印证了在 A 到 B 的映射为 A 中任一元素在 B 中有唯一的一个元素与它对应,可以"一对一",也可以"多对一",但是不可能"一对多"。

图 3-24 脚本为:

设 X,Y 是两个非空集合,如果存在一个法则 f,使得对 X 中每个元素 x,按法则 f,在 Y 中有唯一确定的元素 y 与之对应,那么称 f 为从 X 到 Y 的映射,记作 $f:x$ 到 y。集合 X 称为映射 f 的定义域,Y 的子集 $f(X)$ 等于 $f(x)$,x 属于 X,称为 f 的值域。需要注意的是:(1)映射的三要素分别为定义域、对应规则、值域。(2)元素 x 的像 y 是唯一的,但 y 的原像不一定唯一。

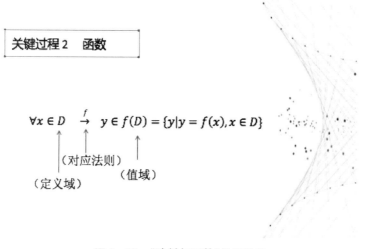

图 3-25 "映射与函数"机器教案

图 3-25 脚本为:

D 称为定义域,对每个属于定义域 D 的 x,按对应法则 f,总有唯一确定的值 y 与之对应。
[5 秒]

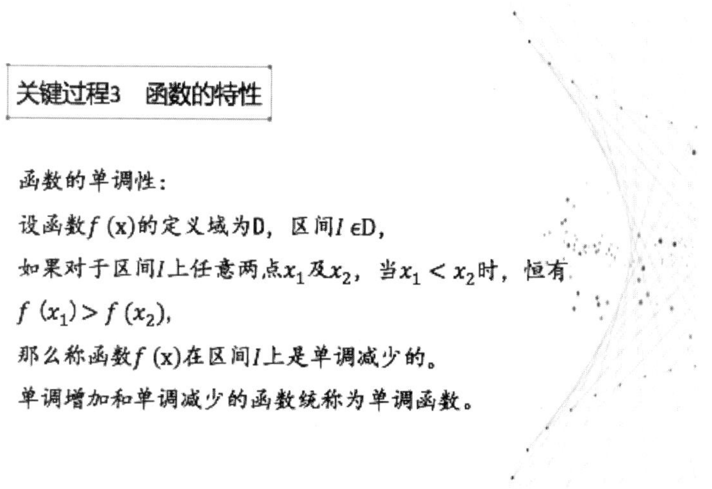

图 3-26 "映射与函数"机器教案

函数值 $f(x)$ 的全体所构成的集合称为函数 $f(x)$ 的值域,记作 $f(D)$,也就是 $f(D)$ 等于 y 所组成的集合,这里 y 等于 $f(x)$,x 属于 D。

图 3-26 脚本为:

设函数 $f(x)$ 的定义域为 D,区间 I 属于 D,如果对于区间 I 上任意两点 x_1 及 x_2,当 x_1 小于 x_2 时,恒有 $f(x_1)$ 小于 $f(x_2)$,那么称函数 $f(x)$ 在区间 I 上是单调减少的。

[5秒]

单调增加和单调减少的函数统称为单调函数。

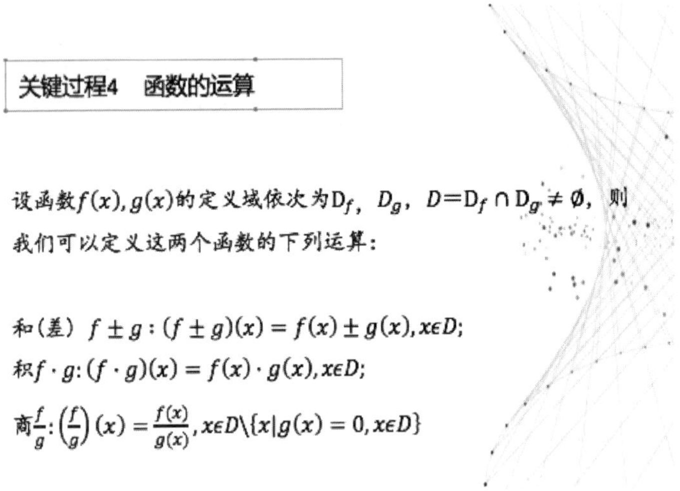

关键过程4　函数的运算

设函数 $f(x), g(x)$ 的定义域依次为 D_f, D_g,$D = D_f \cap D_g \neq \varnothing$,则我们可以定义这两个函数的下列运算:

和(差) $f \pm g : (f \pm g)(x) = f(x) \pm g(x), x \in D$;

积 $f \cdot g : (f \cdot g)(x) = f(x) \cdot g(x), x \in D$;

商 $\dfrac{f}{g} : \left(\dfrac{f}{g}\right)(x) = \dfrac{f(x)}{g(x)}, x \in D \setminus \{x | g(x) = 0, x \in D\}$

图 3-27　"映射与函数"机器教案

图 3-27 脚本为:

设函数 $f(x), g(x)$ 的定义域依次为 D_f, D_g,D 等于 D_f 与 D_g 的交集且不为空,则我们可以定义这两个函数的下列运算:

和与差:$f(x)$ 加减 $g(x)$ 等于 $f(x)$ 加减 $g(x)$,x 属于 D。

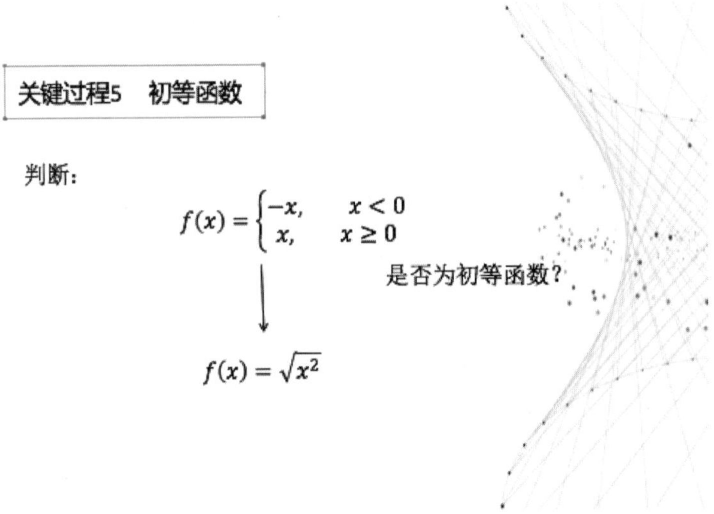

关键过程5　初等函数

判断:

$$f(x) = \begin{cases} -x, & x < 0 \\ x, & x \geq 0 \end{cases}$$

是否为初等函数?

$$\downarrow$$

$$f(x) = \sqrt{x^2}$$

图 3-28　"映射与函数"机器教案

积:f乘以g:$f(x)$乘以$g(x)$等于$f(x)$乘以$g(x)$,x属于D。

商:f除以g:$f(x)$除以$g(x)$等于$f(x)$除以$g(x)$,x属于D。

图 3-28 脚本为:

那么请大家判断一下,分段函数,当x小于0时,fx等于负x,当x大于等于0时,fx等于x,是否为初等函数?

[30秒]

该函数可以表示为根号下x平方,因此为初等函数。

(二) 教学重难点(如图 3-29、图 3-30 所示)

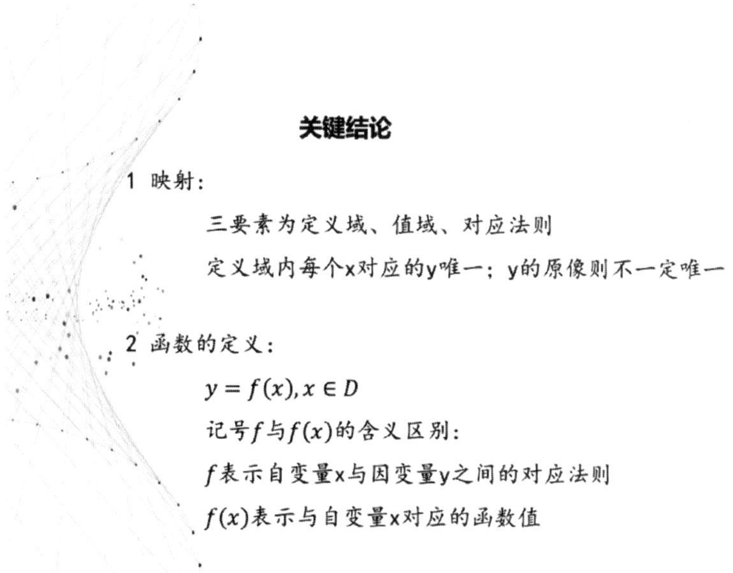

关键结论

1 映射:
   三要素为定义域、值域、对应法则
   定义域内每个x对应的y唯一;y的原像则不一定唯一

2 函数的定义:
   $y = f(x), x \in D$
   记号f与$f(x)$的含义区别:
   f表示自变量x与因变量y之间的对应法则
   $f(x)$表示与自变量x对应的函数值

图 3-29 "映射与函数"机器教案重难点

关键结论

3 函数的特征:
   有界性
   单调性
   奇偶性
   周期性

4 函数的运算:结合函数的特征进行运算

5 初等函数:注意双曲函数以及反双曲函数的图像

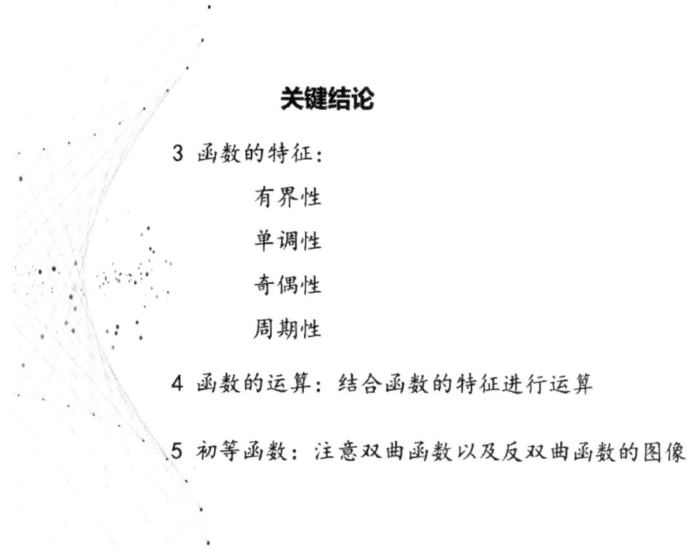

图 3-30 "映射与函数"机器教案重难点

不同函数、不同定义域有界性变化。

复合函数的构成条件。

函数的运算对定义域的要求。

（三）教学方法

以投掷飞镖为引例，以函数的构成为结构性图示，以函数的特性为定义补充，以函数的运算为综合实践，以用数学方法解决实际问题。

（四）教学内构

从本质来看，"映射与函数"这一章具有客观性的特征，需要学生结合大脑中对于映射的既有印象进行多样性与推断性理解。同时，函数的有界性、单调性、奇偶性与周期性等是对原有知识的同化，而函数的运算则需要改变数字四则运算规律，在原有知识的基础上，结合函数性质，合成新的知识。本章的内构式教学体现在对于映射的形式与函数的运算、特性，需要学生通过回顾已有知识，形成与新知识匹配的固着点，进而同化新知识，同时，还需要找到不相容的部分，以客观规律改变它。

其中，"教学内容与脚本"部分通过文本识别技术导入机器人系统，而"教学内构"的实现同样需要借助机器学习对学生理解程度的计算汇总，反馈给学生更易同化的新知识。机器教案能以其针对性、灵活性、易读取性、教与学的双边主体性与创新性来对目前教案存在的过于简略、公式化、无反馈信息等缺陷加以弥补。

基于机器学习文本分类的基础技术由文本的表示（representation）、分类方法（methodology）及效果（effectiveness）评估三部分组成。其中涵盖的技术类型包括文本项（term）、特征的向量空间表示模型（VSM）以及特征选择（selection）与特征提取（extraction）。分类器通过归纳构造（inductive construction）或挖掘分类模型对文本进行分类。分类的评估指标包括正确率（precision）、召回率（recall）、均衡点（BEP）、$F\beta$（常用 F1）和精度（accuracy）。

五大知识体系下的教案种类多样，每一大知识体系下的电子化文本间的关系各有不同，新教学的机器人教师借助文本识别，应用机器学习，将教案的文本转换为机器可识别语言。同时，新教学系统针对不同的学科领域、不同实际应用的教案特征进行机器学习，在获得新反馈的同时，整合反馈数据，重新组织已有的知识结构，完善自身知识库体系，通过机器自我学习不断优化，助力新教学在保障授课内容清晰表达、强化学生内构式学习的同时，完成由实体教师向机器人教师的转变。

3.5.5　AI 机器人授课界面

在 AI 交互教学平台中，为丰富机器人教师的教学手段，在系统中设计了几种标准的界面模式。随着课堂教学的进行，各种模式会随着课堂教学课件的内容不同进行切换，主要表现为近景模式（见图 3-31）、远景模式（见图 3-32）、语音交互模式（见图 3-33）、答题模式（见图 3-34）、自动判题模式（见图 3-35）和试题点评模式（见图 3-36）等。

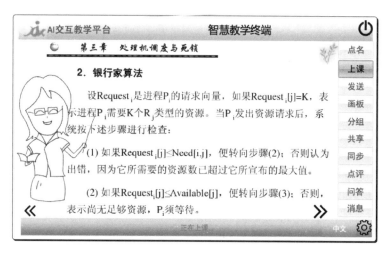

图 3-31　AI 教师上课的近景视图

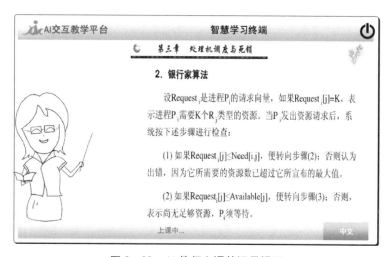

图 3-32　AI 教师上课的远景视图

图 3-33　AI 教师上课的语音交互视图

图 3-34　AI 教师上课的答题监控界面

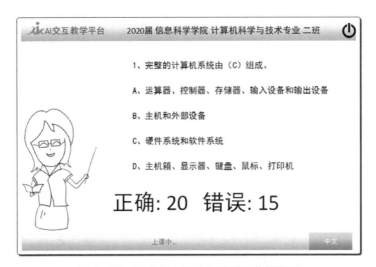

图 3-35　AI 教师上课的自动判题功能界面

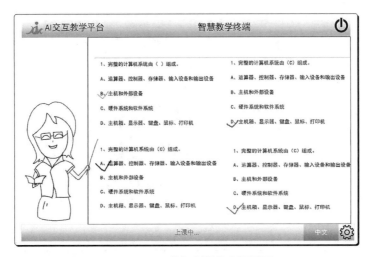

图 3-36　AI 教师上课的点评界面

第 4 章
新教学系统操作

新教学教学管理系统平台不仅要完成教师的课前备课、课中教学和课后跟踪工作,还要完成学生的课前预习、课中互动和课后的学习工作。同时教学管理系统平台不仅要实现教学资源的存储、管理,还要实现试题库的创建、维护和在线考试的功能,同时要兼顾学校管理者、教师和同学间的信息沟通。因此本章针对系统中的各个环节分角色进行需求功能的分解与定位,介绍新教学管理系统平台的操作和具体功能组成(如表 4.1 所示)。

表 4.1 各环节分角色功能

学习过程					
课 前		课 中		课 后	
教师	教案编写	教师	课件播放、展示	教师	资源管理
	资源管理		课堂互动、状态监控		反馈管理
机器人教师	自测试管理	机器人教师	信息检索	机器人教师	数据分析
	课前预习管理		测试管理		教案管理
	学生数据分析		数据管理		课程完善
学生	资源下载、学习	学生	授课活动参与	学生	灵感交流
	预习、自测试		答疑互动		课后答疑

4.1 场景操作要求

教师在使用 AI 交互教学平台时不再局限于办公室环境,教师可以在所有具备 Internet 网络环境的地方,通过台式机、手持移动设备等访问 AI 交互教学平台。

同样,学生在使用 AI 交互教学平台的时候也不再局限于教室和校园环境,只要有 Internet 网络支撑的任何环境基本都可以使用。学生可以通过台式机、手持移动设备等参与课堂学习活动。

4.2 教学操作要求

在新教学模式的课堂教学过程中,设计了 AI 机器人教师对课堂的掌控、对课件脚本中的动作和活动的执行,设计了机器人教师与学生的交互交流,设计了学生对课件的获取与学生参与活动等教学动作,设计了投影屏幕与教师学生的屏幕同步功能,设计了机器人教师与学生之间的语音交互交流活动,设计了在线考试、在线答疑、在线自动阅卷等活动。为了实现教学中的这些活动,对实现新教学模式的 AI 交互教学平台提出了以下教学操作要求:

- 能够执行既定格式的脚本和发起课堂活动,活动一般由发起、进行、提交完成、批阅和讲评五步骤组成。其中批阅和讲评为非必需步骤。
- 能够支持大规模课堂教学效果,同时支持 100 个虚拟教室上课、3 000 人在线学习。
- 在一个教室内支持学生电子设备、教师电子设备、投影大屏之间评估共享功能,教师的屏幕可以投影到大屏和分享到学生终端,任意一个学生的屏幕可以被教师指定分享到屏幕和其他学生终端上。
- 当 AI 机器人教师在授课时,教师(助教)可以设置 AI 机器人教师是否开启麦克风,当麦克风开启时,AI 机器人教师可以接收学生的语音信息,并识别和进行智能回应。
- 在课堂开始之前,AI 交互教学平台能够进行点名。
- 在课堂进行中,教师可以查看学生的屏幕,监控学生的状态。
- 在课堂教学过程中,学生可以对课件进行控制,包括翻页、标注、放大、缩小、屏显等。
- 在课堂教学过程中,教师可以锁定学生的屏幕,让学生时刻保持 AI 交互教学系统的终端始终在线,不允许学生切换到其他软件。
- 在课堂教学过程中,AI 交互教学平台支持在线测评、考试、自动阅卷等功能。
- 在课堂教学过程中,AI 交互教学平台支持远程语音、视频和课件分享等功能。

4.3 学生端操作流程

从图 4-1 所示学生使用流程看,学生大部分时间都是在课堂外使用,其使用流程如下:

课前:

学生通过教学资源管理系统将预习课件下载到学习终端中进行学习,学生通过预习测试题来测验自己的预习效果,同时系统会将测试的结果发送到教学资源管理系统中,以供教师进行批阅和分析。

课中:

学生通过学习终端参与课堂教学活动,与教师进行课堂互动,完成课堂学习任务,同时参加在线测试,完成测试环节。

课后:

学生通过学习终端系统等参与课外学习,例如:在线答疑、完成课后作业、提交作业和订正作业等。

第 4 章　新教学系统操作

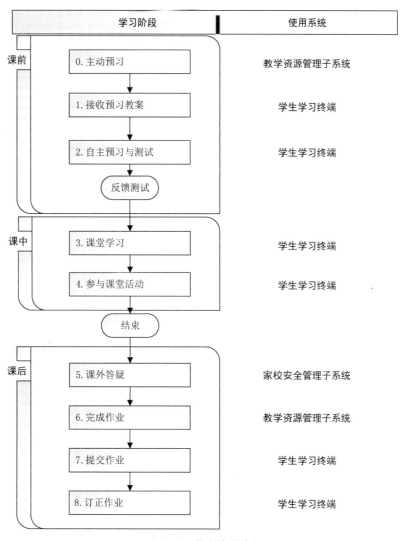

图 4-1　学生使用流程

（1）学生学习终端登录界面

学生打开桌面 APP 进行登录，支持多种形式的登录，登录成功即完成签到（见图 4-2-1、图 4-2-2）。

图 4-2-1　新教学 AI 交互教学系统扫码登录终端页面

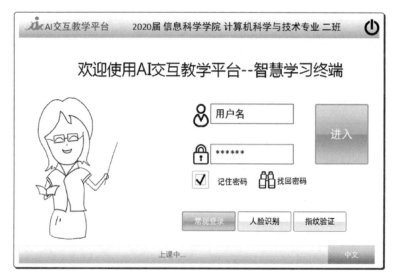

图 4-2-2 学生端操作步骤一

(2) 学生学习终端主界面

学生学习终端主界面如图 4-3 所示。若学生已经选课,则在课前可以通过"我的课程"中的"资源管理"查看当前课程的已发布资源,包括"资源搜索""资源学习"以及"资源下载"。

图 4-3 学生端操作步骤二

若学生还未选课,则可以在"我要选课"或"选课大厅"中根据自己的目标、专业以及兴趣选择课程。

对已有课程,学生将在"我的课程"中查看自己的课程信息,并通过平台发布的"预习教案"进行自学,部分课程包含课前"预习自测试"与"在线答疑",使学生在课前能初步了解所学知识点,并在答疑互动中为机器人教师提供学生数据信息。

在上课前,"我的课程"会及时为学生发布课前提示,包括课程名称、课前准备、课程时间等。

(3) 进入课堂

学习终端如图 4-4 所示。系统显示当日的课程安排,高亮显示最近的课堂。

图 4-4　学生端操作步骤三

(4) 浏览课件、学习资料和"课堂笔记"等

如图 4-5 所示,系统自动选择当前课堂的课件并打开,如果教师在线则与教师界面一致,教师禁用学生操作功能时,学生不能切换课件和功能按钮。在不禁用的情况下,学生可以通过导航按钮进行课件浏览。同时课程中学生依然可以在"资源管理"中查看更新后的学习资料并进行信息检索。在"课堂笔记"模块可以让学生随时记录课程灵感或疑问,以便形成灵感闭环。"搜索"栏允许学生对课程疑问进行检索,该检索会实时反馈给系统机器人教师,为后续系统收集整理学生大数据反馈打好基础。

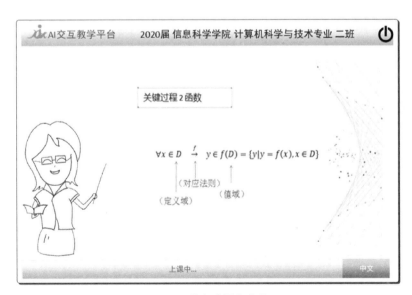

图 4-5　学生端操作步骤四

(5) 教师检测

教师进行随机测验时,将题目发给学生,学生在自己的界面上作答,此时投影和教师的屏幕如图 4-6 所示。新教学的测试部分安排在课程 20 分钟内,因此学生将直接通过"参与测试"完成机器人教师布置的习题。"上一题"与"下一题"确保学生在答题中对知识点的回顾与翻页操作。"倒计时"功能要求学生在限定时间内答题,一旦学生提交或者计时时间到,学生则不能答题,此时学生可以在"我的成绩"直接查看试卷中客观题的分数与答案。

图 4-6　学生端操作步骤五

此时的学生界面如图 4-7 所示。

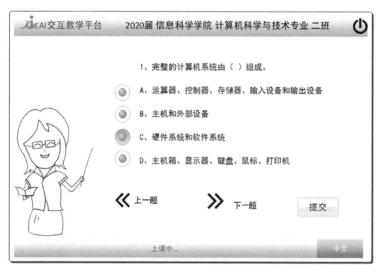

图 4-7　学生端操作步骤六

(6) 讲评

测验时间到,系统自动终止答题,机器人教师进行点评。显示某一道题的情况如图 4-8 所示。

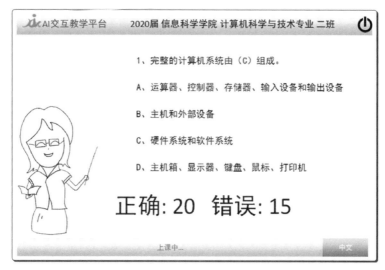

图4-8 学生端操作步骤七

(7) 对比分析

教师随机抽取学生的答题情况进行讲评和对比分析,如图4-9所示。

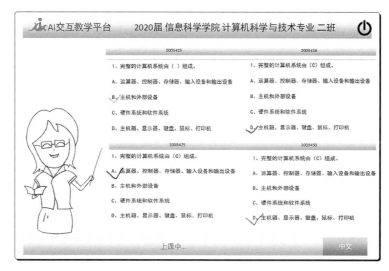

图4-9 学生端操作步骤八

课后,需要了解课程进度的学生可以通过"我的课程"的"课程信息"明确课时进度时间线,了解课时安排与授课大纲。对于在课程中标记出的灵感、疑问或者内容反馈,都可以在"我的问题"中上传,而授课过程中被检索到的问题与课后反馈、知识点外扩链接也将在大数据整合处理后反馈给学生,并成为自身体系的补充系统。

4.4 学生详细需求描述

课前学生可以进行以下操作:

学习预习教案：学生可以在 AI 交互教学平台教学管理子系统中运行教师发布的预习教案。此时教案有三种播放方式：直接播放、AI 教师讲授和自阅读三种。直接播放就是把预习教案当作视频资源对待，系统会按照教案设定的先后顺序播放，在播放的过程中 TTS 引擎会依据教案的脚本自动进行语音阅读。AI 教师讲授采用的是一对一学习模式，除此之外其和课堂教授没有任何区别。AI 教师按照教案脚本运行和管理教案，互动模式会自动采用一对一模式，学习者可以和 AI 教师进行互动，AI 教师会自动启动 TTS 语音和麦克风功能，AI 教师可以接收学习者的语音和文字输入，并与学生进行互动。自阅读模式是把教案作为图文资源，没有任何的交互过程，学习者自行阅读学习。学生端的功能描述如图 4-10 所示。

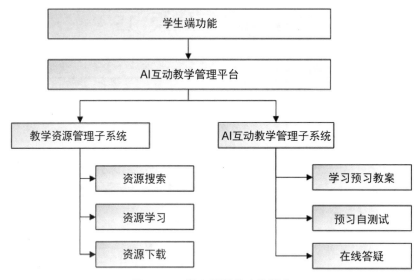

图 4-10　学生端课前功能描述

预习自测试：预习自测试是教师在编写预习教案时，在教案内默认包含的一个内容，也就是说每一节课都应该有预习自测试环节，学生通过做自测试的习题来检验自己预习的效果，一旦效果不满意学生可以重复地对预习教案进行学习，直到自己满意为止。当然每一次的测试结果学生终端都是上传到 AI 交互教学平台教学管理子系统中，但是对每一位学生来说系统只保留最新的测试结果。

在线答疑：学生可以通过 AI 交互教学平台教学管理子系统中的交互功能进行在线提问与解答。学生可以提出问题由教师来解答。学生也可以查看其他学生的问题以及教师提供的解答。

授课过程中学生需要或可以进行以下操作（见图 4-11）：

资源学习：在课堂上，学生可以到教学资源管理子系统中搜索资源，进行学习。资源学习的方式有自己阅读、TTS 阅读、音视频播放等。

个人资源管理：学生可以在教学资源管理子系统中建立自己的资源池，将自己需要的资源分门别类地管理起来，形成个人资源管理器。

资源搜索：在课堂上，特别是进行分组讨论或者自由学习时，学生可以通过学习终端到教学资源管理子系统中搜索资源。

资源下载：在课堂上，学生可以下载教学资源管理子系统中的学习资源，并将资源保存到"本地存储"中。

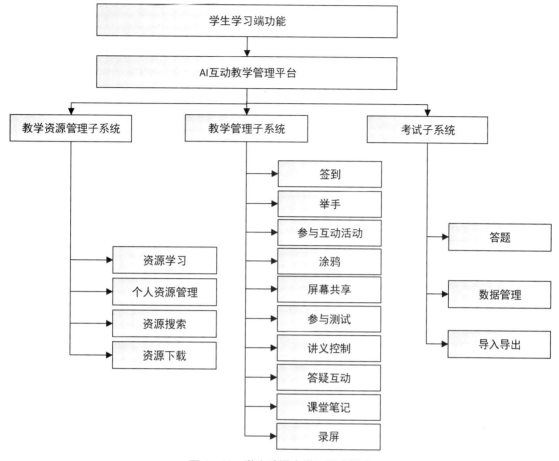

图 4-11 学生端课中详细需求描述

签到：本系统采用智能的人脸识别功能进行签到。当学生走入教室，AI 智能摄像头会扫描学生的面部特征，并从学生信息库中查找对应的特征进行人脸识别。识别通过则签到成功，当发现不是本课堂中的学生时会提醒学生走错了教室。

举手：在课堂教学活动进行过程中，学生有任何疑问都可以通过学生学习终端进行举手。AI 教室在教学活动过程中发现有人举手，就会暂停教学活动，开启自身麦克风输入，与学生进行对话。特别需要注意的是，由于课堂的整个控制权在教师授课终端里，学生举手的功能开关由教师设置。一旦教师设置了上课期间不能举手，学生学习终端的举手功能就失效，学生无法点击举手按钮。如果教师设置了上课期间学生可以举手，AI 教师就会高级别地响应学生的举手动作。当 AI 教师响应了学生的举手后，结束举手动作有两种方式：一是由教师端直接终止举手动作的活动；二是在学生学习终端上，举手者终止举手动作。当举手动作活动结束后，AI 教师则继续进行当前的课堂教学活动。

参与互动活动：在课堂活动进行时，AI 教师发起活动，学生端是被动地参与课堂活动的，学生可以参与涂鸦、屏幕共享、单选题、多选题、问答题、分组讨论、随堂测试等多项活动。

涂鸦：在课堂教学活动中，当 AI 教师发出 CMD_DRAW 指令时，学生端会收到涂鸦指令所包含的内容。涂鸦指令适合于作图题，如高等数学、大数据分析、项目管理、大学物理等都适合使用该指令。当学生画完图形后，点击提交按钮，学生学习终端则会将该文件上传到 AI 交互教学管理平台中,以供 AI 教师进行后续的动作。

屏幕共享:当 AI 教师指定某位学生需要将学生的屏幕共享时,会发出 CMD:Share 指令,学生接到该指令后,会将自己的屏幕自动投影到大屏幕并分享给其他学生和教师。

参与测试:当学生接收到 CMD:TEST 测试指令时,会自动进入测试模块,并打开测试的内容。此时学生可以对试题进行翻页控制,可以在线答题,同时系统会按照试卷的时间要求,自动进行计时。学生提交后,如果是随堂测试,则可以直接获得自己的成绩以及自己的答题情况分析。学生一旦提交则不可再次进行测试。

讲义控制:当 AI 教师在授课的过程中,学生也可以对教师的教案讲义进行控制,主要是一屏、二屏和四屏显示模式设置,画笔的粗细和颜色设置,翻页控制,共享屏幕,与大屏同步。学生也可以打开课件中的其他资料,但是当学生回归到讲义文件时,系统会自动将学生显示的界面与 AI 教师的界面进度同步。

答疑互动:答疑互动是课堂教学的一种全新展现形式,在 AI 教师正常讲解讲义文件时,学生可以主动进行提问,提问的方式是在学生学习终端上输入问题,然后将问题发送到教师的教学终端上,在讲台外的教师就可以立即回答学生的问题。AI 教师授课时,教师是在线的(未来的教室可能是一个虚构的网络教学环境,再无教室实体存在),教师可以在任何地方实时回答学生的提问。

课堂笔记:学生在课堂上可以记课堂笔记,学生是通过学习终端中的讲义播放界面进行记录的。学生直接在屏幕上记录自己的心得,也可以用不同粗细的彩笔标注不同的内容,这些动作都会被录下来生成视频。

录屏:上课时,学生是否可以录屏由自己决定,只要开启录屏功能,学习终端就会自动录制屏幕,将录制的文件存储到本地服务的存储介质中。

答题:当教师发起随堂测试或者正式的考试时,学生就可以通过教学管理系统进行答题。在答题的过程中学生可以对试卷进行前后翻页操作。在翻页的过程中要保留答题状态,一旦学生提交或者计时时间到,学生就不能答题。此时学生可以直接查看试卷中客观题的答案。

课后学生有以下操作,如图 4-12 所示:

资源搜索:在课外的学习过程中,学生可以通过学生学习终端在教学资源管理子系统中搜索资源,并学习资源。

资源下载:参见前文功能描述。

自测试:在学生学习的过程中,每堂课后都有教师布置的自测试试题,学生可以通过学习终端来进行自测试,自测试的模式和随堂测试的模式相同。

自测试管理:学生每次自测试的试题和结果都保留在 AI 交互教学管理系统平台中,学生可以随时随地进行复习和管理。当然学生也可以从个人云空间中删除某一个自测试习题。对于已删除的自测试习题,学生也可以从 AI 交互教学管理系统平台的后台重新提取,不过此时只有试题,没有学生的答案,需要学生再次进行自测试。

课后作业:每一堂课教师都会留下课后作业,学生可以通过学习终端来完成课后作业。课后作业是教师在下课后布置的,此时学习终端有消息提醒的功能,提醒学生已有新的课后作业任务发布。课后作业对于客观题系统会自动给出明确的答案,对于主观题系统也会给出参考答案。

课后作业管理:学生的每一次课后作业都会自动存储到学生个人云服务器上,学生可以通过学习终端登录个人云服务系统对课后作业的资料和作业情况进行管理。对于已删除的课

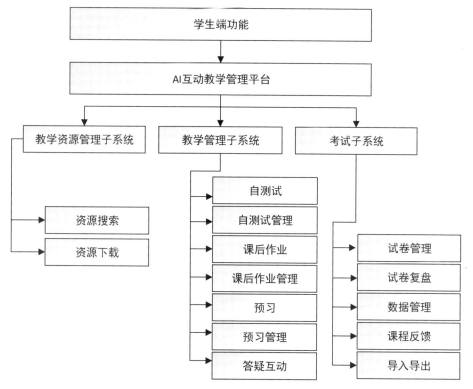

图 4-12 学生端课后详细需求描述

后作业,学生也可以从 AI 交互教学管理系统平台的后台重新提取该课后作业的内容。

预习:详见课前部分的预习功能。

预习管理:每一节课的预习情况也都会自动存储到学生个人云服务器上,学生可以通过学习终端登录个人云服务系统对预习的资料内容、预习的情况进行管理。对于已删除的预习资料和内容,学生也可以从 AI 交互教学管理系统平台的后台重新提取。

答疑互动:在课外,学生可以通过答疑互动功能和教师进行沟通。本系统中提供图文字交流、语音交流和视频交流三种基本的交流方式。这些交流方式突破了地域上的限制,无论教师与学生相隔多远只要有互联网环境就可以在线进行交流互动。

试卷管理:学生学习终端中的试卷管理功能是针对每一次正式考试的试卷及教师发布的其他试卷而言的,学生可以通过学习终端对这些试卷及成绩进行管理。

试卷复盘:在学生学习终端,学生可以针对某份试卷进行复盘。所谓的"复盘"是指学生可以重新做一次试卷,完成之后和前一次或者前几次的同一份试卷进行对比,从中找到自己知识的薄弱点。考试已经结束,对于学生而言,无论成绩高低,即使教师讲解过的试卷,自己也可以将各科试卷全方位"复盘",盘点自己的得与失,总结教训,避免再次失误。

数据管理:对于考试的结果数据,学生可以决定是否保留在自己的学习云空间系统中。学生可以针对某门课的历史成绩进行对比分析。

课程反馈:对机器人教师上课所涉及的知识点、课程进度等进行反馈,帮助系统收集学生的需求以便通过大数据整合完善整体教学流程。

导入导出:对于考试的试卷、成绩等信息,学生可以进行导入和导出操作。

4.5 教师端操作流程

教师在新教学体系中虽然不是直接面向学生授课的主体,但在机器教案编写、资源管理等方面会发挥核心作用。

(1) 教师端登录界面

在课前,教师首先通过"我是教师"登录平台,如图 4-13 所示。

图 4-13　教师端操作步骤一

在"资源管理"部分,教师将进行资源编目、上传、搜索等一系列资源管理操作,如图 4-14 所示。

图 4-14　教师端操作步骤二

教师还可以进行编目操作,如图 4-15、图 4-16 所示。

第4章 新教学系统操作

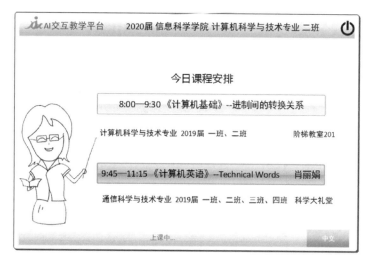

图 4-15 教师端操作步骤三

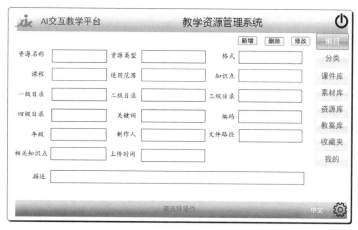

图 4-16 教师端操作步骤四

如图 4-17、图 4-18 所示,在"备课管理"部分,教师可以在线进行教案编写、资源收集、教案发布等一系列操作,保障机器人教师所使用的教案得到全方位掌控。其中,"备课管理"部分包括资源库、个人资源夹、模板库、命令集管理、智能查询、转换工具集。

图 4-17 教师登录操作步骤五

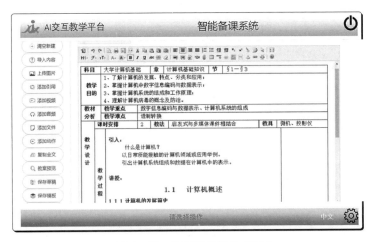

图 4-18 教师登录操作步骤六

教师可以使用多种方式的教案相关功能,包括智能教案与习题编辑(如图4-19所示)、智能习题编辑、个性化教案录制、智能教案编辑器、智能习题编辑器、转换工具集等。

如图4-20所示,教师还可以通过交互平台查看排课情况。

"素材库管理"包括文本素材、图片素材、视频素材、音频素材、动画素材等。如图4-21所示,教师可以在AI交互教学平台查看素材库。

教师在机器人上课时拥有与学生相同的权限,包括屏幕共享、课堂笔记、提问等,此外被该门课程认证的教师有权限操纵机器人教师的讲义,可以对机器人授课过程中的任意环节发表观点,并在"我的反馈"中后续跟进建议。

(2) 教师点击进入课堂

教师点击进入课堂是要选择课件、班级及教室(如图4-22所示)。

(3) 进入课堂

界面如图4-23所示,教师可以使用的功能包括点名、上课、发送、画板、分组讨论、共享学生屏幕、与大屏同步、测验点评、问答、语音交流等。

图4-24显示了教师端的点名界面,未到学生与实到学生都将清晰呈现。

图 4-19　教师登录操作步骤七

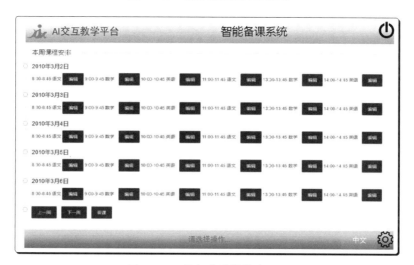

图 4-20　教师登录操作步骤八

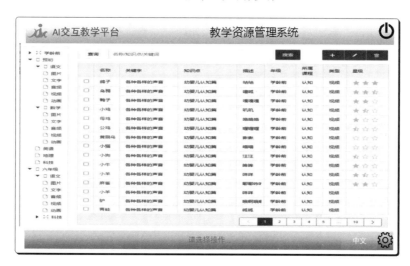

图 4-21　教师登录操作步骤九

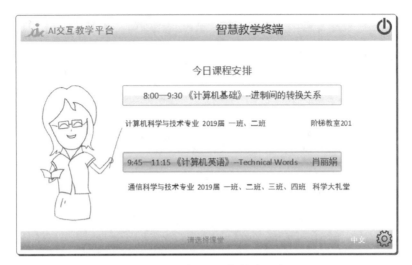

图 4-22 教师登录操作步骤十

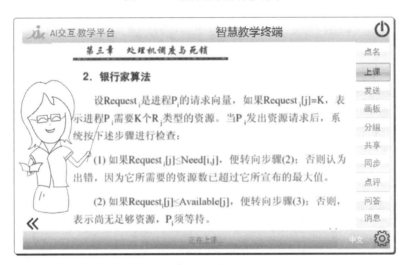

图 4-23 教师登录操作步骤十一

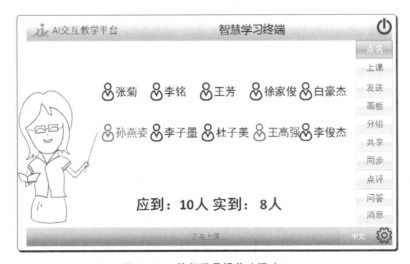

图 4-24 教师登录操作步骤十二

4.6 教师详细需求描述

课前教师可以进行以下操作：

资源编目：每一个学习资源都需要定义其基本的元数据属性，通过这些属性可以准确描述该资源的功能、分类、适应范围、来源等属性信息，对资源属性信息的定义过程称为资源编目。教师可以将自己的资源通过编目上传到资源管理子系统服务器中，这样就可以供其他教师搜索到并使用该资源。

资源上传：教师可以将自己编目过的资源上传到资源云服务器上。在资源云服务器上，资源的描述信息统一管理，但是资源的存储是分布式的。

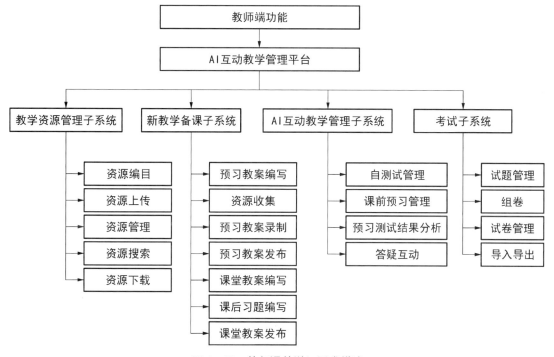

图 4-25 教师课前详细需求描述

资源管理：当教学资源的信息有更新或者发生改变时，教师可以对自己上传的资源进行维护管理，包括删除、更新、共享、私有化等操作。

资源搜索：当教师进行备课时，需要大量的资源信息，这些信息不可能都自己制作，这时候教师可以在教学资源管理子系统中进行搜索，查看其他教师发布的资源，并将资源加载到自己的备课系统中。备课系统会依据自身格式的要求将资源下载打包或者提供在线浏览的功能。

资源下载：当资源过大或者需脱离 AI 交互教学管理平台系统使用时，需要对资源进行下载。教师可以选择将资源下载到本地的任何存储介质中。

预习教案编写：教师可以通过新教学备课子系统进行备课，编写教案。这里的教案要提前发送到学生的学习终端上,指导学生提前学习,因此这里的教案是预习教案,以讲授新知识为主要目的。

资源收集:教师在编写教案时,需要从资源管理子系统中搜索并收集资源,按照资源的使用方式添加到备课脚本中。

预习教案录制:当脚本设计好后,教师可以通过新教学备课子系统的教案录制功能录制成视频,在录制的过程中可以添加声音或者生成 TTS 语音引擎可以识别的文字脚本。

预习教案发布:当教师录制好教案后,可以将生成的教案文件推送到 AI 教学管理子系统中,由新教学备课子系统将教案推送到学生的学习终端上。这样学生就可以根据教案进行学习。

课堂教案编写:因为前面的教案是预习教案,是课前提供给学生,指导学生自主学习的。此处的教案是提交给 AI 教师课堂上使用的。此处教案有一定的格式要求(详见教案结构定义)。教师根据学生学习预习教案后的自测试结果来设计课堂教学的教案。

课后习题编写:由于课后习题是上课后才推送到学生的学习终端上的,因此需要把教学用的教案和课后习题分开设计。教师通过资源管理子系统来进行课后习题的设计,此处的习题系统理论上要比预习教案中的习题难度大,范围广。

课堂教案发布:教师设计好课堂教案后,系统会生成课堂教案的脚本,教师发布教案后,AI 教学管理子系统会自动下载该教案。同时在上课前 5 分钟,AI 教学管理子系统会自动将该教案推送到学生的学习终端。

课中教师有以下操作(如图 4-26 所示):

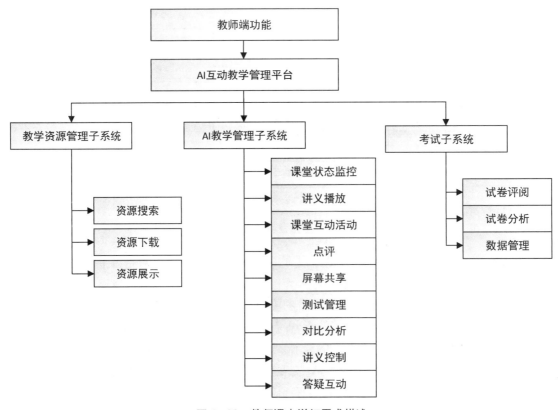

图 4-26 教师课中详细需求描述

资源搜索：在课堂教学的过程中，教师可以随时到教学资源管理子系统中搜索所需的资源展示给学生，例如在历史课上，教师需要展示某一个历史事件时，可以直接到教学资源管理子系统中搜索与历史事件相关的资源，当场展示给学生，加深学生对历史事件的了解。

资源下载：教师搜索到的资源可以下载下来，发送到学生学习终端上，也可以保存在教师的教学终端的存储介质中。

资源展示：将搜索的资料展示给学生，并可以一边展示，一边讲解。

在 AI 教学管理子系统中，教师在课堂上可以进行以下操作：

课堂状态监控：在课堂上教师可以对课堂状态进行监控，这些状态是指签到状态、举手状态、学生是否在线状态、新消息、问答进度、互动活动进度、学生屏幕状态等。通过状态监控功能教师能够实时掌握学生的动态，从而对课堂进行掌控。

讲义播放：在上课时，教师是以播放讲义为主，在 AI 教学管理子系统中讲义是按照一定的规则命名的，系统会自动找到文件并进行播放。在文件播放的过程中，教师可以实时进行控制。

课堂互动活动：课堂互动活动是 AI 交互教学管理系统的创新核心，主要是解决教师的授课终端在课堂上如何与学生学习终端进行互动的问题，主要包括分组讨论、单选题、多选题、在线作图题、在线问答题等活动。这些活动基本上是现阶段能够借助新技术实现的活动，这些功能的实现对传统教室的概念进行了扩展，教室不再指某一个房间，而是指参与者所参与的课堂活动的网络空间，无论参与者身处何地。每一个活动都有目的性，例如：当教师发起单选题活动时，在学生的学习终端上就会自动出现单选题的答题界面，学生作答完毕后，学生终端会将结果反馈到 AI 交互教学管理系统中，同时在大屏幕上会显示参与的人数、已作答人数、剩余人数。当所有人作答完毕或者教师终止作答时，AI 交互教学管理系统会针对该问题进行自动评阅并显示作答的结果统计，将统计结果按正确人数、错误人数、未作答人数三个维度进行显示。当错误的人数较多时，教师可以对问题进行点评。

点评：点评是指教师选择学生在活动中参与的题目，展示该题目详细的作答情况，即显示展示每一位学生对该问题的作答情况列表。教师可以随机选择多位学生的作答结果进行展示，以进行对比分析。

屏幕共享：屏幕共享是指将教师的终端屏幕或者学生的终端屏幕投影到大屏幕上。

测试管理：在课堂测验的过程中，教师可以发起测试，结束测试，收集测试的结果，展示测试结果，对测试结果进行分析统计等。

对比分析：所谓的对比分析就是指教师将几位学生的答案展示到大屏幕上，针对每一位学生的作答情况进行具体分析，以解剖学生答题的错误原因，有针对性地对问题进行剖析，解决学生犯错误的根源，并对学生的薄弱知识点进行补充、强化，以加强学生对知识点的理解与记忆。

讲义控制：讲义的控制分为翻页控制（前一页、后一页），一屏、二屏及四屏同显控制，在线标注（可以设置画笔的粗细和色彩）控制，投影控制和共享控制。投影控制是指是否将教师端的屏幕投影到大屏幕上。共享控制是指是否将当前的屏幕共享给所有的学生，这里有两种共享要求：一是当教师在播放讲义时是否将教师的屏幕共享给所有的学生和大屏幕，二是当学生的屏幕投影到大屏幕时是否将学生的屏幕共享到教师端和其他学生终端上。

答疑互动：在课堂上特别是一些大型的活动或者自习课中，学生有问题时可以通过答疑互动模块给教师留言,教师收到学生的问题后直接对问题进行解答,并将答案实时地推送到该学生的终端上。

试卷评阅:在课堂上教师可以对随堂测试的试卷进行评阅,这些试题基本上都是客观题,答案是唯一的。当教师进行试卷评阅时系统会自动进行打分,在很短的时间内就可以将随堂测试的统计结果展示出来。

试卷分析:当随堂测试的结果出来后,教师借助 AI 交互教学管理系统中的工具对试卷的结果进行分析,如给出优良差的统计、某道题的解答情况等,同时也可以进行如上面所述的点评和对比分析。

数据管理:对于随堂测试的结果数据,需要教师进行评定该结果是否计入学生的日常考核中,如果计入日常考核则会记录到学生的档案系统中,否则就是一般性数据,直接保留在 AI 交互教学管理系统中。

(四)课后

课后教师具有以下操作权限:

资源编目:参见前文功能描述。

资源上传:参见前文功能描述。

资源管理:参见前文功能描述。

资源搜索:参见前文功能描述。

资源下载:参见前文功能描述。

学生数据分析:AI 教学管理子系统提供对预习自测试进行自动批改的功能,当学生在学生学习终端提交自测试习题后,在 AI 教学管理子系统就会立即对该自测试习题进行自动批阅,教师可以实时地了解每位学生自测试的答题情况。通过对学生信息的加工以及对学生预习情况的分析,机器人教师将获得上课学生的数据,有针对性地涵盖知识重点。

反馈管理:针对传统教师、学生反馈、学生成绩与学生检索多方面给出的反馈进行大数据分析,总结归纳出学生需求,从而为传统教师提供数据支持,辅助传统教师与系统支持人员有针对性地完善课堂教学设计。

下篇
技术篇

本篇以新教学模式在教育信息技术中的应用为导向,以 AI 交互教学平台的建设为主线,逐步介绍新教学模式在技术应用层面所带来的改变,向读者展示 AI 交互教学平台的基本功能和使用方法。

第 5 章介绍 AI 交互教学平台的系统环境,包括用户群体分析、使用环境分析、部署环境分析,并对 AI 交互教学平台系统所采用的领域驱动需求分析模型进行介绍。

第 6 章介绍 AI 交互教学平台的用户需求,以系统的用例分析为主线,采取领域模型的需求分析方法对 AI 交互教学平台中的用户角色及功能进行详细剖析。对 AI 交互教学平台系统的功能进行逻辑划分,形成六个相辅相成的子系统,并提取、细化和抽象出各子系统所涉及的抽象对象。

第 7 章介绍 AI 交互教学平台的网络拓扑架构、系统功能结构、系统业务逻辑以及数据库结构等组成,从业务逻辑和应用逻辑的角度对系统进行详细的设计描述。

第 8 章介绍以新教学模式理念为基础研发的 AI 交互教学平台在使用上对教师和学生所带来的教学流程和学习流程上的改变,并对传统教学模式和新教学模式进行对比分析。

第 9 章介绍基于新教学模式的 AI 交互教学平台组成及各子系统的 UI 界面设计、页面逻辑和功能实现,并对 AI 交互教学平台的运行环境、试用方法进行详细说明。

第5章
AI 交互教学平台环境分析

5.1 用户群体分析

基于新教学模式的 AI 交互教学平台,主要包括新教学活动的全流程,其应具备以下功能:

一是满足教师与学生、教师与学校、管理者与学生两两之间的智能化协作,实现学生自主学习和智慧学习。

二是达到学生的学习可跟踪、教学质量可掌控、教学效果可体验的目的。

三是减轻教师教学的压力和学生学习负担,提高各自工作和学习效率。

四是打造一个以信息技术为支撑的现代化、交互型、智慧学习的交互教学管理系统,实现教师、学生、教学管理者之间的互联互通。

图 5-1 描述了 AI 交互教学平台所涉及的不同用户群体之间的关系。AI 交互教学平台的用户分为教师、AI 教师、学生和管理者四种用户类型。

教师在 AI 交互教学平台上实现备课、教案编写、课堂教学、课堂练习、课后作业的布置和智慧沟通的功能操作,可以查看学生的自主学习情况并进行有针对性的教学设计,可以对测验结果进行统计分析,了解学生对知识点的掌握情况。

学生可以在线完成课前预习、课堂学习、课堂测试、在线考试、与教师的交互、与同学的协作、提交作业、主动式学习等功能的操作。

管理者通过 AI 交互教学平台的服务接口可以随时主动或被动地跟踪教学活动的开展情况。通过与教师的交流沟通,协助教师服务好学生的学习和生活,以达到共同成长的目的。同时管理者也可以通过系统的服务接口查看班级课程进度、教学质量、掌握教师的工作状态和学生的学习动态,以利于学校的监督和管理。

AI 机器人教师是借助现代化的技术手段如 3D 建模、AI 技术、语音技术、全息投影技术等创造的一个虚拟人物角色。其依据新教学模式的教案来管理和控制课堂教学活动。在课堂教学中,教师可以远程控制 AI 教师的动作和指令,未来 AI 教师可能会更多地承担教师的教学职能。

新 教 学

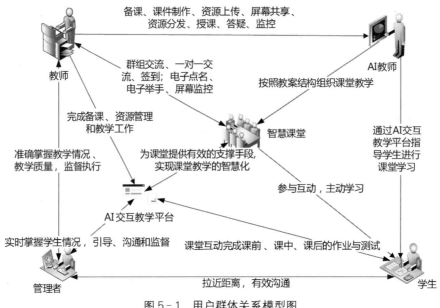

图 5-1　用户群体关系模型图

5.2　使用环境分析

AI交互教学平台的运行要依赖互联网的互联互通支持，在 Internet 网络支持的前提下，AI交互教学平台的用户使用环境网络图如图 5-2 所示。各类用户的主要使用环境如下：

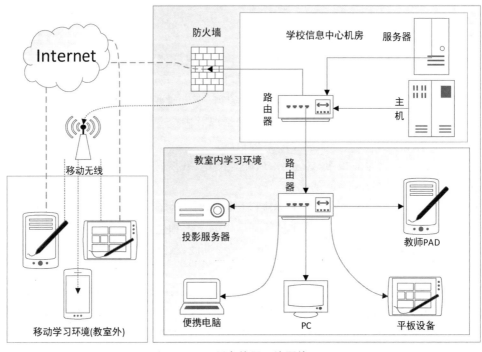

图 5-2　用户使用环境网络图

106

教师可以在教室、办公室、个人空间、校园以及公共场合中使用；

学生可以在教室、个人空间、校园以及公共场合中使用；

学校管理者可以在办公室、校园、个人空间以及公共场合中使用；

AI 教师呈现在 AI 交互教学平台的课堂教学环境中，可以全天候为学生服务。

根据对用户的群体划分和课堂教学的实际应用环境情况的分析，AI 交互教学平台由基础数据管理子系统、教学资源管理子系统、AI 教学管理子系统、在线智能备课子系统、智能考试子系统和校园通讯管理子系统（也叫校园通子系统）这六个子系统组成。其中 AI 教学管理子系统包含教室投影终端（也叫 AI 教师教学终端）、教师授课终端（也叫智慧教学终端）和学生学习终端（也叫智慧学习终端）三个终端软件系统，每个子系统的领域划分、功能描述在第 6 章将会详细描述。

5.3 部署环境分析

5.3.1 网络架构图

在校园网的基础上构建的 AI 交互教学平台系统，其硬件主要由 Web 服务器、资源服务器、备课服务器、基础数据服务器、考试服务器、校园通服务器、集群管理服务器、教室投影服务器、教师终端和学生终端组成。该系统的总体网络架构如图 5-3 所示。

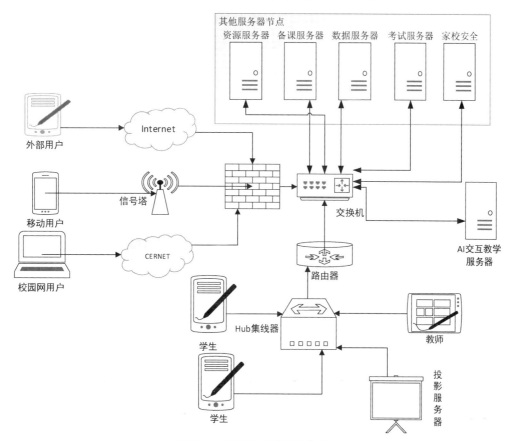

图 5-3 系统的总体网络架构图

从图 5-3 可以看出，AI 交互教学平台的运行依赖于校园网和互联网的支持，特定的移动设备还需要移动网络的支持。网络的复杂性表明了本系统的使用范围广，使用方式灵活多变。AI 交互教学平台的客户端支持 PC 机、移动智能设备、手持式终端、便携机等设备。AI 交互教学平台的运行目标是适应目前所有的网络环境，不受地域限制，只要能连上 Internet 网络，就可以运行。

5.3.2 集群部署环境

AI 交互教学平台的后台服务器之间采用 Mesos 集群模式，采用 Hadoop 做计算框架，通过运行 Mesos 方便 Spark 进行计算。具体的配置参见图 5-4 集群架构图。

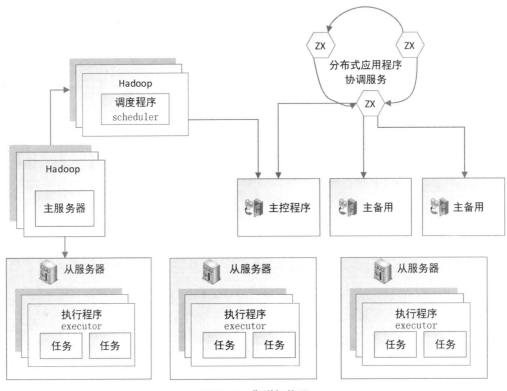

图 5-4 集群架构图

Mesos 是 Apache 旗下的开源分布式资源管理框架，其起源于加州大学伯克利分校，后被 Twitter 推广使用。Mesos 上可以部署多种分布式框架，Mesos 资源分配图如图 5-5 所示，通过外部的计算框架，如 Hadoop、Mesos 等可通过注册的方式接入 Mesos，以便 Mesos 进行统一管理和资源分配。

Mesos 采用双层调度机制，能支持多种调度模式。Mesos 的双层调度机制为：Mesos 可接入如 Yarn 一般的分布式部署框架，但 Mesos 要求可接入的框架必须有一个主调度器模块，该调度器负责框架内部的任务调度。当一个外部计算框架要接入 Mesos 时，需要修改自己的调度器，以便向 Mesos 注册，并获取 Mesos 分配给自己的资源，再由自己的调度器将这些资源分配给框架中的任务，也就是说，整个 Mesos 系统采用双层调度框架：第一层是由 Mesos 将资源分配给计算框架，第二层是计算框架自己的调度器将资源分配给自己内部的任务。

Mesos 可实现粗、细粒度资源调度和可动态分配资源，而 Yarn 只能实现静态资源分配。

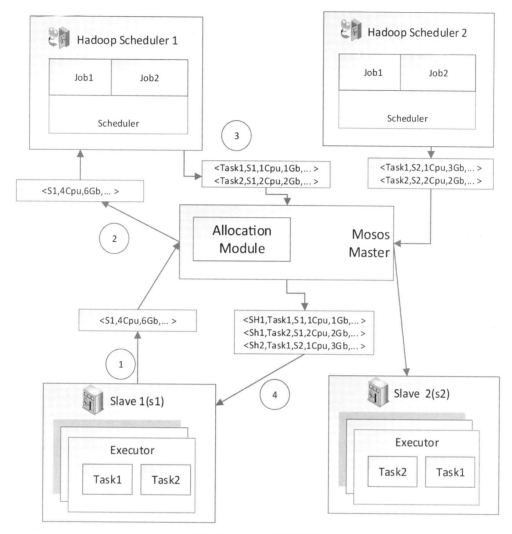

图 5-5 Mesos 资源分配图

粗粒度模式(Coarse-Grained Mode)：程序运行之前就要把所需要的各种资源(每个 Executor 占用多少资源、内部可运行多少个 Executor)申请好,运行过程中不能改变。

细粒度模式(Fine-Grained Mode)：为了防止资源浪费,对资源进行按需分配。与粗粒度模式一样,应用程序启动时,先会启动 Executor,但每个 Executor 占用的资源仅仅是自己运行所需的资源,不需要考虑将来要运行的任务。之后,Mesos 会为每个 Executor 动态分配资源,每一次分配,便可以运行一个新任务,单个 Task 运行完之后可以马上释放对应的资源。每个 Task 会汇报状态给 Mesos Slave 和 Mesos Master,便于更加细粒度管理和容错,这种调度模式类似于 MapReduce 调度模式,每个 Task 完全独立,优点是便于资源控制和隔离,但缺点也很明显——短作业运行延迟大。

在 Mesos 上运行的计算框架由两部分组成：一个是 Scheduler,通过注册到 Master 来获取集群资源；另一个是在 Slave 节点上运行的 Executor 进程,它可以执行 framework 的 Task。Master 决定为每个外部计算框架提供多少资源,外部计算框架的 Scheduler 来选择提供的资源。当外部计算框架同意提供的资源,它通过 Master 主服务器将任务发送到提供资源的

slaves 上运行。Mesos 的资源分配图如图 5-5 所示：

① Slave1 向 Master 报告，有 4 个 CPU 和 6 GB 内存可用；

② Master 发送一个 Resource Offer 给 Hadoop Scheduler 来描述 Slave1 有多少可用资源；

③ Hadoop Scheduler 中的 Scheduler 会答复 Master：我有两个 Task 需要运行在 Slave 1，一个 Task 需要<1 个 CPU，1 GB 内存="">，另外一个 Task 需要<2 个 CPU，2 GB 内存="">；

④ 最后，Master 发送这些 Tasks 给 Slave 1。然后，Slave 1 还有 1 个 CPU 和 3 GB 内存没有使用，所以分配模块可以把这些资源提供给 Hadoop Scheduler 进行使用，从而实现资源的再调用使用。

5.4 领域驱动模型介绍

由于 AI 交互教学平台的设计是基于领域模型的，因此本部分简要介绍一下领域模型的基础知识，以方便读者理解。

5.4.1 领域驱动模型的概念及设计过程

领域驱动设计（DDD）这一概念由埃里克·埃文斯（Eric Evans）于 2004 年提出。领域驱动设计分为两个阶段：一是以一种领域专家、设计人员、开发人员都能理解的通用语言作为相互交流的工具，在交流的过程中发现领域概念；二是将这些概念设计成一个领域模型，从领域模型驱动软件设计，用代码来实现该领域模型。由此可见，领域驱动设计的核心是建立正确的领域模型。因此，领域驱动模型设计的核心是以事件为出发点，围绕核心事件的设计范围来圈定事件的领域。图 5-6 描述了领域驱动设计的基本过程。

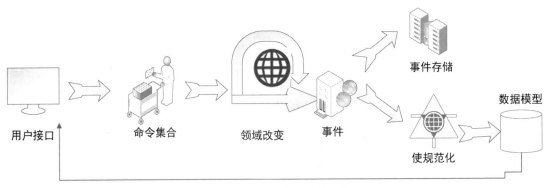

图 5-6 领域驱动设计的流程

第一，获取用户需求：通过拜访相关领域的专家、负责人、当事人等进行访谈，寻求他们对需求的理解，得到很多信息。

第二，从这些信息中抽取与指令相关的信息，找到指令的集合。

第三，围绕这些指令圈定领域范围，领域范围的圈定是不断变化和完善的。

第四，找出领域中的核心事件。

第五,对驱动领域的核心事件进行分解,去归一化处理。由于领域的核心事件中包含多个指令集合,在后期数据处理时必须去归一化处理,使各个指令完成本职工作。所谓的去归一化也就是解耦操作,包括事件存储和读数据的状态复原。

在进行领域模型抽取时要注意以下两点:

其一,设计领域模型时不能以用户为出发点去思考问题,不能老是想着用户会对系统做什么,而应该从客观的角度,根据用户需求、功能间的关系挖掘出领域内的相关事物,思考这些事物的本质关联及其变化规律。

其二,领域模型是排除了人之外的客观世界模型,但是领域模型包含人所扮演的参与者角色。一般情况下,不要让参与者角色在领域模型中占据主要位置,如果以人所扮演的参与者角色在领域模型中占据主要位置,那么各个系统的领域模型将变得没有差别,因为软件系统就是一个人机交互的系统,都是以人为主的活动记录或跟踪。比如:在论坛功能中如果以人为主导,那么领域模型就是人发帖子、人回帖子、人结帖子等等。在 DDD 的设计中,如果是以人为中心的话,就变成了托运人托运货物、收货人收货物、付款人付款等等。因此,当我们谈及领域模型时,已经默认把人的因素排除了,因为领域只有对人来说才有意义,人是在领域范围之外的,如果人也划入领域,领域模型将很难保持客观性。领域模型是与谁用和怎样用无关的客观模型。归纳起来,领域建模是建立虚拟模型让现实中的人使用,而不是建立虚拟空间去模仿现实。

5.4.2 领域驱动设计的架构

领域设计模型的经典架构分为四层,分别为用户界面/展现层、应用层、领域层和基础设施层。图 5-7 是领域设计模型的经典设计架构,而 AI 交互教学平台为了实现细粒度的微服务把设计分为六层,详见图 7-2。

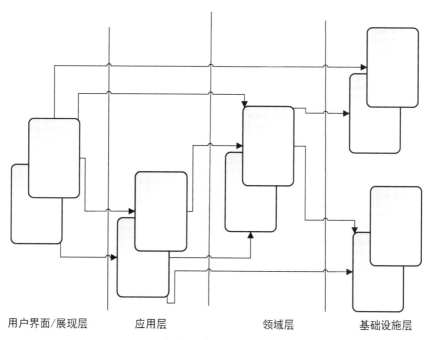

图 5-7 领域设计模型的经典分层架构

用户界面/展现层：负责向用户展现信息以及解释用户命令，主要有两个功能：一是请求应用层以获取用户所需要展现的数据；二是发送命令给应用层要求其执行某个用户命令。

应用层：负责定义软件要完成的所有任务，对外为展现层提供各种应用功能（包括查询或命令），对内调用领域层（领域对象或领域服务）完成各种业务逻辑。应用层不包含业务逻辑。

领域层：负责表达业务概念、业务状态信息以及业务规则。领域模型处于这一层，是业务逻辑处理核心。

基础设施层：为其他层提供通用的技术能力，提供层间的通信功能，是业务的数据核心。领域模型的状态都直接或间接（持久化至数据库）存储在这一层。基础设施层可以通过架构和框架来支持其他层的技术需求。

第6章 AI交互教学平台需求分析

AI交互教学平台包括基础数据管理子系统、教学资源管理子系统、AI教学管理子系统、在线智能备课子系统、智能考试子系统和校园通子系统共六个子系统。基础数据管理子系统在AI交互教学平台中负责各个系统间的部署管理和数据共享的功能,在此不做扩展描述。下面介绍一下其他五个子系统的详细功能需求和组成。

6.1 需求分析

6.1.1 需求概述

基于新教学模式的AI交互教学平台涵盖教学活动的全流程,为教师打造一个方便、智能、全方位的智慧授课终端。智慧授课终端集备课、资源管理、学生管理、课堂管理、课堂交互、自测试管理、课后交流等教师教学活动的功能于一体,同时为学生打造一个集在线学习、预习、课堂学习、交互交流、作业、笔记及测试于一体的智能化学习终端。下面从课前、课中和课后三个学习阶段来介绍AI交互教学平台的功能及组成。

课前,教师可以提前将授课的学习资源放到资源服务器上。学生可以通过移动终端访问资源服务,获取教师布置的作业和学习任务。学生也可以将自己的习题解答提交到资源服务器。对于教师来说,一方面可以将自己的备课信息存放到教学资源管理服务器上,以备学生使用;另一方面也可以将学生需要的学习资料发送到学生的学习终端。对于学生来说,课前学生可以按照教师提供的教案进行预习学习,将遇到的问题累积起来,这样就可以将问题带入课堂。同时AI交互教学平台还针对教师编制的课前教案的脚本,自动触发课前预习测试功能,以检验学生自主学习的效果,并使教师有针对性地设计课堂教学教案。

在课中,学生通过AI交互教学平台的智慧学习终端APP来阅读教材和课件,把教师讲的重点和要点记录下来,并完成练习和课后作业。教师和学生之间也可以实现交互教学活动。教师在教师端发送练习题给学生,学生接收后,可以答题并反馈答案。针对习题的解答,AI交互教学平台系统会自动进行批改,实时统计结果并反馈给教师,让教师可以有针对地进行试题点评。这样教师可以通过AI交互教学平台独有的学习跟踪功能,实时了解每个学生对新知识的掌握情况。同时学生也可以通过在线服务获取自己感兴趣的内容进行自主学习。在课堂上教师与学生的交互活动主要有分组学习、在线提问、在线答题、屏幕共享以及在线测评等几种教学活动。

对于教师来说,传统的课堂授课方式将不再适用,课堂教学不再以讲授为主,而变为以解决学生的问题为主,这样教师就可以针对学生的问题进行有针对性的讲解。这种改变不仅充分激发了学生课外学习的积极性和主动性,更能提高课堂上学生和教师的交互活动的氛围。

在课外:AI交互教学平台的校园通子系统为教师和学生提供了有效的沟通手段,当然其他子系统也可以在课外使用。

教师可以通过校园通子系统提供在线答疑,教师和学生双方可以通过语音、视频、音频以及屏幕共享等功能进行在线沟通。

学生可以使用校园通子系统和教师进行沟通,参与学校的问卷调查。使用教学资源管理子系统在线进行学习。使用考试子系统进行试卷复盘。使用AI教学管理子系统进行课堂回顾等功能操作。

管理者可以通过AI交互教学平台的相关软件系统监控课程的教学进度、评估教学质量,及时了解教师和学生的情况,对教学工作及时做出正确的决策。通过数据分析功能可以更好地掌握各位教师的教学水平、教学进度和教学效果。

6.1.2 业务功能划分

通过上面的需求描述可以看出,AI交互教学平台是一个涉及数据量大、分布式部署、云存储、大用户量、实时性要求高、用户关系复杂的综合管理应用系统。为了支持和实现AI交互教学平台这样一个复杂的学习环境,需要对系统的业务功能进行有效的划分。图6-1从系统的功能定位和部署逻辑上对系统进行了划分。

AI交互教学管理平台中的教学管理子系统包含教室投影客户端(AI教师授课终端)、教师授课终端和学生学习终端。AI教学管理子系统主要围绕课堂教学这一主题展开。教师授课终端和学生学习终端,两者与基础数据管理子系统、考试子系统、教学资源管理子系统、校园通子系统都有关联,这些子系统在终端中都有对应的入口,以方便教学工作的开展。

教室投影客户端(简称AI教师终端)负责建立起整个课堂教学环境以及教师(AI教师)、投影和学生三者之间的交互关系的控制和管理。同时将教师的授课内容显示在投影大屏幕上。

教师教学终端(简称智慧教学终端)是教师工作的全能助手,包含试题库、教学资源库、备课工具、考试系统和校园通的全部功能。教师使用该客户端不仅可以进行备课、编制教案、管理试题试卷、在线考试、在线课堂和资源管理等操作,还可以跟踪学生的学习情况以及与学生进行沟通交流。教师只需要一个软件就可以解决所有和教学相关的事情。

学生学习终端(也称智慧学习终端)是学生的一个学习工具集。它抛弃了以往书包、课本、笔记本和练习册的客观世界的实体概念束缚,以电子形式囊括所有学习资源。一个学习终端在手,解决所有与学习相关的问题,知识轻松尽在掌握!智慧学习终端没有固定教室的概念,只要有网络支持,无论身处何地都可以参加课堂学习活动。智慧学习终端还包括课前预习、预习测试、课后作业、随堂测验、资源搜索、考试、试卷管理、交互交流等功能。

AI教学管理系统不仅包含以上三个终端系统,还提供其他子系统的入口点,肩负着所有

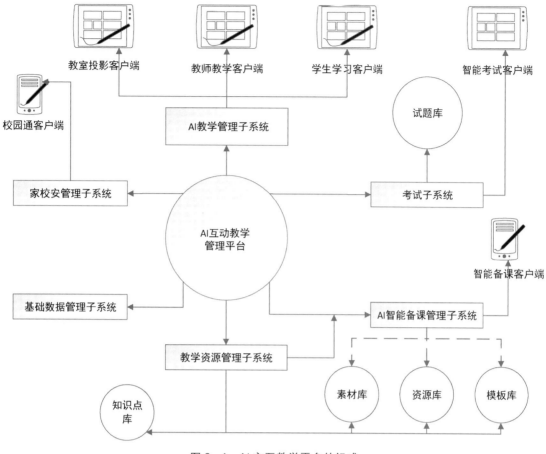

图 6-1 AI 交互教学平台的组成

用户的在线状态监测、课件管理、排课、自测试、课后作业、资源搜索、在线考试、信息发布和交流等功能。

6.2 系统用例分析

AI 交互教学平台的用户类型有教师（AI 教师）、学生和管理者三种类型。相应的六种角色分别为：教师、AI 教师、学生、管理者、超级管理员及各系统管理员。

6.2.1 教师角色用例分析

教师是 AI 交互教学平台中的关键角色，本节主要介绍教师在教学资源管理子系统、教师智能备课子系统、AI 教学管理子系统、智能考试子系统、校园通子系统中的角色用例和职能。

6.2.1.1 在教学资源管理子系统中的角色

教学资源管理子系统的主要功能是建立教学资源库，资源库建设具有促进主动式、协作式、研究型、自主型学习，形成开放、高效的新型教学模式的重要途径，是示范性院校展示和推广本校教学成果的重要平台。教学资源库建设以资源共建共享为目的,以创建精品资源和进行网络教学为核心,面向海量资源处理,融资源分布式存储、资源管理、资源评价、知识管理为一体的大数据资源管理和服务平台。教师在教学资源管理子系统中的角色用例详见图6-2。

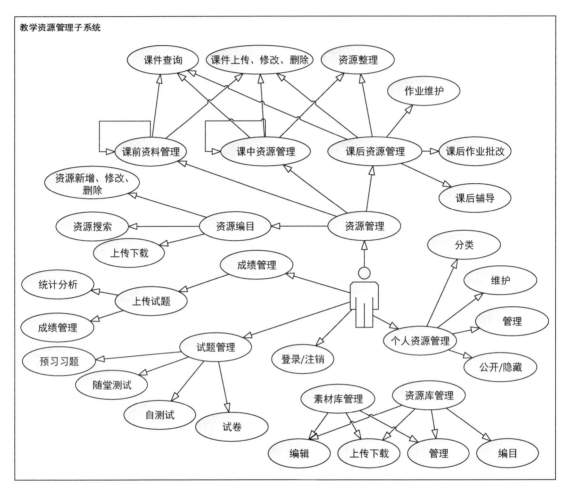

图 6-2 教师在教学资源管理子系统中的用例图

(1) 登录/注销

登录模块是系统的入口模块,担负着初始化环境和安全的功能。用户输入用户名和密码,系统依据用户的角色的不同,为用户划分不同的权限。用户完成所需操作以后可以采用注销功能,以便结束对系统的使用,保证账号和数据安全。该功能支持常规登录、指纹登录和人脸识别三种登录方式。

作用域:教师在教学资源管理子系统中有对应的用户和登录功能权限。

(2) 素材库管理

素材库中存储的是基本的教学素材,每一条记录只是单纯的素材,与知识无关。每个素材要包含以下属性:名称、类型(图片、动画、文字、视频等)、关键字、所属分类、上传人、建立时间、访问次数、说明等信息。教师可以对素材进行上传下载、编辑和管理等操作。

作用域:教师在教学资源管理子系统中有素材管理功能的操作权限。

(3) 资源库管理

资源库中存储的都是与教学知识点相关的、有特定的知识目的的资源。例如酒精灯的点燃和熄灭步骤的介绍,可以是精练的文字描述,也可以是图片、动画、语音、视频或文件。资源库中的文件编目是比较复杂的,包含以下信息:名称、分类、范围、知识点、课程、年级、一级目录、二级目录、三级目录、四级目录、关键词、描述、制作人、上传时间、相关知识点、编码、存储路径、文件名等基础信息。此外,在教学资源管理系统中,教师还可以对资源进行新增、删除、更新、上传、下载等操作。

作用域:教师在教学资源管理子系统中拥有资源库管理的功能操作权限。

(4) 资源管理

资源管理包含课前、课中和课后三种资源分类,这是针对教学流程而言的一种划分方式。上课前,教师将本节课程需要讲授的内容录制成视频、PPT等多媒体的形式,将这些资源和课堂中需要的一些附加资源上传到资源服务器,供学生下载学习。对于课中需要的资源,学生在上课前10分钟才能下载。课中的资源包括教学课件、资料、互动问题设计、课堂测验、平时的成绩、分组讨论资料等。课后的资源主要是为巩固学习知识并检验学习的效果而设计的,包括作业、练习、问答、课堂上产生的一些记录、视频以及课后辅导等。从资源管理的分类看,教师不仅要设计课前教案、课中课件以及课后的作业,而且要针对教学的过程进行设计,这就对教师提出了较高的要求。

作用域:教师拥有教学资源管理子系统资源管理的功能操作权限。

(5) 成绩管理

成绩管理包括上传试题、成绩管理和试题分析。教师可以通过教学资源管理子系统来生成试卷,进行考试,同时可以在线进行试卷的批改及成绩的维护。教师可以通过试题分析功能来统计各个知识点的掌握情况,可以通过题型、试卷、历史成绩对比分析等手段了解学生的学习情况。

作用域:教师拥有教学资源管理子系统成绩管理的功能操作权限。

(6) 试题管理

试题主要指随堂测验、预习习题、自测试习题与试卷四种类别的试题。随堂测试是和教案打包在一起的,随着课程的进行在课堂上逐步释放出来,教师可以对随堂测试的内容进行管理。预习习题是包含在教师发布的预习课件中的,学生接收预习课件后,可以通过预习习题来测试自主学习的效果。自测试习题是包含在课后作业中的,是有一定难度的习题,用来检验学生的最终学习效果。试卷是正式的考试试题,是从试题库中自动抽取的。教师可以对这四类试题进行管理。

作用域:教师在教学资源管理子系统中拥有试题管理的功能操作权限。

(7) 资源编目

资源编目是指对资源的元数据属性从多个维度进行描述。通过这些属性值可以唯一地定义该资源。资源的元数据属性包含:名称、大小、类别、年级、知识点、知识树、版本、难度、关键词、编辑人、编辑时间、上传时间、版本要求、文件路径、文件格式等信息。资源文件经过编目后才能上传到系统中。

作用域:教师在教学资源管理子系统中拥有资源编目的功能操作权限。

(8) 个人资源管理

个人资源管理主要是针对个人资源夹中的资源进行管理,包含对资源的分类、查询、公开和隐藏设置及管理。分类可以按照性质、类别和功能等划分。查询指可以在教学资源管理子系统中查询所有公开的资源。公开是指将资源在系统中公开，其他用户可以搜索到。隐藏是指对资源的属性设置为不公开，此时其他用户搜索不到该资源。管理是指对资源本身的修改、替换、上传、下载等功能。

作用域：教师在教学资源管理系统中拥有创建、管理个人资源夹的功能操作权限。

6.2.1.2 在AI教学管理子系统中的角色

AI教学管理子系统主要是围绕教师的教学活动展开，贯穿课前、课中和课后，全流程呈现教师的教学活动。教师的用例图详见图6-3。

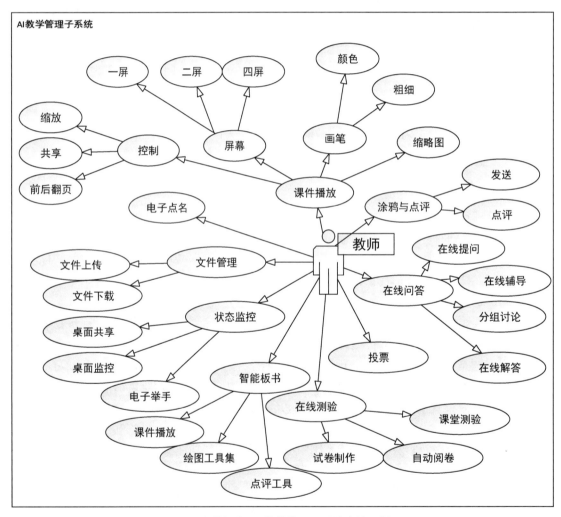

图6-3 教师在AI教学管理子系统中的用例图

（1）文件管理

文件管理提供文件上传和文件下载的功能。文件上传是指在课堂上产生的文件以及教师需要上传的临时需要的文件，如课堂测验、问答、板书、讲解草图等。文件下载是指教师在课前准备的一些资源文件，如讲义、学习资料、课外读物等。

作用域：教师在AI课堂教学管理子系统中拥有文件管理的功能操作权限。

(2) 状态监控

状态监控包括电子举手、桌面监控、桌面共享等功能。教师可以监控学生的状态如在线、离线、举手、缺席等情况，可以进行电子点名。桌面监控是指教师可以远程查看某个学生的桌面，监控学生终端的使用情况。桌面共享是指教师可以将指定学生的桌面共享到投影服务器上，让大家都能看到该学生的终端界面，其特别适合在问题点评或讲解时使用。

作用域：教师在AI课堂教学管理子系统中拥有状态监控的功能操作权限。

(3) 智能板书

智能板书为教师提供一个类似传统黑板的功能，方便教师在上面书写，同时可以播放课件、插入图片、在图片上涂鸦。其支持基本的图形类型(线、矩形、圆、椭圆等)作画，图形间可以建立关系，支持文字输入，支持画笔的功能，支持线型及粗细、颜色设置，还支持屏幕截图功能。同时教师可以对学生上传的以图片形式作答的问题结果进行点评和投票，以分享和点评学生的答题情况。

作用域：教师在AI课堂教学管理子系统中拥有智能板书的功能操作权限。

(4) 在线测验

系统为教师提供了在线测验的功能。教师可以在线进行试题编辑，可以在线生成试卷(包括预习自测试、课堂测试、单元考试、正式结业考试等试卷)。教师在课堂上只需要控制分发的时机，同时教师可以对测试的过程进行管理。

作用域：教师在AI课堂教学管理子系统中拥有在线测试的功能操作权限。

(5) 在线问答

在线问答包括在线提问、在线解答、在线辅导以及分组讨论等功能。在线提问既可以是教师提问也可以是学生提问。在线解答既可以是教师回答也可以是学生回答。在线辅导是指教师或学生利用AI教学管理子系统进行课堂外的一对一的辅导功能。分组讨论是指教师将学生分成几组，每一组指定一个小组长，各组分别进行讨论，由小组长提交讨论的结果。

作用域：教师在AI课堂教学管理子系统中拥有在线问答的功能操作权限。

(6) 投票

投票是指教师可以设定问题，在课堂上通过投票的方式来测验学生对知识点的掌握情况。投票结束后，投票的统计结果可以直观地显示在大屏幕上。教师通过对结果的分析，直接掌握学生对知识的掌握情况，并及时做出补救措施。对于外来听课者可以通过移动设备扫描投影大屏幕上的二维码参与投票活动。

作用域：教师在AI课堂教学管理子系统中拥有投票的功能操作权限。

(7) 涂鸦与点评

涂鸦与点评是指在一些作图题中，教师将习题共享给学生，学生通过自己的学习终端答题，并将结果反馈给教师终端。在答题的过程中能够看到答题的进度情况：在线人数、已提交人数、没有提交人数、答题剩余时间等信息。教师收到学生答题的结果后可以在线进行点评。

点评是指教师可以对学生的答题结果进行统计分析、对比分析以及展示答题结果。学生提交答案后，AI课堂教学管理子系统会自动地对试题进行批改，教师就可以直观地看到每道题的解答情况。此时教师可以随机抽取出来几个人的答题界面，投影到大屏上进行点评。

作用域：教师在AI课堂教学管理子系统中拥有涂鸦和点评的功能操作权限。

(8) 课件播放

教师在上课的过程中对教学课件进行控制,主要拥有对播放、屏显、画笔、同屏和共享功能的操作权限。在授课的过程中教师可以控制课件向前一页或向后一页的翻页功能。屏显是指教师可以设置在投影大屏幕上同时显示几页课件资源,有一屏、双屏和四屏同显的功能选项。教师在讲解时可设置画笔的粗细和颜色。共享功能是指教师可以将自己的屏幕投影到大屏幕上,也可以指定某位学生并将学生的学习终端屏幕投影到大屏幕上。同屏是指将自己的界面和屏幕同步,也叫自动跟随功能,也就是说当用户点击同屏时,无论你在看任何文件,一旦大屏幕上的显示信息有变化,你的终端屏幕就会立即保持与大屏幕一致。

缩略图功能是指在终端系统的侧边栏上显示微缩的课件信息,以指定的比例显示每一页的情况,这样教师就可以通过缩略图快速地浏览课件,方便教师查找课件。

作用域:教师在 AI 课堂教学管理子系统中拥有课件播放的功能操作权限。

(9) 电子点名

在 AI 课堂教学管理子系统中,电子点名有两种实现方式:一是当学生进教室时,通过视频监控的人脸识别功能直接识别学生的信息,从而完成学生签到功能;另一种是通过学生学习终端的在线状态来自动判断学生是否在线完成电子点名的功能。AI 课堂教学管理子系统的后台服务系统会定期侦测学生学习终端的在线情况。在课堂教学活动中,教师可以通过点名按键直接进入学生状态界面,查看所有学生的状态。在线和离线状态通过不同的颜色进行区分,让教师能够一目了然,洞悉全局。

作用域:教师在 AI 课堂教学管理子系统中拥有电子点名的功能操作权限。

6.2.1.3　在智能备课子系统中的角色

智能备课子系统是教师专门用来设计课件的工具集合,利用智能备课子系统教师可以方便快捷地制作出自己的教学课件。其中的素材库、资源库的资源都存储在教学资源管理子系统中。教师在智能备课子系统中的操作权限如图 6-4 所示。

(1) 模板库

模板库中的模板是指专门辅助教师设计教学课件的一系列结构化的课件模型。教师可以新建模板,修改模板,删除模板,上传和下载模板。在新建和编辑模板时,教师可以在模板中添加文字标签,这些文字标签在生成正式课件时会被替换掉。教师可以添加文件命令,这些命令指向某一个具体的文件,在实际课件编辑时,会被真正的文件路径替换掉。教师可以添加引用命令,这些引用的内容在实际课件编辑时会被真正的网络地址、文字等替换掉。教师可以添加动作集。动作集是格式化的命令,没有具体的执行对象,在实际编辑课件时,教师可以添加实际的操作对象。这些标签、文件、命令、引用、动作在实际发布时,会按照各自所代表的意义将对应的目标内容替换或者下载到课件资源包中,成为可以访问的实际资源。

作用域:教师在智能备课子系统中拥有模板库功能操作权限。

(2) 智能教案编辑器

智能教案编辑器是在模板的基础上,按照模板中规定的顺序由教师逐步添加自己需要的授课内容,完成教案课件的编写工作。教师在编制教案课件时可以引入素材和资源,将模板中对应的文件路径替换掉。引入文件,就是将文件命令的指向目标文件替换掉。引入语音就是将对应的语音文件加到模板中。引入视频就是将所需的视频文件添加到模板中。引入鼠标动

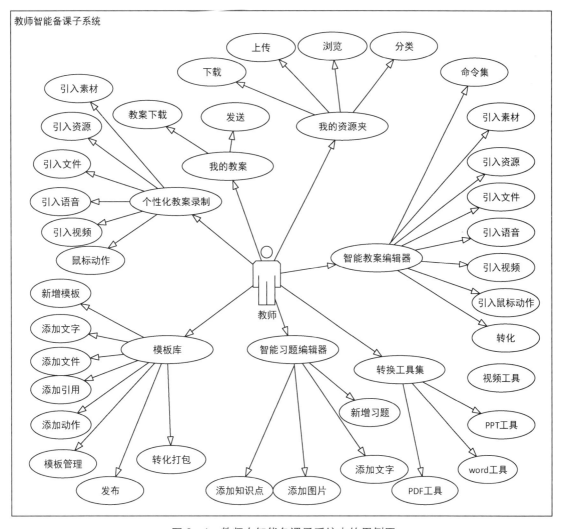

图 6-4 教师在智能备课子系统中的用例图

作,就是在屏幕录制时通过软件增加鼠标轨迹动作。除了模板中一些定义好的命令外,教师根据实际教学的需要也可以添加自己的命令集合。当需要的资源和文件都设置完毕后,教师可以对教案进行发布。发布有两种方式:一是自动打包发布,通过资源转换工具集,系统自动抽取脚本中的资源,下载到本地,通过智能检测转换工具将本地资源组合起来,组装成目标脚本,生成对应的课件文件结构;二是通过人为的干预,以有人值守的方式生成对应的课件脚本。在生成课件脚本文件的过程中,需要教师手动选择课件的存储方式及对应的动作,转换工具会按照教师的指令执行相应的动作。

作用域:教师在智能备课子系统中拥有智能教案编辑器的功能操作权限。

(3) 智能习题编辑器

智能习题编辑器是教师编制习题的智能化辅助工具,除了编辑习题内容外,还能将习题与知识点、例题、教学视频等内容关联,引导学生进行知识的扩展。智能习题包括知识点、类型、题干、配图、答案、解题分析、知识扩展、典型例题、难度系数等属性。知识点是每道题目要考察的知识的关键词。类型是指题目所属的类型,如单选、多选、判断、问答、计算、综述等。题干是试题的内容描述。配图是试题中对应的图片内容。解题分析是解题的思路分析,是一个引导性的描述,一些要求计算的题目特别适用。知识扩展是和该习题所涉及的知识相关、学生必须掌握、具有支撑作用的基础理论知识以及对知识拔高的理论描述。典型例题是指能够代表和支撑本试题的知识理论的典型例题。

作用域:教师在智能备课子系统中拥有智能习题编辑器的功能操作权限。

(4) 个性化教案录制

个性化教案录制是智能备课子系统提供的一个功能,主要是供教师直接录制视频课件时使用,当教师准备好所有的课堂资源后,可以通过个性化教案录制功能录制课件。在录制的过程中,教师的所有操作都会记录下来,教师的操作包括鼠标轨迹、作图、打开文件、语音、文字等等。在录制过程中提供了基本的图形绘制工具,如点、线、圆形、扇形、角度、三角形、四边形、五边形、多边形、圆柱形、圆锥形、球形和刻度尺等图形。通过这些基本图形的参数设置,教师可以在个性化教案录制面板中绘制出复杂的图形。在录制结束后,教师可以将视频文件转换为自己需要的格式或者专门进行配音。此外,系统还应该提供对录制的文件的管理工作。

作用域:教师在智能备课子系统中拥有个性化教案录制的功能操作权限。

(5) 我的资源夹

"我的资源夹"就是自己建立的资源库,个人资源库默认为个人使用,其他教师无法搜索到。当教师对个人资源库中的某个资源设置为公开后,其他教师才可以搜索到。教师上传的资源默认进入个人资源库中。教师可以申请自己的资源进入公共资源库,当资源审核人员审核通过后,个人资源才能被添加到公共资源库中。此时该资源需要审核人员对资源进行编目工作。系统还提供对资源进行简单分类、管理的功能。

作用域:教师在智能备课子系统中拥有个人资源的功能操作权限。

(6) 我的教案

智能备课子系统提供了"我的教案"功能分类,教师可以将自己制作的教案放入"我的教案"文件夹内;教师可以对"我的教案"进行新建、修改、删除、下载、转发、分享等操作。

作用域:教师在智能备课子系统中拥有创建教案的功能操作权限。

(7) 转换工具集

转换工具集是能够自动解析课件脚本,并将课件脚本中的命令和动作按照其代表的实际意义生成对应的课件资源集合。这些资源集合分为语音文件、脚本文件、资源文件等。这些文件都是本地存储的,并被打包成可执行的文件包。可执行文件包是 AI 交互教学平台定义的编码压缩格式,只能由 AI 交互教学平台提供的播放器播放。打包生成的可执行文件分为在线版本和离线版本两种。在线版本中所有的资源存储在 AI 交互教学平台的存储服务器上,学生和教师通过互联网进行访问。离线版本中的所有资源文件都存储在学生和教师的个人终端设备上,以满足学生在没有互联网的情况下学习课件的需求。在文件转换的过程中系统提供了两种转换手段——自动模式和人工干预模式。

作用域:教师在智能备课子系统中拥有转换工具集的功能操作权限。

6.2.1.4　在智能考试子系统中的角色

智能考试子系统是专门管理知识点、知识库、试题、题型、试卷等与考试相关的数据系统,在智能考试子系统中教师具有图 6-5 所示操作权限。

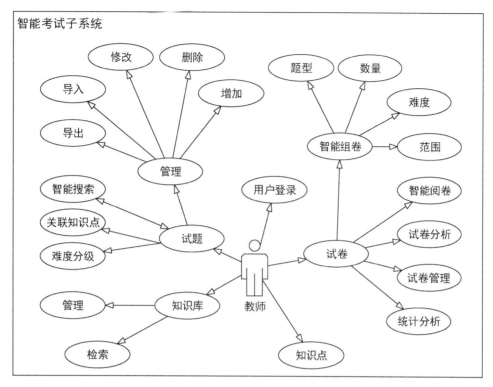

图6-5 教师在智能考试子系统中的用例图

(1) 登录

教师可以远程登录智能考试子系统,登录时对教师的认证有两种方式:一是在认证界面输入用户名和密码进行验证登录;二是通过用户的一次性鉴别登录,即单点登录(Single Sign On, SSO)来认证。用户在身份认证服务器上登录一次以后,即可获得访问单点登录系统中其他关联系统和应用软件的操作权限。这种实现是不需要管理员对用户的登录状态或其他信息进行修改的,这意味着在多个应用系统中,用户只需一次登录就可以访问所有相互信任的应用系统。这种方式避免了用户记忆多个用户登录信息,减少了登录次数,是目前比较流行的登录方式。

作用域:教师在智能考试子系统中拥有登录的功能操作权限。

(2) 知识库

知识库是指每个知识点最典型的例题或者知识点本身的定义、推理或论证的过程集合,特别是理论的证明或推导过程的描述资料。它包含知识的管理和检索两部分。知识的管理包括新建知识体系、修改、删除等操作。知识的检索是指系统提供了一个通过设置多个条件对知识库中的知识进行检索的手段。

作用域:教师在智能考试子系统中拥有知识库管理的功能操作权限。

(3) 知识点

在智能考试子系统中,知识点是整个知识体系的目录式层级结构,它包含知识的先后顺序,以树形结构组织知识点之间的关系,随着难度的增加而产生出多个节点,就像一棵倒过来的树。知识点的管理就是对整个知识体系进行新增、删除、修改的管理。

作用域:教师在智能考试子系统中拥有知识点管理的功能操作权限。

(4) 试题

试题是智能考试子系统的核心组成。教师可以对试题进行维护，如进行新增、修改、删除、导入和导出操作。导出试题时是将试题按照一定的格式转化成格式化的文件，一个个导到文件中。导入试题是将符合一定要求的试题格式文件导入系统中。对于包含图形的试题是不能导入系统的，只能手动创建试题。教师可以对试题关联知识点，通过知识点可以查找到该试题的知识库，还可以对试题设置难度等级以便于标识试题的难易程度。此外，系统提供了按照多条件进行检索的智能搜索服务功能。

作用域：教师在智能考试子系统中拥有试题管理的功能操作权限。

(5) 智能组卷

智能组卷是指教师指定生成试题的各种条件后，系统根据设置的条件自动生成满足条件要求的试卷。智能组卷的过程如下：教师先选择题型、数量、分值，然后设置各个题型考察的知识点范围，再设置各种题型的难度分布及试题数量，最后按照班级、年级等参数设置参加考试的考生信息。当条件设置完毕，教师点击生成功能按钮后，系统会自动按照条件生成试卷，从而完成智能组卷工作。

作用域：教师在智能考试子系统中拥有智能组卷的功能操作权限。

(6) 智能阅卷

智能阅卷是指对基本主观题系统进行自动判卷、打分的功能。系统判卷之后会给出一个判卷的结果。教师可以直观地看到每份试卷的答题情况。当然教师也可以进行人工阅卷。

作用域：教师在智能考试子系统中拥有智能阅卷的功能操作权限。

(7) 试卷分析

教师可以对试卷进行多维度的分析，包括试卷的整体分析、每一道题的分析、学生间的对比分析、学生的历史成绩对比分析等。整体分析是对该试卷的每一个题型进行得分率计算，可以给出整体的得分率情况。系统支持数据钻取功能，可以直接给出每一道题的得分率情况。试题分析是对每一道试题进行分析，可以对学生每一道题的得分情况进行统计。学生间的对比分析是学生之间的成绩对比，理论上系统支持所有学生成绩的对比，教师可以选取有特殊意义的学生成绩进行对比分析。学生历史成绩的对比分析是指对某位学生以往成绩和本次成绩进行对比分析，特别是对各大题型进行对比分析，能够充分反映出学生对知识的掌握情况。

作用域：教师在智能考试子系统中拥有试卷分析的功能操作权限。

(8) 试卷管理

试卷管理是指教师可以对每一个学生的电子试卷成绩进行管理。教师可以将学生的电子试卷生成文档进行下载、发送给学生，也可以将所有学生的试卷进行归档处理。归档时将学生的试卷生成一个电子文件上传到教务处进行归档管理。当学生的试卷进行归档后，教师可以删除该试卷。

作用域：教师在智能考试子系统中拥有试卷管理的功能操作权限。

(9) 统计分析

统计分析功能是针对学生的成绩和试题而言的。对学生可以进行各题型的综合分析，得出每个学生知识掌握情况以及需要强化的知识点，并可以给出一些学习的建议。可以对学生的历史成绩进行对比分析，这样教师通过查看学生近期的学习情况，可以看出学生努力的程度。可以对学生做横向的对比分析，给每个学生一份对比结论，结论包括每道题在班级中的掌握情况、多少人比你掌握得好、多少人比你掌握得差。对试题可以进行纵向对比,看各类试题在历史考试中的得分情况,以及同一类试题在历次考试中的得分情况对比,从而知道该试卷的难易程度,方便教师把握下次试卷的难度。

作用域:教师在智能考试子系统中拥有统计分析的功能操作权限。

6.2.1.5 在校园通子系统中的角色

校园通子系统是针对教师、学生和管理者的一个交流工具系统,以方便学校能及时掌握学生的动态信息以及将学校的信息传达给学生。同时,其也是教师实时与学生交流答疑的工具。教师在校园通子系统中的用例——家校安全管理子系统详见图6-6。

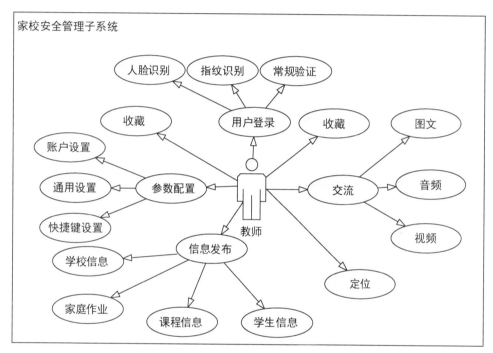

图6-6 教师在校园通子系统中的用例——家校安全管理子系统图

(1) 用户登录

校园通子系统为用户登录提供了三种登录手段,分别是常规登录、指纹登录和人脸识别登录。

作用域:教师在校园通子系统中注册有用户信息。

(2) 参数配置

参数配置是校园通子系统提供的供个人修改和管理系统参数的功能,主要包括账户设置、通用设置以及快捷键设置。

账户设置是指对个人信息进行维护,包括账户名称、显示名称、头像以及退出系统等功能。

通用设置是系统提供的对终端的一些基本信息的配置和管理功能,这些功能包括语言设置、文件存储路径的更改、是否开启新消息提醒、是否开启语音和视频通话提醒、是否开启自动升级、是否开启随机启动、是否自动保存消息、是否禁言以及清空聊天记录、备份聊天记录等功能。

作用域:教师在校园通子系统中拥有参数配置的功能操作权限。

(3) 信息发布

教师可以将一些通知、成绩等信息专门进行信息发布,设置信息发布功能的目的是使信息接收者可以快速访问信息,避免信息淹没在聊天消息中。信息发布主要是针对学生信息、家庭作业、课程信息和学校信息的发布。

作用域:教师在校园通子系统中拥有信息发布的功能操作权限。

(4) 定位

校园通子系统提供了定位的功能,使教师和学校管理者可以查看学生的实时位置(前提是学生的学习终端开启了 GPS 定位功能,并且可以连接互联网),学生的学习终端会定期将自己的位置上传到校园通子系统中。

作用域:教师在校园通子系统中拥有定位功能操作权限。

(5) 交流

交流是校园通子系统的核心功能,可供教师(或管理者)与学生、学生与学生进行交流。交流的方式为图文模式、视频模式和音频模式。

图文模式是指交流的双方以发送文字、图片和文件为主要交流手段的交流方式。

音频模式是针对多方交流而言的,参与者可以通过语音进行交流。

视频模式也是针对多方交流而言的,参与者可以发起视频通话进行交流。

作用域:教师在校园通子系统中拥有交流的功能操作权限。

(6) 收藏

当学生或者教师感觉交流的内容具有很大的价值时,可以将交流内容临时放入收藏夹,这样信息就不会被聊天的消息所淹没。

作用域:教师在校园通子系统中拥有收藏的功能操作权限。

6.2.2 学生角色用例分析

6.2.2.1 在教学资源管理子系统中的角色

对于教学资源管理子系统,学生只能在课外的学习中使用,学生可以通过移动设备、计算机等工具访问系统。学生可以对系统中的学习资源、个人笔记、作业、课件等进行操作。学生在教学资源管理子系统中的角色用例详见图 6-8。

(1) 登录/注销

学生要使用本系统必须进行用户登录。学生登录的动作和状态会记录到基础数据管理子系统中。登录功能支持密码验证、指纹验证和人脸识别验证三种方式。

作用域:学生在教学资源管理子系统中拥有账户并可以登录。

(2) 课件下载(离线)

学生可以在教学资源管理子系统中将自己需要下载的资源加入下载列表中,教学资源管理子系统的后台则会执行下载任务。下载完成后学生也可以在线学习。

作用域:学生在教学资源管理子系统拥有课件下载的功能操作权限。

(3) 课件学习(在线)

课件在线学习是指学生可以不借助 AI 课堂教学子系统环境,通过网页独立访问教学资源管理子系统进行在线学习。在学习的过程中也可以通过教师上传的试题进行学习效果检验。

作用域:学生在教学资源管理子系统拥有课件学习的功能操作权限。

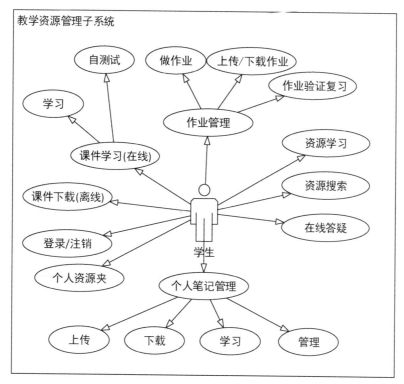

图 6-7 学生在教学资源管理子系统中的用例图

(4) 作业管理

作业管理包括作业下载、上传、做作业、作业验证复习四部分。学生首先必须将作业下载到本地(针对一些复杂的作业)或者在线打开作业,然后学生可以在线或者离线完成作业,最后,当学生做完作业后可以将作业上传到系统。上传作业为学生提供了一个将作业交给教师的手段。作业验证复习是指学生依据教师批改的作业,有针对性地进行学习。

作用域:学生在教学资源管理子系统中拥有作业管理的功能操作权限。

(5) 在线答疑

学生在课外可以通过教学资源管理子系统与教师进行一对一的交流。在教学资源管理子系统中的交流方式只有图文方式,如果用语音和视频需要学生使用学习终端进行。

作用域:学生在教学资源管理子系统拥有在线答疑的功能操作权限。

(6) 资源搜索

学生通过设置复杂的检索条件查找需要的资源。学生可以将知识点名称、知识库名称、年级、分类、知识范围、资源类型等检索条件进行组合,实现精确搜索资源的目的。

作用域:学生在教学资源管理子系统中拥有资源搜索的功能操作权限。

(7) 资源学习

学生通过资源搜索功能查找到自己需要的资源后可以在线学习。系统会针对不同类型的资源自动适配资源的类型,用不同的解析播放器进行解析,实现在线预览资源功能。在学习的过程中可以通过知识点进行纵向学习,追溯知识的来源和去向,进行知识面的扩展。学生在学习的过程中如果存在疑问可以立即在线提问,后台教师会收到提问并进行解答。学生也可以记录笔记,对于优质的资源,学生可以加入自己的资源夹中保存起来,以备下次再学习。

作用域：学生在教学资源管理子系统中拥有资源学习的功能操作权限。

（8）个人资源夹

在教学资源管理子系统中学生可以创建自己的个人资源夹，同时可以把搜索的结果放到个人资源夹中，学生再次进入系统时则不需要进行资源的搜索，可以直接进行学习。

作用域：学生在教学资源管理子系统中拥有创建个人资源夹的功能操作权限。

（9）个人笔记管理

在线学习资源的过程中，学生可以随时记录笔记。事后学生可以对自己的笔记进行管理，包括下载笔记内容、上传笔记内容、阅读自己的笔记（学习），还可以对笔记内容进行增加、删除、修改。

作用域：学生在教学资源管理子系统中拥有创建个人笔记的功能权限。

6.2.2.2 在 AI 课堂教学管理子系统中的角色

AI 课堂教学管理子系统是学生使用最频繁的系统，其承载了 AI 交互教学平台中所有子系统的入口点，以移动 APP 客户端的形式安装在学生的学习终端设备上。在 AI 课堂教学管理子系统中学生角色的用例如图 6-8 所示。

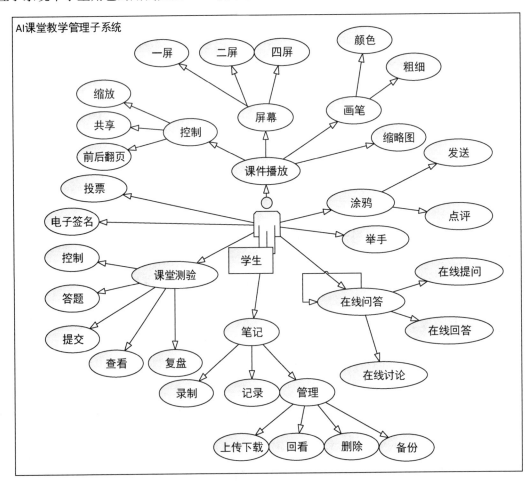

图 6-8 学生在 AI 教学管理子系统中的用例图

(1) 电子签名

学生使用系统时必须进行电子签名,电子签名包括常规登录、指纹登录和视频登录三种认证手段。学生登录系统后,系统会将学生的在线状态传送到投影大屏和教师的智慧教学终端设备中,以维护学生的在线状态。

作用域:学生在 AI 课堂教学管理子系统中拥有电子签名功能操作权限。

(2) 课件播放

在上课的过程中,学生需要对课件进行管理和控制,主要是对屏幕显示、课件控制、画笔以及缩略图等进行管理。

屏幕显示:在上课的过程中,学生可以控制屏幕显示课件的数量,系统中提供了一屏、二屏和四屏同显的功能。所谓的同显就是将几张课件同时显示在屏幕上。

课件控制:在上课的过程中,学生可以对显示的课件进行缩放、翻页、共享和同步控制。缩放就是将课件按照比例进行放大和缩小。翻页就是控制课件向前一页、后一页进行滚动。共享就是把自己的屏幕共享到大屏幕和其他学生的屏幕上。当进行共享时,操作的动作也实时显示在大屏幕和学生学习终端上。同步是指将大屏幕的界面同步到学生的学习终端上。

画笔控制:在上课的过程中,学生可以控制画笔以在课件上标注或者记录笔记。学生可以设置画笔的颜色和粗细,可以在教学课件上进行书写、标注等。

缩略图:在播放界面的右侧能够显示课件的缩略图作为预览导航用。当用户点击右侧列表中的某一页缩略图时,该图就能直接在显示区域打开对应的文件。

作用域:学生在 AI 课堂教学管理子系统中拥有课件控制的功能操作权限。

(3) 课堂测验

在课堂上学生依据教师发过来的试题进行测验。在答题的过程中可以对试题进行导航控制,在线完成测试任务。当学生提交后就不允许再次进行答题操作,但是可以在线查看答题的结果以及每道题的应答情况。系统会对每一道试题进行知识的溯源和扩展,引导学生进入与试题相关的知识点中进行学习。

作用域:学生在 AI 课堂教学管理子系统中拥有课堂测验的功能操作权限。

(4) 涂鸦

学生依据教师的要求通过智能 AI 画板来记笔记或者响应教师的交互操作,特别是一些作图题或者问答题。学习终端接收到教师的指令后会自动打开涂鸦功能,学生需要在规定的时间内完成教师布置的答题任务。答题时间结束后学习终端会自动将涂鸦的文件上传到教师的授课终端上,教师就可以对学生的答题情况进行在线点评了。

作用域:学生在 AI 课堂教学子系统中拥有涂鸦的功能操作权限。

(5) 投票

当教师发起投票活动时,学生就可以在学习终端上进行投票,可以查看投票的结果。系统支持单选、多选、多主体一次投票功能。作为课堂内的外来人员(如旁听者)可以使用智能设备扫描屏幕上的二维码参与投票交互。

作用域:学生在 AI 课堂教学子系统中拥有投票的功能操作权限。

(6) 举手

学生对教师的讲解有疑问或者当教师提问时,学生可以通过举手来表示自己想提出问题或回答问题。当学生举手时,在教师的教学终端上会有显示信息。

作用域：学生在 AI 课堂教学子系统中拥有举手的功能操作权限。

(7) 在线问答

在线问答是学生在课堂上或者课堂外,通过自己的移动学习终端在网络条件许可的情况下和教师进行交互。学生可以提出自己的问题,可以回答教师的问题,也可以加入讨论组参与讨论。在教学环境中,虽然教师与学生之间是一对多的关系,但是在学习活动中不存在私密性,因此教师和学生的所有提问和回答都是公开的。也就是说某个学生提出的问题,同班其他学生都可以看到,因此避免了重复提问和教师重复回答的低效率模式。

作用域：学生在 AI 课堂教学子系统中拥有在线问答的功能操作权限。

(8) 笔记

在 AI 课堂教学子系统的课堂教学环节中,学生可以将自己的学习终端屏幕录制下来,形成自己的电子笔记。在录制的过程中,教师的板书和学生的板书都会记录下来。当课堂教学活动结束时,学生可以将该录像归档整理起来,方便管理。当然学生也可以在课外利用该录像资料进行记笔记、复习学习,实现课堂活动复盘的功能。学生在对笔记进行管理的过程中可以对笔记进行回看、上传、下载、删除和备份。

作用域：学生在 AI 课堂教学子系统中拥有记笔记的功能操作权限。

6.2.2.3 在智能考试子系统中的角色

在智能考试子系统中,学生可以在线答题,在线搜索,在线学习。学生角色的用例图详见图 6-9。

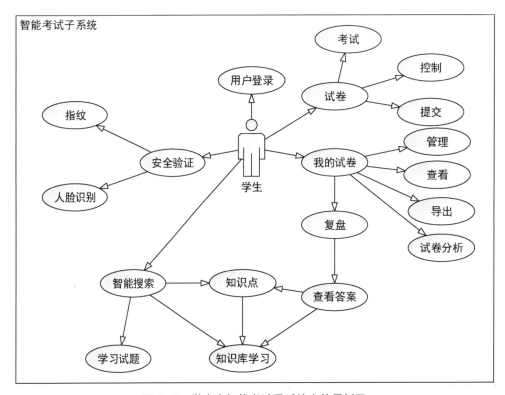

图 6-9 学生在智能考试子系统中的用例图

(1) 用户登录

学生登录系统的流程和教师登录的流程一致。学生登录后的状态也会同步到其他子系统中，以实现 SSO 功能。

作用域：学生在智能考试子系统中有用户信息且有登录权限。

(2) 安全认证

在智能考试子系统中，安全认证是针对学生登录考试的时候提供的认证方式，支持指纹认证和人脸识别两种手段。系统在考生进入考场的时候记录指纹和进行人脸识别。在考试的过程中，系统也会定期采集人像，进行人脸识别。

指纹认证就是利用指纹自动识别系统，通过特殊的光电转换设备和计算机图像处理技术，对活体指纹进行采集、分析和比对，自动、迅速、准确地鉴别出个人身份。

人脸识别是基于人的脸部特征信息进行身份识别的一种生物识别技术，是用摄像机或摄像头采集含有人脸的图像或视频流，并自动在图像中检测和跟踪人脸，进而对检测到的人脸进行脸部识别的一系列相关技术，通常也叫作人像识别、面部识别。

这两种认证技术都需要预先采集用户的信息并存储起来，当进行识别时系统自动地从数据库里进行分析和对比，准确进行身份鉴别。

作用域：学生在智能考试子系统中有用户信息且有登录权限。

(3) 试卷

在智能考试子系统中，学生接收到 AI 交互教学平台下发的试卷信息后可以参与考试活动、控制试卷和提交试卷。在考试的过程中系统会自动且醒目地显示剩余时间并缓存学生当前的答题情况，为预防系统出现故障时丢失学生的数据，学生的答题数据会实时写入服务后台存储中。当系统出现故障重启后，考试系统能够立即读入学生的答题数据，自动滚动到学生的答题进度界面。在答题的过程中，一屏显示一道题目，因此学生可以向前一页、后一页进行翻屏控制操作。当学生提交试卷后，如果考试时间没有结束，系统会允许学生修改答案。一旦考试时间耗尽，系统会自动锁定答题的状态，学生只能查看试卷信息，不能修改试题答案。

作用域：学生在智能考试子系统中拥有参与考试的功能权限。

(4) 我的试卷

在智能考试子系统中，学生参与的考试试卷都会归档到"我的试卷"分类下，学生不仅可以对"我的试卷"进行简单的删除、查看、导出、试卷分析，而且可以对试卷进行复盘，进行多次自我测试。

作用域：学生在智能考试子系统中拥有个人试卷管理功能操作权限。

(5) 试卷分析

当考试结束后，系统会针对每一个人的答题情况给出一份个性化的试卷分析，包括个人得分情况、排名、每一道题的答题情况、错题的失分情况、应该加强的知识点以及给出的一个待加强学习知识点列表的建议。学生可以按照建议的知识点列表中的知识进行学习。

作用域：学生在智能考试子系统中拥有个人试卷管理的功能操作权限。

(6) 复盘

当考试结束后，智能考试子系统会自动中断学生的答题，此时学生就无法再编辑试题了。学生可以通过我的试卷中的复盘功能进行再次的自测试，只要该试卷已经考试完毕，复盘功能可以随时进行。在复盘的过程中，每一道试题都有提交功能，当用户点击提交时，系统会将这次的答案与上一次的答案进行对比,显示两次答案的差异,并给出正确的答案。当学生再次答错题时,系统会给出该题对应的知识点和知识库,方便学生实时强化学习。

作用域:学生在智能考试子系统中拥有个人试卷管理的功能操作权限。

(7) 智能搜索

学生登录系统后可以进行智能搜索。学生可以设置复杂的搜索条件,例如知识点、关键词、题型、范围、年级等。对于搜索出的知识点,学生可以按照知识点和知识库的关联关系,逐步进行学习。

作用域:学生在智能考试子系统中拥有智能搜索的功能操作权限。

6.2.2.4 在校园通子系统中的角色

校园通子系统为学生提供了一个统一的交流平台。学生通过校园通子系统可以查看教师布置的作业、考试成绩、日常的随堂测试情况、预习教案、自测试习题、学校发布的信息、与同学和教师交流的信息等,还可以参加学校调查和反馈活动。(见图6-10)

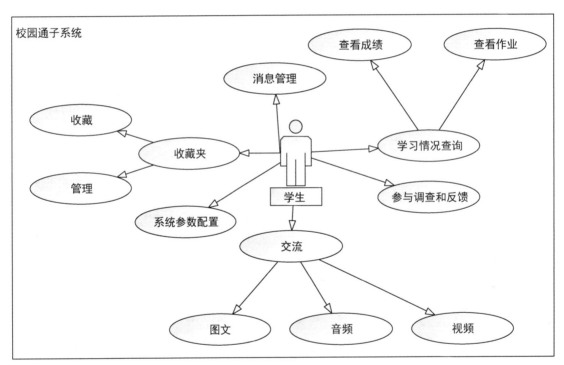

图6-10 学生用例图

(1) 学习情况查询

学生通过校园通子系统提供的APP客户端访问教学资源管理子系统,通过查询功能可以查看自己的学习情况,包括查看考试成绩、查看历次作业完成情况、查看教学进度安排、查看教师发布的自主学习教案、查看课堂教案等。

作用域:安装和登录了校园通子系统提供的APP客户端。

(2) 参与调查和反馈

学生可以在线参与调查和反馈。学生登录系统后可以参与学校进行的一系列调查活动,以便学校及时了解学生的想法,制定相应的教学和管理策略。同时学生也可以提出自己的问题,将问题反馈给学校的管理者。这样就形成了管理者和学生之间的沟通渠道,有利于双方的相互了解。

作用域:安装和登录了校园通子系统提供的 APP 客户端应用。

(3) 消息管理

校园通子系统的 APP 客户端中提供了消息管理的功能。学生可以对自己的消息进行管理,包括复制、备份、转发、收藏等。

作用域:安装和登录了校园通子系统提供的 APP 客户端应用。

(4) 收藏夹

收藏夹是专门为学生设计的,在教师和学校管理者发布信息的时候,这些信息自动进入每位学生 APP 客户端的收藏夹中,学生可以方便地进行管理和查看。系统也支持学生将一些重要的数据放入收藏夹中。

作用域:安装和登录了校园通子系统提供的 APP 客户端应用。

(5) 交流

通过校园通子系统的 APP 客户端的使用,学生可以和教师与同学进行在线交流,交流的方式支持图文模式、语音模式和视频模式。

图文模式以使用者发送文字、图片和文件为主,也可以语音留言。

音频模式是针对多方交流而言的,大家可以通过语音进行交流。

视频模式也是针对多方交流而言的,大家可以发起视频通话进行交流。

作用域:安装和登录了校园通子系统提供的 APP 客户端应用。

(6) 系统参数配置

校园通子系统的 APP 客户端中提供了系统参数配置的功能。学生可以修改和管理系统参数,主要包括账户设置、通用设置以及快捷键设置。

账户设置是对个人信息进行维护,包括账户名称、显示名称、头像以及退出系统等功能。

通用设置是系统提供的对终端的一些基本信息的配置和管理功能,这些功能包括语言设置、文件存储路径的更改、是否开启新消息提醒、是否开启语音和视频通话提醒、是否开启自动升级、是否开启随机启动、是否自动保存消息以及清空聊天记录、备份聊天记录等功能。

作用域:安装和登录了校园通子系统提供的 APP 客户端应用。

6.2.3 管理者角色用例分析

学校的管理者可以通过教学资源管理子系统进行访问,也可以通过校园通子系统对应的 APP 参与日常管理活动。管理者关注的对象为教师的基本状况、学生的学习情况以及课程的进度情况。管理者包括管理人员、教务处人员、年级管理员以及超级管理员。由于这些人的操作功能基本相同,本系统不再对每一个角色进行详细的功能划分和描述。管理者的用例图详见图 6-11。

(1) 班级管理

班级管理属于年级管理的范畴,一般是年级管理员或者教务处人员进行管理。管理人员可以建立班级信息,为班级分配课程、排课和分配授课教师,可以监控和查看学生的学习情况、

新 教 学

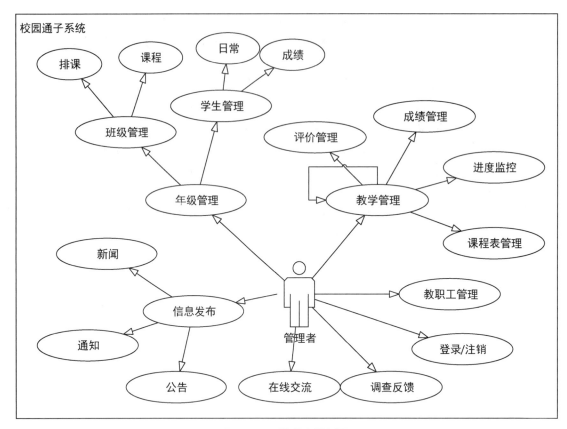

图 6-11 管理者用例图

出勤情况和成绩情况,也可以对教师的出勤情况、教师的阶段性评价等信息进行管理。

作用域:管理者在 AI 交互教学管理平台上拥有管理者的功能操作权限。

(2)学生管理

管理者可以对学生信息进行维护和管理,可以建立学生档案、为学生分配班级、管理学生的奖惩情况、录入学生的学习成绩等。

作用域:管理者在 AI 交互教学管理平台上拥有管理者的功能操作权限。

(3)教学管理

管理者可以对教学活动进行管理,包括出勤情况管理、课程进度管理、课程表的安排情况、成绩管理、假期管理、车辆预约管理等功能,同时可以查看学生对课程的评价情况。

作用域:管理者在 AI 交互教学管理平台上拥有管理者的功能操作权限。

(4)教职工管理

管理者可以对教职工进行管理,包括教职工个人信息、工资、工作、出勤、排班等。由于本系统是教学管理平台,侧重于教职工信息和排班的管理。

作用域:管理者在 AI 交互教学管理平台上有管理者的功能操作权限。

(5)在线交流

AI 交互教学平台为管理者提供了在线交流的功能,主要是管理者和教师、管理者和学生之间的交流。同时管理者可以发布新闻、通知、规章制度以及调查等信息,并对调查的信息进行分析、反馈和发布。

作用域：管理者在 AI 交互教学管理平台上拥有管理者的功能操作权限。

（6）信息发布

管理者可以进行信息发布和管理，主要是关于学校新闻、公告和通知等信息的发布和管理以及在线回答对这些信息的咨询。这些信息会同步推送到学生的校园通终端 APP 中。

作用域：管理者在 AI 交互教学管理平台上拥有管理者的功能操作权限。

（7）调查反馈

校园通子系统为管理者提供了对学生反馈信息的答复处理功能。管理者可以查看和收集学生的反馈信息并做出相应的回复。

作用域：管理者在 AI 交互教学管理平台上拥有管理者的功能操作权限。

（8）登录/注销

管理者必须登录后才可以使用本系统，以避免非法用户使用时所带来的安全风险。本系统的登录也支持普通密码登录、指纹登录和人脸识别登录三种模式。

作用域：管理者在 AI 交互教学管理平台上拥有管理者的功能操作权限。

6.3 系统数据流分析

通过系统用例分析可以看出 AI 交互教学平台的功能复杂、部署环境多样、各子系统间的数据交互频繁，下面会从部署模型的角度来描述系统各角色间的数据流向。

从图 6-12 可以看出，系统的设备分布在三个可能的物理位置，即学校信息中心机房、教室和校外。其中校外用户通过 Internet 或移动蜂窝设备接入教室内。撇开物理位置的不同，校外的学生终端和教室内的学生终端是等价的，数据传输的不同是由路由器决定的。下面通过课前、课中和课后三个环节描述系统的数据流向。

（1）课前

教师终端和学生终端都是通过校园网或 Internet 访问 Web 资源管理服务器的（如图 6-12 中虚线双向箭头所示）。教师通过访问教学资源管理子系统将下一节课的授课视频文件、上课的资源文件和课堂测试文件或试卷等数据在 Web 系统上准备好。学生则通过移动终端的 AI 教学管理子系统访问教学资源管理子系统的文件服务器，将课前需要学习的资源下载到移动设备上，方便自己课前自主学习。

（2）课中

当教师开始上课后，教师终端和学生终端都以投影服务器为中心，即投影服务器是系统运行的指挥中枢，负责系统中的消息队列控制和文件传输服务。特别需要注意的是，外部的接入设备并不直接和投影服务器相连，而是通过学校信息中心的路由器连接到投影服务器。为了便于说明，图 6-12 中用 Web 服务器代替了路由器的功能，下面通过登录动作来描述用户的数据流向。

对于投影服务器：当教师运行投影服务器端软件时，投影服务器软件依据本机上的参数配置到 Web 资源管理服务器，请求年级、班级、课程和课时四种数据；弹出登录界面要求教师选择这四种数据此时的数据流向为 4→3→4。教师选择了对应的数据后，投影服务端软件则会记录下来，并向 Web 资源管理服务器请求符合这四个条件的资源数据，并将课堂上需要的

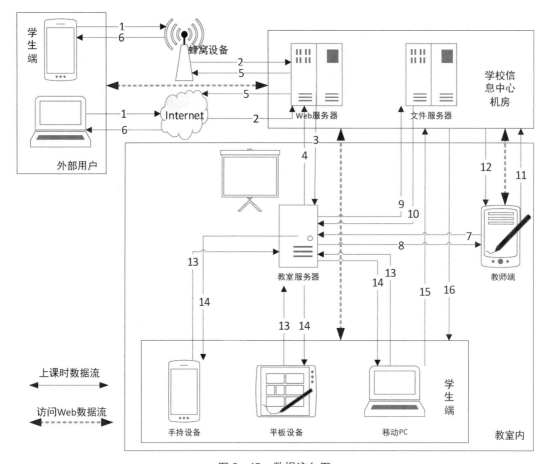

图 6-12 数据流向图

资源下载到投影服务器,此时的数据流向为 4→3→9→10。同时投影服务器开启消息总线服务和屏幕录制功能服务,等待用户的连接。

对于教师端:教师机运行课堂教学软件时,依据本机上的参数配置向投影服务器发出教师登录的消息;投影服务器接到该消息后将年级、班级、课程和课时四种数据发送给教师端,同时记录下教师机的基本数据(至少包括教师机 IP、用户类型和状态)并将它们缓存到文件中。此时的数据流向为 7→8→7。教师机收到该消息后则向 Web 资源管理服务器请求班级的学生列表数据,并在教师机上生成学生的座位状态表。教师机也会向 Web 资源管理服务器请求符合这四个条件的资源数据,并判断本地指定文件夹中是否有该数据,如果没有则从文件服务器下载,此时的数据流向为 11→12→11。同时教师机开启学生状态查询服务,定期向投影服务器询问学生的状态数据,同时更新座位表状态图。

对于学生端:依据用户位置的不同分别有两种处理路线。对校外用户的处理为 1→2→5→6→1→2→3→4→5→6,即用户先向 Web 服务器注册登录(1→2),登录成功(5→6)后将成功的消息发送到教学资源管理器(1→2),教学资源管理器代理则将用户注册成功的消息发送到投影服务器,投影服务器将当前的年级、班级、课程、课时四个数据发回 Web 服务器(3→4),Web 服务器将该消息转发给用户(5→6)。对校内用户的处理流程为 13→14→15→16。对于学校管理者及学生,其数据流向为 1→2→5→6。

（3）课后

课后，教师和学生的访问基本以Web访问资源服务器为主，其数据流和课前一致。

6.4 系统消息总线设计

传统的Observer(事件—监听)机制采用"注册—通知—撤销注册"的消息管理形式。这种消息形式可以通过一个被观察对象的接口实现依赖倒置和解耦，但并不能够完全解耦。由于消息内存溢出的现象时常发生，消息发送的速度较慢，一旦消费者数量达到一定规模，执行的效率也会变慢。

基于代理—分类器—订阅的消息模式，如图6-13所示。按照消息的类型、消息执行器、消息接收者的不同来分类，同时针对某一类的消息提供不同的消息执行器(例如：FTP服务、Socket服务、广播、MQ等)，这种设计不仅实现了企业级消息总线的功能，也带来了效率的极大提升，降低了对路由器和交换机的性能依赖，节约了投资成本，加入了消息分类和消息执行器的角色，缩小了消息的影响面，提高了消息执行的效率。

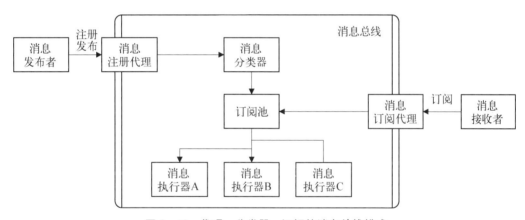

图6-13 代理—分类器—订阅的消息总线模式

每一个消息发送者在注册时都必须给出{String MsgNo, int MsgType, String MsgContent, String MsgSuffix}；其中MsgNo为消息的唯一编号，唯一地区别某个消息；MsgType为消息的类型，用以区别消息的分类；MsgContent为消息内容；MsgSuffix为消息的附加内容。

消息代理模式具有很好的灵活性和扩展性，并支持主动、实时的信息传递方式。当消息发布者有动态更新的数据产生时，消息代理会通过事件的发布主动通知消息订阅者有新的数据可用，而无须消息订阅者进行频度无法确定的查询。消息代理适合具有实时性、异步性、异构性、动态性和松耦合的应用需求环境。

代理—分类器—订阅的消息总线模式的工作原理为：消息发布者和订阅者分别与消息注册(订阅)代理者进行通信。消息发布者将包含主题的消息发布到消息注册代理者；消息订阅者向消息订阅代理者订阅自己感兴趣的主题消息。消息总线对双方的主题进行匹配后，不断将订阅者感兴趣的消息推送给订阅者，直到订阅者向消息代理者发出取消订阅的消息为止。代理—分类器—订阅的消息总线模式实现了发布者和订阅者在时间、空间和流程三个方面的解耦：

时间解耦——发布方和订阅方无须同时在线就能够进行消息传输,消息中间件通过存储转发提供了这种异步传输的能力。

空间解耦——发布方和订阅方无须知道对方的物理地址、端口,甚至无须知道对方的逻辑名字和个数。

流程解耦——发布方和订阅方在发送和接收数据时并不阻塞各自的控制流程。

6.5 系统功能分析

AI 交互教学管理平台是一个综合性教学管理系统,由六个子系统及相应的移动客户端 APP 组成。下面对各个子系统的功能进行详细的解析和阐述。

6.5.1 基础数据管理子系统

基础数据管理子系统主要对两种对象进行管理：一是系统的基础数据；二是各个子系统之间的通信数据和接口服务数据,包括 Session、配置信息、服务状态、用户状态、用户环境、服务接口等数据的同步管理。

6.5.1.1 基础数据管理

在 AI 交互教学管理平台中,基础数据管理子系统主要是针对基础数据进行管理,如对教师、学生、课程、班级、排课、角色、权限、服务器、消息、节点、管理者、教务员、日志、维护等基础数据进行管理。

教师、学生、管理者和教务人员统一称为用户。用户的基本信息如下：用户名、注册名、类别(学生、教师、教务、管理)、头像、角色、有效时间、失效时间、状态、最近一次登录时间、登录 IP、登录地域等。

课程：课程名、编码、学时、教材版本。

班级：班级名、编码、分配教室、学生数量、指导员、当前学年、起始时间。

角色：角色名、角色编码。

权限：权限名、编码(对界面上的每一个操作定义一个编码)、模块名、模块编码、URL 路径、创建时间、是否失效。

服务器(包含节点)：名称、固定 IP、维护人、位置、创建时间、功能说明、基本配置情况、账户、管理员密码、配置文件路径。

消息(指新闻、通知、公告)：消息标题、内容、发布人、消息类型、附件列表、生效时间、失效时间、阅读次数、发布时间。

日志：模块编码、消息、访问者 IP 地址、动作、时间、日志类型。

维护：维护标签、动作、文件名、存放地址、执行人。

排课：日期、时间、课程名、课程编码、教师编码、创建时间。

指纹表：用户 ID、指纹数据、采集时间。

人脸表：用户 ID、人脸数据、采集时间。

通过对以上基层数据的维护建立起 AI 交互教学管理子系统的初步信息,在此基础上系统进一步扩展。

6.5.1.2 服务器间的数据同步

ActiveMQ 是一种开源的、基于 JMS(Java Message Service)规范的消息中间件的实现。ActiveMQ 的设计目标是提供标准的、面向消息的、能够跨越多语言和多系统的应用集成消息通信中间件。在 AI 交互教学平台中,各个子系统服务器之间采用 ActiveMQ 来实现服务器间的数据同步功能。

(1) ActiveMQ 的特点
- 支持来自 Java、C、C++、C#、Ruby、Perl、Python、PHP 的各种跨语言客户端和协议
- 完全支持 JMS 客户端和 Message Broker 中的企业集成模式
- 支持许多高级功能,如消息组、虚拟目标、通配符和复合目标
- 完全支持 JMS1.1 和 J2EE1.4,支持瞬态、持久、事务和 XA 消息
- Spring 支持,以便 ActiveMQ 可以轻松嵌入 Spring 应用程序中,并使用 Spring 的 XML 配置机制进行配置
- 专为高性能集群、客户端-服务器,基于对等的通信而设计
- CXF 和 Axis 支持,以便 ActiveMQ 可以轻松地放入这些 Web 服务堆栈中以提供可靠的消息传递
- 可以用作内存 JMS 提供程序,非常适合单元测试 JMS
- 支持可插拔传输协议,例如 in-VM、TCP、SSL、NIO、UDP、多播、JGroups 和 JXTA 传输
- 使用 JDBC 和高性能日志支持非常快速的持久性

(2) 数据的持久化

为了避免系统因意外宕机后丢失数据,MQ 需要做到重启后可以恢复,这里就涉及持久化机制。ActiveMQ 的消息持久化机制有 JDBC、AMQ、KahaDB 和 LevelDB,无论使用哪种持久化方式,消息的存储逻辑都是一致的:在发送者将消息发送出去后,消息中心首先将消息存储到本地数据文件、内存数据库或者远程数据库等,然后试图将消息发送给接收者,发送成功则将消息从存储中删除,发送失败则继续尝试。消息中心启动以后首先要检查指定的存储位置,如果有未发送成功的消息,则需要把消息发送出去。

一是 JDBC 持久化。使用 JDBC 持久化方式,数据库会创建三个表:activemq_msgs、activemq_acks 和 activemq_lock。activemq_msgs 用于存储消息,Queue 和 Topic 都存储在这个表中。配置持久化的方式,都是修改安装目录下 conf/acticvemq.xml 文件,首先定义一个 mysql-ds 的 MySQL 数据源,然后在 persistence Adapter 节点中配置 JDBCPersistenceAdapter 并引用刚才定义的数据源。本系统采用 JDBC 数据持久化方式。下面列出了 JDBC 的配置方法:

```
< beans>
    < broker brokerName= "test- broker" persistent= "true" xmlns= "http://activemq.apache.org/schema/core">
        < persistenceAdapter>
            < jdbcPersistenceAdapter dataSource= "# mysql- ai"
```

```xml
    createTablesOnStartup= "false"/>
            </persistenceAdapter>
        </broker>
        <bean id= "mysql-ai" class= "org.apache.commons.dbcp.BasicDataSource" destroy-method= "close">
            <property name= "driverClassName" value= "com.mysql.jdbc.Driver"/>
            <property name= "url" value= "jdbc:mysql://localhost/activemq? relaxAutoCommit= true"/>
            <property name= "username" value= "root"/>
            <property name= "password" value= "password"/>
            <property name= "maxActive" value= "200"/>
            <property name= "poolPreparedStatements" value= "true"/>
        </bean>
</beans>
```

二是 AMQ 方式。虽然 AMQ 方式的性能高于 JDBC,写入消息时,会将消息写入日志文件,由于是顺序追加写,性能很高。为了提升性能,创建消息主键索引,并且提供缓存机制,进一步提升性能,每个日志文件的大小都是有限制的(默认 32MB,可自行配置)。虽然 AMQ 性能略高于下文的 Kaha DB 方式,但是由于其重建索引时间过长,而且索引文件占用磁盘空间过大,所以不推荐使用。

三是 KahaDB 方式。KahaDB 是从 ActiveMQ 5.4 版本开始默认的持久化插件,KahaDB 恢复时间远远短于其前身 AMQ,并且使用更少的数据文件,所以其可以完全代替 AMQ。KahaDB 的持久化机制同样基于日志文件、索引和缓存。

四是 LevelDB 方式。从 ActiveMQ 5.6 版本之后,又推出了 LevelDB 的持久化引擎。目前默认的持久化方式仍然是 KahaDB,不过 LevelDB 持久化性能高于 KahaDB,使用 LevelDB 可能是趋势。ActiveMQ 5.9 版本提供了基于 LevelDB 和 Zookeeper 的数据复制方式,用于 Master-Slave 方式的首选数据复制方案。

6.5.2 教学资源管理子系统

教学资源管理子系统的主要服务对象为教师、学生、管理者和系统管理员四类用户。此处只关注业务系统的需求,对系统管理员的职责不做描述。教学资源管理子系统的功能组成如图 6-14 所示。

6.5.2.1 基本功能组成

教学资源管理子系统也提供三种登录方式。用户登录系统后,依据授权的不同会拥有不同的功能操作,详细的功能和操作权限描述如下:

(1) 首页

登录后首页上显示"欢迎××使用教学资源管理子系统"的字样,有资源管理、考试管理、

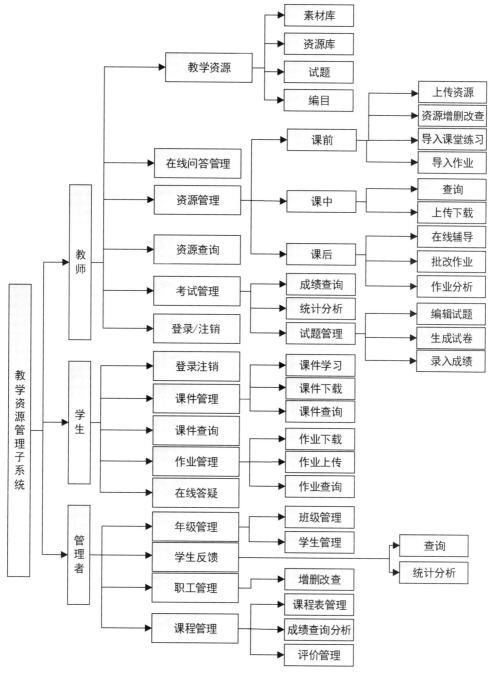

图 6-14 教学资源管理子系统功能结构图

在线问答管理、退出等功能按钮。

对象抽象：用户、资源、考试、问答、登录。

涉及动作：退出、管理动作。

（2）资源管理

在资源管理模块中分为课前、课中和课后三阶段的资源管理。其中课前的操作有：上传资源（包括讲义、上课视频、预习资料等）、资源的修改和查询、导入课堂练习、导入课堂作业等。

课中的操作有：查询课件和上传下载资源、上传和下载课件。课后的操作有：作业批改、作业分析和在线辅导。作业批改是指教师可以在线对学生提交上来的作业进行在线批改。作业分析是指针对本次作业进行统计分析，有针对性地找出薄弱环节，对比学生对各知识点的掌握情况。在线辅导指教师可以在线与学生进行沟通交流和答疑辅导。这样就可以充分利用课余时间，督促和培养学生的主动学习能力。

对象抽象：课件、个人资源文件夹、作业、作业分析、问答、课堂测试、资源、练习。

动作：上传、修改、查询、导入、批改、分析、辅导、知识点。

（3）资源查询

用户通过查询模块可以设置多个参数，对系统中的资源进行查询。查询的过滤条件可以包含年级、班级、作者、课程类型、资源类型、所属环节、资源库、素材库等。

抽象对象：查询条件。

动作：查询。

（4）在线问答管理

教师可以在线查看学生的提问和回答学生的提问，也可以在线提出问题让学生来回答。

抽象对象：问题。

动作：提问、回答。

（5）考试管理

考试管理包括试题管理、成绩查询和统计分析三个功能。试题管理包括编辑试题、生成试卷、考试和录入成绩四个功能项。成绩查询指用户可以按照条件对全部学生或个别学生的考试成绩进行查询。统计分析指借助信息化的手段进行多维度、多视角的成绩统计展现。

抽象对象：试题、成绩、统计、试卷。

动作：编辑试题（新增、删除、修改）、生成试卷、考试（试卷发布）、录入成绩、查询、统计分析。

（6）课件查询

用户可以对课件进行查询操作，查询时需要输入年级、班级、作者、课程类型、资源类型、所属环节等条件，可以查询到符合自己要求的课件或资源信息。对于查询的结果，用户可以下载或将其加入个人收藏夹。

抽象对象：课件、资源、下载（任务）、收藏夹。

动作：查询、下载、加入收藏夹。

（7）课件管理

课件管理包括查询、学习、下载等功能。学生可以在线学习，也可以下载后在自己的移动终端上进行学习。此处的课件包括讲义、视频、资料等。

抽象对象：课件、讲义、资料（文件）。

动作：查询、下载、收藏。

（8）作业管理

作业管理包括作业查询、作业下载、作业上传等功能。学生可以通过课程、课时进行作业查询，也可以将教师布置的课外作业下载下来。学生完成作业后可以把作业提交到教学资源管理子系统中。

抽象对象：作业、课程、课时。

动作：查询、下载、上传。

(9) 在线答疑

在课外，学生通过在线答疑模块提出问题，教师看到问题后回答问题，并给出相关的知识点讲解资源，供学生下载学习。

抽象对象：用户、问题、知识点、资源。

动作：登录、提问、回答、下载。

(10) 登录/注销

用户要访问教学资源管理子系统必须输入用户名和密码进行登录，登录成功后才有权限操作教学资源管理子系统提供的功能。

对象：学生。

动作：输入、登录。

(11) 年级管理

年级管理包括班级管理和学生管理两个子模块。管理者可以对班级进行增加班级、删除班级、查询班级、修改班级以及对班级进行升级操作，可以对学生进行增加、删除、修改和查询等操作。

对象：年级、班级、学生。

动作：增加、修改、删除、查询、升级。

(12) 课程管理

管理者可以对课程的相关信息进行管理，包括排课管理、课程维护、课程表管理、课程成绩查询分析以及评价管理等操作。课程维护指管理者可以新增课程、修改课程和归档课程。

对象：课程、排课、课表、成绩、评价。

动作：增加、修改、删除、查询、分析、归档。

(13) 职工管理

职工管理是指对学校教师的管理，包括新增、删除和修改等操作。

对象：职工、教师。

动作：新增、修改、删除。

(14) 学生反馈

管理者登录后可以发布调查和查看学生的反馈信息。学生登录本系统后可以在线参与问卷调查，可以提出个人意见并将其反馈给管理者。学生可以通过反馈说出自己的心声。

对象：问卷、成绩、作业、学习。

动作：查询、反馈。

6.5.2.2 涉及对象汇总

通过上面的功能分析可知，在教学资源管理子系统中涉及很多对象。下面就对这些对象进行详细分析，明确对象的构成元素。

素材：名称、类型(文字、ppt、图片、excel、docx 等)、描述、大小、关键字、所属分类、上传人、建立时间、访问次数等。

资源(元数据)：名称、分类、范围、知识点、课程、年级、一级目录、二级目录、三级目录、四级目录、关键词、描述、制作人、上传时间、依赖知识点、引申知识点、编码、存储路径、文件名、大小等。

个人文件夹：用户 ID、名称、资源数、创建时间、资源保存路径（自动生成）。

课件：课程号、章节、名称、存放地址、视频地址、脚本地址、制作人、制作时间、课时。

附件：名称、存放地址、制作人、制作时间、上传人、上传时间。

作业：名称、存放目录、制作人、制作时间。

作业项：所属作业 ID、试题 ID；需要特别注意的是，作业项都是从试题库中抽取过来的一道道试题，试题的详细属性都在试题对象中。

问答：提问人、提问时间、问题、回答、应答人、应答时间、是否关闭。

试题：类型名称（单选、多选、是非、填空、计算、问答、论述、综合）、题干、图片、选项（多个之间以 # 分割）、答案、所属主体（知识体系）、所属知识点、基础知识库、关联知识库（可以关联多个典型例题）、难度、引申知识库。

试卷：试卷名、副标题、试卷内容（各种题型情况）、考试要求、考试时长、份数、AB 卷、总分值。

试卷分类：试卷 ID、类型名、描述、总分值。

试卷项：试卷 ID、类型、试题 ID、正确率、分值。

考试人：用户 ID、试卷 ID、状态（正常、作弊、替考）、开始时间、提交时间、修改人 ID。

答题情况：用户 ID、试卷 ID、试题 ID、答案、正确与否、人工阅卷、自动阅卷。

成绩：用户 ID、试卷 ID、总分值、得分值、占比、结论。

个人笔记：笔记名（默认为课件的名字）、文字内容、保存路径、记录时间。

任务：任务名、原始文件名、原始地址、新文件名、新保存地址、操作（上传、下载）、进度、开始时间、结束时间、任务创建人、创建时间。

6.5.3 AI 教学管理子系统

AI 教学管理子系统是针对教师和学生的在线教学而言的，包括教师投影客户端、教师教学客户端和学生学习客户端。各个客户端之间的交互是通过消息总线命令驱动的。下面对各个客户端及消息总线模式的功能进行详细的解析和描述。

6.5.3.1 教室投影客户端

教室投影客户端是 AI 课堂教学管理子系统的核心组成部分，它部署在各个教室内，负责整个课堂教学过程中的消息管理和教师命令的执行。一般而言，各个教室间的消息服务都是相互独立的，不存在两个教室共用一个消息总线服务的情况。教师投影客户端的功能结构如图 6-15 所示。

(1) 资源管理

资源管理包括课件下载、课件播放、视频录制、文件下载、文件上传和文件广播的功能。其中视频录制是指将投影服务器的运行界面的动态录制下来，存为视频文件。文件广播是指将指定的文件广播到所有的学生机上。课件播放是指 AI 教师接收到开始上课指令后，打开课件的脚本文件，一边执行脚本一边显示脚本的内容，动作包括屏幕显示、屏幕共享、屏幕同步、翻页、放大、缩小、缩略图、画笔的执行等。

对象：课件、视频、文件、屏幕、画笔。

动作：录制、下载、上传、广播、播放、翻页、放大、缩小、画笔执行。

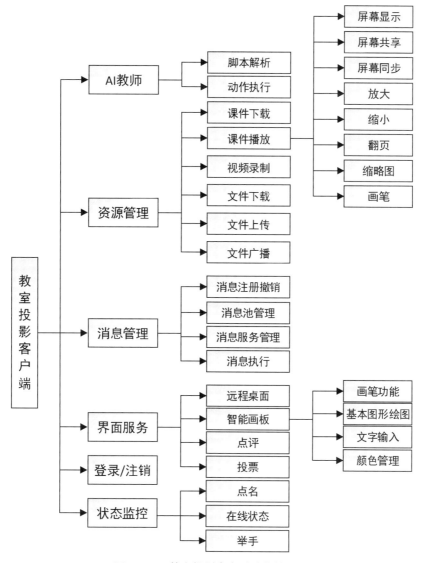

图 6-15 教室投影客户端功能结构图

（2）消息管理

消息管理模块贯穿整个在线课堂中的消息生存期,包括消息的注册和撤销、消息执行、消息池管理和消息服务管理等功能。消息注册和撤销包括消息发布者的注册和撤销与消费者的注册和撤销。消息执行是由消息的执行者负责将消息通知到各个消费者。消息池管理包括将消息放入和移出消息池、将消费者放入和移出消息池、将发布者放入和移出消息池。消息服务管理是针对不在教室内的用户服务的,外部用户可以通过调用该服务来获取消息。

对象：消息、消息池、执行者、服务、发布者。

动作：注册、撤销、消费、发布。

（3）界面服务

界面服务包括智能画板、点评、投票和远程桌面功能。智能画板包括画笔功能、基本图形绘制、文字输入和颜色管理,这些功能都是通过消息来驱动的。点评功能是指教师通过将消息发到投影服务器来获取课堂问题反馈列表,从中选择几个反馈,打开进行点评。远程桌面功能是指教师发出指令,可以将指定学生的终端界面发布到投影服务器上,使其他学生可以看到该学生的作答步骤和细节,方便教师讲解。

对象:画板、点评、投票、远程、画笔、图形、文字、颜色、问题、终端、界面、指令。

动作:绘制、输入、发送、讲解。

(4) AI 教师

AI 教师是消息的执行者的统称,其具有两个方面的功能:一是解析教案的脚本、执行、解析命令、执行命令;二是接收其他客户端发过来的命令,并执行该命令。

(5) 登录/注销

参见 6.5.2.1 节的描述。

(6) 状态监控

状态监控是指对学生及学生终端设备的监控,主要包括点名、在线状态以及举手动作的监控。

对象:学生、终端、在线。

动作:监控、点名、在线状态、举手。

6.5.3.2 教师教学客户端

教师通过教师教学客户端发出控制指令来控制教室投影客户端和学习终端的界面显示,做到和投影服务器界面的同步。当然也有部分功能是不需要和投影服务器同步的。系统的功能结构图如图 6-16 所示,从中可以看出智能画板、消息服务、状态监控、课堂练习和文件管理模块都是基于消息服务而工作的,需要和教室投影客户端的界面同步,其余模块则不需要数据同步。

(1) 智能画板

智能画板包括画笔消息、图形消息、鼠标消息、键盘消息、颜色消息、投票和点评。教师可以设置画笔的粗细、颜色、线型等信息,可以绘制直线、圆、椭圆、四边形和填充的封闭图形,可以发出鼠标的按下、弹起、移动、右键等消息,可以发出按钮的二进制编码,可以针对问题或结果进行投票,也可以对学生提交的答案进行点评等。

对象:画笔、消息、颜色、粗细、图形、键盘、线型、鼠标、编码、问题、投票、答案。

动作:绘制、按下、点评。

(2) 消息服务

消息服务包括消息的发送、接收和对接收到的消息进行处理的功能。系统启动后会在后台启动消息类型的监听服务,时刻准备着接收消息。当接收到来自教室投影客户端发过来的消息后,消息处理服务就会依据消息的类型等信息进行处理,触发相应的动作。详见教室投影客户端的消息管理部分。

对象:消息、服务。

动作:发送、接收、监听。

(3) 状态监控

状态监控包括状态查询、远程监控、桌面共享和举手处理的功能。系统会在后台启动一个线程定期向教室投影客户端查询学生的状态信息,如在线与否、是否举手、是否发出提问等状

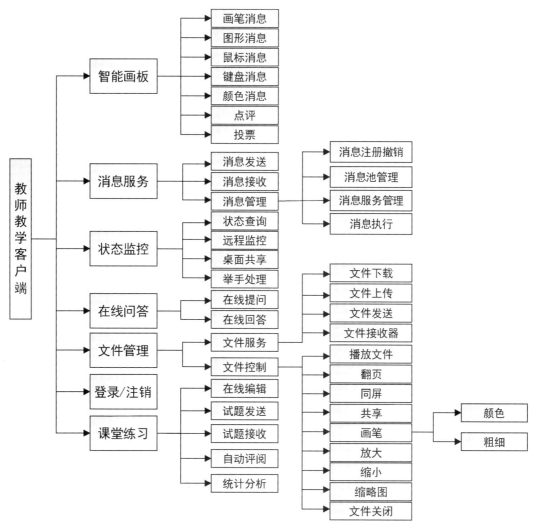

图 6-16 教师教学客户端的功能结构图

态信息,并将收到的状态信息更新到状态监控界面上。远程监控是指教师可以在任何时间查看某个学生的桌面情况,以实现实时监控的功能。同时教师也可以随时将某个学生的桌面发布到教室投影客户端的投影仪上,让其他学生都能看到该学生的界面,从而实现桌面共享的功能。教师可以通过状态监控面板看到学生的举手状态,并进行处理。

对象:状态、监控、共享、举手、在线、提问、教师、教室客户端、桌面、投影仪、面板。

动作:查询、在线、状态监控。

(4) 在线问答

教师可以在线提问并可以回答学生的提问,也可以将提问的内容投影到教室投影屏幕上,进行统一回答,还可以发布问题,让学生来回答。

(5) 文件管理

文件管理包括文件服务和远程的文件控制消息服务功能。文件服务包括文件上传、文件下载、文件接收和文件发送的功能,实现教师教学客户端和其他系统的文件交互功能。文件控制包括:打开文件、上一页、下一页、文件关闭。文件打开功能先出现文件选择器,用户选择某一文件后,再发出打开文件的消息。文件被打开之后,会显示在播放区域内,用户可以通过消息和指令进行控制和被控制:屏显(单屏、二屏、四屏)、同步(与大屏同步、与播放着同步)、共享(让自己的屏幕显示到大屏)、翻页控制、画笔功能、画笔颜色、画笔粗细。

对象:文件、服务、消息、控制消息、文件选择器、屏显、同步、共享、翻页、画笔、颜色、粗细。

动作:上传、下载、接收、发送、打开、翻页、关闭、消息、指令。

(6) 课堂练习

课堂练习是为教师准备的在课堂上进行快速编辑和批改课堂试题的功能,包括在线编辑、试题发送、试题接收、自动评阅和统计分析的功能。

对象:练习、试题、答案、评卷、分析。

动作:编辑、批改、发送、接收、评阅、统计。

(7) 登录/注销

教师也需要登录之后才能使用本系统。

6.5.3.3 学生学习客户端

学生学习客户端是基于学生日常学习和课外学习的需要而研发的,建立在广泛的需求和实地调研之上,包括文件服务、涂鸦服务、测验工具、在线问答和消息服务等功能,系统的功能结构如图 6-17 所示。

(1) 登录/注销

学生必须登录系统后才可以使用系统,系统提供了用户名密码的常规验证、指纹识别和人脸识别三种登录模式。

对象:用户、指纹、人脸数据。

动作:登录、识别、扫描。

(2) 文件服务

文件服务提供在线查询资源文件的功能,通过教学资源管理子系统的服务接口进行查询,也提供资源的下载、上传和维护功能。维护是指对文件进行更新、删除等操作。

对象:文件。

动作:上传、下载、更新、删除。

(3) 涂鸦服务

涂鸦服务是专门为上课时提供的,供用户答题和教师交流使用,包括画板、画笔功能、基本形状功能、颜色设置功能。

对象:画板、画笔、粗细、形状、颜色。

动作:绘制、设置。

(4) 测验工具

测验工具包括课堂测验和在线考试两个功能。课堂测验是指在课堂上教师简单地设置几道测试题,组成课堂测试试卷,学生快速答题,然后教师可以立即对学生提交的答案进行点评的功能。在线考试是为正规的在线考试服务的。

对象:测试、试题、试卷、在线考试。

动作:发布测试、作答、点评。

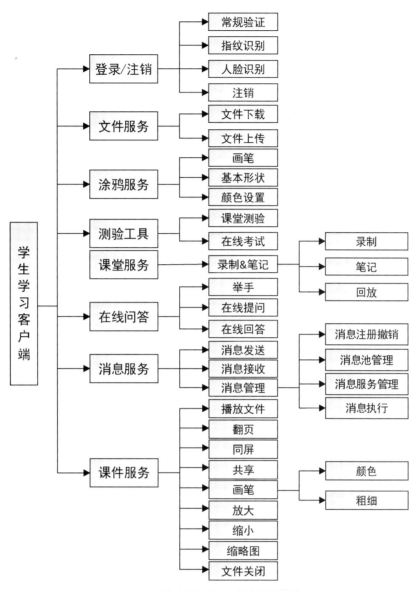

图 6-17 学生学习客户端的功能结构图

(5) 在线问答

在课堂上学生可以提出自己的问题,教师进行回答。教师也可以提出问题,让所有学生进行回答,可以将问答内容显示到投影大屏上进行点评。

对象:问题、回答。

动作:提出、回答、投影、点评。

(6) 消息服务

消息服务是为涂鸦和交流的功能服务的。在系统启动后,消费者注册到教室投影客户端后就一直侦听自己需要的消息类型。消息服务程序会启动消息监听功能,当有新的消息进来时,触发相应的服务,执行消息命令。

对象:消息、消费者、消息类型、消息服务者、服务、消息指令。

动作：注册、启动、侦听、执行。

(7) 课件服务

课件服务提供对教学课件的阅读和控制功能，其具有标注、导航、控制的功能。文件被打开之后，会显示在播放区域内，用户可以通过消息和指令进行控制和被控制：屏显（一屏、二屏、四屏）、同步（与大屏同步、与播放同步）、共享（让自己的屏幕显示到大屏）、翻页控制、画笔功能、设置画笔颜色、设置画笔粗细；通过画笔的功能实现标注和记录个人笔记。

对象：课件、标注、导航、文件、消息、指令、屏显、同步、共享、翻页、画笔、颜色、笔记。

动作：阅读、控制、标注、导航、打开、显示、绘制、设置。

(8) 课堂服务

课堂服务是针对学生录制课堂环境和记录个人笔记而言的，主要提供对教师讲解课件时提供屏幕录制的功能。学生通过画笔、输入文字等手段可以记录个人笔记或者在课件上直接记录笔记。课后学生可以对录制的内容进行回放，这样方便学生学习。

对象：服务、笔记、屏幕、画笔、文字、学习。

动作：录制、记录、屏幕录制、回放。

6.5.3.4 交互指令功能

在 AI 交互教学管理子系统中，教室投影客户端、学生学习客户端以及教师教学客户端之间以消息命令的模式为驱动手段，各个客户端既对外提供消息服务也对内提供消息的驱动实现。下面就对三个子系统间的消息格式、驱动方式进行详细描述。

指令/消息的格式：CMD[MSG]＋":"＋No＋":"＋CONTENT＋":"＋SENDER＋":"＋ROLE＋":"＋RECIPIENT

CMD：代表指令，MSG：代表消息，两者只能选择其一，不可同时出现。

":"冒号，是两项之间的分隔符。

NO：指令/消息编号，是数字，不能以 0 开头；不能重复，在编码中以静态常量定义；每一个编号都是唯一的，代表一定的实际意义。

CONTENT：指令的内容，例如文件路径、文字、颜色、粗细、位置、用户 ID 等关键信息。

SENDER：消息/指令发出者的 IP，是动作的主动发起者。

ROLE：发出者的角色，该属性只应用到有限的几个场景，一般情况下不需要该属性。

RECIPIENT：接收者的 IP，多个之间以 # 分割。在实际编码中当该指令需要回复消息进行确认或者获取数据时才需要，其他情况下不需要该属性。

表 6.1 描述了各指令的含义情况。

表 6.1 指令列表

编号	含义	内容	发送者	角色	接收者	动作
1001	已在线 ONLINE	用户 ID	用户 IP	学生/教师/管理者	AI 交互教学/投影服务器/家校安	更改在线状态
1002	开始上课 CLASSBEGINS	COURSENO PERIOD	教师 IP	教师	学生终端 教室投影终端	所有学生终端切换到上课界面

续 表

编号	含义	内容	发送者	角色	接收者	动作
1003	打开课件 OPENFILE	文件路径	教师 IP	教师	学生终端 教室投影终端	打开指定文件
1004	后页 NEXT	页码	发言者	发言者	学生终端 教室投影终端	转到指定页
1005	前页 PREVIOUS	页码	发言者	发言者	学生终端 教室投影终端	转到指定页
1006	屏显 SHOWPAGES	1/2/4	发言者	发言者	学生终端 教室投影终端	显示指定的屏幕
1007	显示指定页 CURRENT	当前页码	发言者	发言者	学生终端 教室投影终端	从缩小图中选择页码
1008	开启绘画 OPENDRAW	开启画笔功能	发言者	发言者	学生终端 教室投影终端	开启画笔
1009	画笔颜色 COLOR	COLOR 编号	发言者	发言者	学生终端 教室投影终端	设置画笔颜色
1010	画笔粗细 PENSIZE	1/2/3/4/5	发言者	发言者	学生终端 教室投影终端	设置画笔粗细
1011	画图 GRAPH	图形编号	发言者	发言者	学生终端 教室投影终端	设置画笔当前图形
1012	按下鼠标 MDOWN	X=Y 坐标点	发言者	发言者	学生终端 教室投影终端	按下鼠标
1013	释放鼠标 MUP	X=Y 坐标点	发言者	发言者	学生终端 教室投影终端	释放鼠标
1014	鼠标移动 MMOVE	X=Y 坐标点	发言者	发言者	学生终端 教室投影终端	鼠标移动
1015	清空绘图 CLEANUP	CLEANUP	发言者	发言者	学生终端 教室投影终端	CLEANUP
1015	关闭文件 CLOSEFILE	文件路径	发言者	发言者	学生终端 教室投影终端	关闭文件
1016	指定发言 CANSPEARK	CANSPEARK IP	发言者	发言者	某学生终端 教室投影终端	可以发言
1017	共享屏幕 SHARE	SHAREIP	发言者	发言者	教室投影终端	自己的屏幕投到大屏幕
1018	屏幕同步 SYNCH	SYNCH	教师/学生	用户	教室投影终端	与大屏幕同步
1019	单选 SCHOICE	选项 [1♯2♯3♯4]	教师	教师	学生终端	打开选项界面
1020	多选 MCHOICE	[1♯2♯3♯4 ♯5♯6♯7♯8]	教师	教师	学生终端	打开选项界面

续 表

编号	含义	内容	发送者	角色	接收者	动作
1021	分组讨论 MGROUP	主题 ID	教师	教师	学生终端	打开指定的主体，加入对应的组
1022	提交主题 MGSUBMIT	主题 ID♯分组 ID♯结论	学生	组长	学生终端	提交分组结论
1023	结束分组 ENDGROUP	主题 ID	教师	教师	学生终端	关闭分组功能
1024	显示结论 SHOWGROUP	主题 ID	教师	教师	教室投影终端	显示分组讨论结果
1025	检测在线 ONLINETEST	学生 IP	教师	教师	学生终端	反馈在线与否
1026	在线 ONLINENOW	ON/OFF	学生	学生	教师教学终端	更新在线状态
1027	点评涂鸦 CMTDRAW	目录	教师	教师	教室投影终端	显示目录下的文件的缩小图
1028	点评试题 CMTTEST	试题 ID	教师	教师	教室投影终端	显示试题的总体结论
1029	点评对比分析 CMTTESTANA	USERID1♯USERID2	教师	教师	教室投影终端	显示选中的学生的结果
1030	关闭点评 CMTCLOSE		教师	教师	教室投影终端	关闭点评界面
1031	锁屏 LOCKCRT	CLOSECRT	教师	教师	学生终端	锁定屏幕
1032	解锁 UNLOCKCRT	UNLOCKCRT	教师	教师	学生终端	解锁屏幕
1033	暂停 PAUSE	PAUSE	教师	教师	教室投影终端	暂停播放课件
1034	恢复 RESUME	RESUME	教师	教师	教室投影终端	恢复播放课件
1035	开始考试 TESTON	试卷 ID	教师	教师	学生终端 教室投影终端	推送试卷
1036	结束考试 TESTOFF	试卷 ID	教师	教师	学生终端 教室投影终端	自动提交 退出考试

6.5.4 智能备课子系统

智能备课子系统是专门为教师教学服务的，学生没有使用权限。教师可以在智能备课子系统中完成课件制作、教案编写和教学资源的管理功能。智能备课子系统的功能组成如图 6-18 所示。

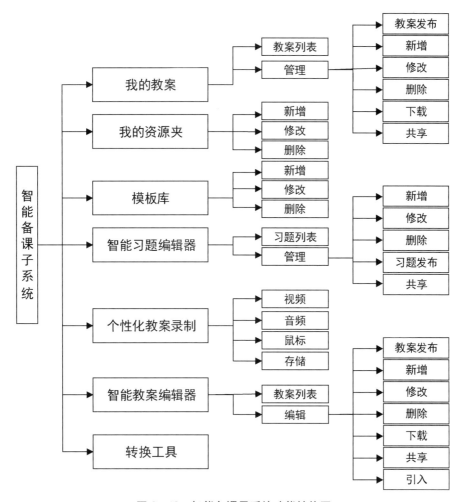

图 6-18 智能备课子系统功能结构图

6.5.4.1 功能组成

(1) 我的教案

"我的教案"是一个分类集,存储了教师制作的所有备课教案和课件信息。教师可以对教案列表进行管理,可以新增、修改、删除、下载和发布教案的信息。

发布教案是指教师将该教案推送到 AI 交互教学管理平台,学生学习客户端接收到课件发布通知后会主动将教案文件下载到本地终端设备中,供学生学习使用。

共享是指作为教案的编写者可以设置教案的共享状态,只有设置了允许共享操作后,该教案才可以被其他教师所查看和引用。如果编写者没有设置共享,则该教案在这个系统中只有编写者可以查看。

对象:教案、课件、教师、学生。

动作:新增、修改、删除、下载、发布、共享、查看。

(2) 我的资源夹

"我的资源夹"是指教师存储私人资源的地方,教师可以将私有的资源存放到智能备课子系统中,方便自己备课时使用。教师可以对资源夹中的资源进行新增、修改和删除的操作。

对象：资源夹、资源。

动作：新增、修改、删除。

（3）模板库

模板库中存放的是系统或教师已定义好结构的课件模板，一般说来，通过智能教案编辑器编辑后保存为模板后，该教案的课件就成为模板库中的课件模板。教师对自己创建的模板可以删除、修改，对系统的模板或者其他教师的模板不能进行删除和修改操作。

对象：模板、智能教案编辑器、课件、教案。

动作：新增、删除、修改。

（4）智能习题编辑器

智能备课子系统提供了智能习题编辑器，方便教师在备课的过程中增加习题。智能习题编辑器可以将零散的素材整合为习题并方便地集成到教师课件中。在课件中增加习题有两种模式：一是直接从考试子系统中搜索习题并加载到编辑器中；二是直接在编辑器中编辑。

对象：智能习题编辑器、备课、习题、素材、课件。

动作：编辑、合并、集成、加载。

（5）个性化教案录制

个性化教案录制是一个专门为教师提供的工具，教师可以将资源拖到（加载到）教案录制工具中，结合鼠标操作，对屏幕、语音、鼠标动作进行捕捉并录制形成一个视频文件。该视频文件就是教案，在 AI 交互教学管理平台中不能被 AI 识别动作，只能作为视频课件播放。

对象：教案、鼠标、屏幕、语音、动作、文件。

动作：录制、加载、捕捉。

（6）智能教案编辑器

智能教案编辑器是为了配合 AI 交互教学的智能化而专门开发的工具集，通过智能教案编辑器生成的教案具有独特的结构，里面包含课件、语音、动作交互逻辑，在课堂教学的过程中需要专门的课堂教学工具识别从而实现 AI 教师教学的功能。智能教案编辑器可以引用命令、动作、资源等数据源，在发布的时候，转换工具会自动生成符合课堂教学过程中的 AI 教学课件脚本文件结构。此外，可以对教案进行新增、删除、修改等管理，还可以将教案共享出来以供其他教师参考和引用。

对象：教案、命令、动作、资源、课件、语音、文件。

动作：生成、引用、发布、新增、删除、修改。

（7）转换工具

转换工具是一个辅助的工具，在智能教案发布的过程中负责识别教案中的语音内容、动作和命令，按照既定的规则生成符合要求的 AI 课件文件注册结构。在发布的过程中，用户可以选择自动发布和手动发布两种模式。

对象：语音、动作、命令、文件。

动作：发布、识别、自动发布、手工发布。

（8）命令集及动作定义

在智能备课子系统的智能教案编辑器的脚本命令集见 6.5.4.2 节的介绍。

6.5.4.2 命令集

命令集是指能够被 AI 教师识别的具有固定格式的命令定义集合,为了使 AI 交互教学平台中的各部分能够相互识别和沟通,需要定义以下命令集合。

命令格式:CTC+":"+属性+":"+CONTENT+":"+PATH+":"+ACTION

CTC:Course Template Command 的简写,代表课件模板命令。

属性:文字(TXT)、图片(PIC)、视频(VIDEO)、音频(AUDIO)、文件(FILE)。

CONTENT:内容,仅对 TXT 类型有效,其他时候可以省略。

PATH:属性目标文件的存储路径(可以通过 Internet 访问的路径),当类型为文本时,如果设置本属性表示该路径指向的文件内的文字信息就是 CONTENT 的内容。

ACTION:执行的动作:播放(PLAY)、下载(DOWNLOAD)、发送(SEND)、嵌入(EMBED);当指令为 EMBED、类型为 TXT 时,在生成课件脚本时直接替换,其他情况不做替换。

系统中的所有命令集如表 6.2 所示。

表 6.2 动作列表

序号	命 令 集	功 能 说 明
1	CTC;TXT;CONTENT;;SEND	将内容发送给学生端
2	CTC;TXT;CONTENT;;EMBED	用内容替换本指令
3	CTC;PIC;;PATH;SEND	将文件发送到学生端
4	CTC;PIC;;PATH;DOWNLOAD	将文件下载到课件目录 替换路径,更改为 PLAY
5	CTC;PIC;;PATH;EMBED	用文件本身替换本指令
6	CTC;VIDEO;;PATH;PLAY	播放该视频
7	CTC;VIDEO;;PATH;DOWNLOAD	下载该视频,改为播放
8	CTC;VIDEO;;PATH;SEND	发送给学生
9	CTC;AUDIO;;PATH;PLAY	直接播放音频
10	CTC;AUDIO;;PATH;DOWNLOAD	直接下载音频
11	CTC;AUDIO;;PATH;SEND	将音频发出去
12	CTC;AUDIO;;PATH;EMBED	将音频嵌入当前环境
13	CTC;FILE;;PATH;PLAY	直接打开文件
14	CTC;FILE;;PATH;DOWNLOAD	下载文件,更改 PLAN,更新路径
15	CTC;FILE;;PATH;SEND	发送文件到学生端
16	CTC;FILE;;PATH;EMBED	将文件嵌入当前页

6.5.4.3 智能课件模板的结构

根目录

　　Resource——存放所有的下载下来的资源文件

action.txt——存放执行脚本的文件

20201010.DOC——可以是其他格式,格式不同但需要的名字与根目录一致,是课件的主入口

voice.txt——语音文件

✓ action.txt 文件格式定义

action 命令格式:ACT:PAGE♯INDEX♯TIME♯EXTA

ACT:表示这是一个自动动作

PAGE:表示这是第几页的指令

INDEX:表示这是第几个指令

TIME:表示执行指令的时间,"TIME=0"表示指令已执行,等待唤醒,"TIME>0"表示仍需等待执行的秒数。

EXTA:扩展用,暂时无定义

在生成备课教案脚本时,系统会依据嵌入的内容动态生成教案脚本文件,TIME 就是此时动态生成的;例如当遇到 CTC:AUDIO::PATH:EMBED 这个指令时,系统会读取音频文件的时长,在 action.txt 文件中生成以下指令:

ACT:5♯2♯120♯表示执行第五页的第二个动作,持续时长为 200 秒。

✓ voice.txt 语音文件

语音文件也是在生成备课教案脚本文件时自动生成的,依据教师设置的顺序生成语音文件,其格式为:

VO♯PAGE♯CONTENT　　——开始指令

VO♯END　　——结束指令

VO:表示语音

PAGE:页面

CONTENT:语音内容,格式为 TXT 换行+CTC 指令+换行+TXT 如:

　VO♯5♯长江是中国最长的河流

　CTC:VIDEO::/video/changjiang.mp4:PLAY

　黄河是中国的母亲河

　CTC:VIDEO::/video/huanghe.mp4:PLAY

　VO♯END

上述指令为:第五页的语音开始,语音的内容为:长江是中国最长的河流

+CTC:VIDEO::/video/changjiang.mp4:PLAY——指令 1

+黄河是中国的母亲河

+ CTC:VIDEO::/video/huanghe.mp4:PLAY——指令 2

语音指令结束

系统在解析到指令 1 时,会到 action.txt 文件中找到 ACT:5♯1♯60♯这时就会自动播放/video/changjiang.mp4 文件,60 秒后关闭

执行到指令 2 时,会到 action.txt 中找到 ACT:5♯2♯120♯,这时就会自动播放/video/huanghe.mp4 文件,120 秒后关闭

6.5.5 智能考试子系统

智能考试子系统是为教师日常备课中的预习习题、随堂测验和正式考试服务的,主要包括试题、试卷、知识点和知识库等功能,详见图 6-19。

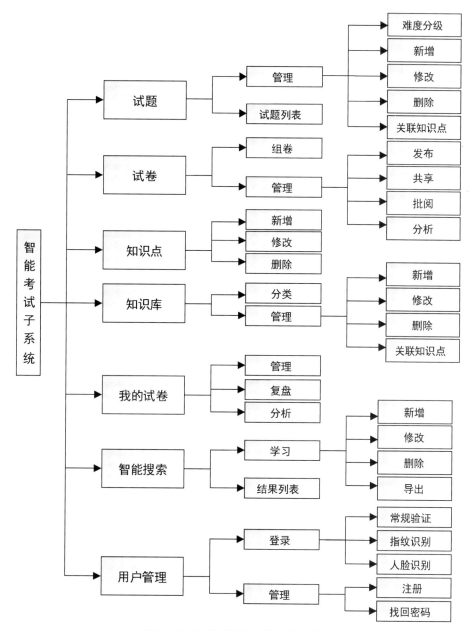

图 6-19 智能考试子系统功能结构图

6.5.5.1 基本功能

(1) 试题

在智能考试子系统中,试题是该系统的关键组成单元。试题库是历年考试的试题汇总和教师新编的试题的总称。每一道试题都是和现有知识相关联的。系统提供了试题新增、修改、删除、批量设置难度分级、批量关联知识点等功能。

(2) 试卷

试卷是教务或任课教师通过设置试题的抽取条件在系统中自动生成的一整套试卷，它包括智能组卷和管理功能。管理包括发布、共享、批阅和分析四个功能。

智能组卷：教师设置抽取试题的规则，系统按照规则自动从试题库中抽取满足条件的试题组成一套试卷。教师生成的试卷在智能考试子系统中只有教师本人能看到，如果希望其他教师看到，就需要将试卷设置为共享状态。

试卷的发布是指将试卷和参与考试的人员联系起来，这样学生在规定的时间登录考试系统就可以在线参加考试活动。

当考试活动结束后，教师可以在线批阅试卷。对于客观题系统会自动进行批阅和打分，只有主观题才需要教师在线批阅。

当试卷批阅完成后，教师可以从总分、类型、知识点等各方面对试卷进行多维度分析，多方位展示学生对知识的掌握情况。

(3) 知识点

知识点是指试题库所在的知识范围内的所有知识点。系统中建立了知识体系的先后包含关系，并针对每一个知识点设置了典型的知识库以及基础知识库和扩展知识库。

(4) 知识库

知识库是关于各个知识点的理论讲解及典型例题的讲解过程，是为知识点服务的。学生通过试题可以关联学习知识点，通过知识点可以学习知识库中的理论和例题。

(5) 我的试卷

"我的试卷"有两个使用者——教师和学生。对于教师而言，"我的试卷"就是"我"负责生成的试卷和"我"任教课程的试卷。教师对试卷有进行管理的功能。对于学生而言，"我的试卷"是指"我"参加考试的试卷，学生也可以通过 AI 交互教学管理平台中的"我的试卷"功能来查看自己的历次考试试卷。学生可以在线对自己的试卷进行多维度的分析，同时也可以在线复盘，重现考试时的情况，以检验自己知识的掌握情况。

(6) 智能搜索

智能搜索是为方便使用者快速找到自己需要的试题而提供的搜索手段。使用者可以设置搜索的条件，通过多条件的设置进行精确查找，快速找到自己需要的试题。使用者可以将年级、课程、知识点、难度、时间等属性作为查询条件进行搜索。

(7) 用户管理

在智能考试子系统中有学生与教师两种类型的用户，系统为用户提供了多种安全验证的手段，包括基于用户名和密码的常规验证手段、指纹识别验证和人脸识别验证。此外，还提供了可注册新用户和找回密码的功能。

6.5.5.2 对象汇总

智能考试子系统有以下对象：

试题：类型名称(单选、多选、是非、填空、计算、问答、论述、综合)、题干、图片、选项(多个之间以#分割)、答案、所属主体(知识体系)、所属知识点、基础知识库、关联知识库(可以关联多个典型例题)、难度、引申知识库。

试卷:试卷名、副标题、试卷内容(各种题型情况)、考试要求、考试时长、份数、AB 卷、总分值。

试卷分类:试卷 ID、类型名、描述、总分值。

试卷项:试卷 ID、类型、试题 ID、正确率、分值。

考试人:用户 ID、试卷 ID、状态(正常、作弊、替考)、开始时间、提交时间、修改人 ID。

答题情况:用户 ID、试卷 ID、试题 ID、答案、正确与否、人工阅卷、自动阅卷。

成绩:用户 ID、试卷 ID、总分值、得分值、占比、结论。

知识点:名称、描述、编码、上级编码。

知识库(例题):名称、所属知识点、文件、文字、属性(理论、例题)。

6.5.6 校园通子系统

在 AI 交互教学管理平台中,校园通子系统是学生、教师和学校管理者之间沟通的桥梁工具,便于教师和管理者与学生进行沟通、将学校的动态信息和课程信息及时地传达给学生,以及管理者实时掌握学生在学校的动态。校园通子系统分成两个部分:一部分是基于云服务和微服务的在线管理的 Web 服务端;另一部分是基于富客户端的移动 APP 应用程序。其功能组成详见图 6-20。

6.5.6.1 基本功能

(1) 用户

在校园通子系统中的用户有教师、学生、教务人员和超级管理员四种。超级管理员负责系统的维护和数据的管理。其他用户则是本系统的主要使用者。系统提供了新用户注册、密码找回,以及常规的用户名密码认证登录、指纹认证登录和人脸识别登录三种方式。

(2) 信息发布

校园通子系统中的信息发布是为教师和教务人员提供的功能。学生只能查看已发布的信息和进行信息反馈而不能进行信息的主动发布操作。信息包括学校信息中的公告、新闻、调查三种,都是和学校相关的信息。

(3) 交流

交流是指学生与教师、学生与教务管理者以及教师和教务管理者之间的交流。交流功能是校园通子系统的核心功能,负责多方之间的信息沟通。在本系统中每一个班级的学生和任课教师之间组建成一个群,大家通过群组的模式进行交流。交流的手段有图文、音频、视频三种。图文交流是指用户可以发送文字、图片、文件(一般文件、音频文件、视频文件)等信息载体进行交流。音频交流是指几个用户临时组建一个小组,大家开启语音通话功能实现语音交流。视频交流是指其中几个用户临时组建一个小组,大家开启视频通话功能,能够在系统中看到彼此的人像,进行远程视频交流。

(4) 参数配置

参数配置是指用户对校园通子系统的客户端软件进行参数配置,这些参数包含:

个人显示和名称、头像、退出系统,个人收藏夹存储路径配置,是否开启新消息提醒,是否开启语音和视频通话提醒,是否自动升级系统,是否随系统一起运行,退出时是否清空聊天记

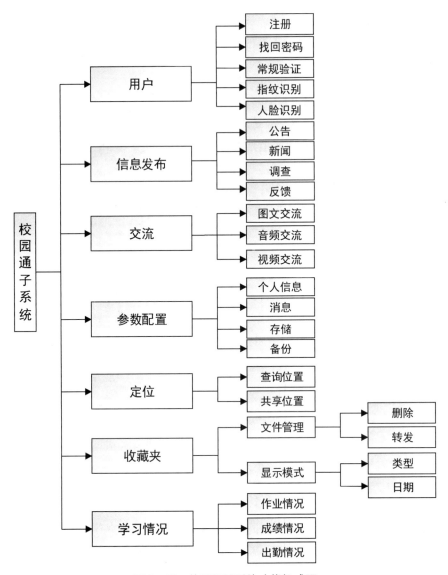

图 6-20 校园通子系统功能组成图

录,发送消息快捷键,截屏快捷键,聊天背景设置,消息备份与管理,屏幕自适应设置,是否自动保留密码。

用户可以在自己的个人移动终端上设置以上参数。

（5）定位

当学生开启个人学习终端 APP 后,系统会自动向 AI 交互教学管理平台发送个人位置信息,此时教师和学校管理者就可以通过校园通子系统在地图上进行定位,查看学生的位置情况。当学生参与校外活动时只需要开启定位功能,教师就可以进行位置定位和监控,提高学生课外活动的安全性。

（6）收藏夹

收藏夹是系统提供的一个文件永久保存的地方,其中的文件不会因为消息的清空而消失,除非用户手动删除它。用户可以管理自己的收藏夹,收藏夹中的文件提供按类型分类显示和按照日期排序显示两种列表展示方式,用户也可以通过文件名中的关键字进行模糊查找。

(7) 学习情况

这个功能是为学生提供的,以方便学生查看自己的作业、考试和平时的考勤情况。系统提供了三种类型的快捷按钮,学生通过服务按钮可以获取每次作业情况、每次考试成绩情况以及平时的考勤情况。当然教师也可以查看学生情况。通过查看学生情况,教师可以对某位学生有一个整体的认知,方便追踪和提供有效的管理方式和方法,帮助学生提高自己的学习成绩。

6.5.6.2 对象汇总

(1) 消息

消息分为纯文本消息、图片消息、图文消息、视频消息、语音消息、文件六种消息类型。消息的格式定义如下:

```
< message
    from= 'XXX@ yunzoner.com/boy'  to= 'YYY@ example.net'
type= 'chat'  xml: lang= 'en'>
  < subject xml: lang= 'cn'> < /subject>
  < body xml: lang= 'cn'> 你在何方? < /body>
  < thread parent= 'e0ffe42b28561960c6b12b92794b9683a38'>
    0e3141cd80894871a68e6fe6b1ec56fa
  < /thread>
< /message>
```

from 属性:设置消息发送方自身的 Full JID(node@domain/resource)

to 属性:设置消息接收方的 Bare JID(node@domain),通常第一次发送方无法确知接收方的 Full JID,通过服务器中转路由时由服务器根据 Base JID 映射接收方的 Full JID。如果这个消息是在回复之前接收到的消息,则 to 属性应该包含对方完整的 Full JID。

如此设计的好处在于:当 to 属性设定为 Full JID 时可以帮助服务器省却接收者的资源定位(接入定位),在一个 IM 服务集群环境中,这种定位通常意味着一次分布式缓存读取操作。

type 属性:XMPP 约定了 type 的枚举值,包括:

chat:表明在一个点对点会话环境中的聊天消息。

groupchat:表明在一个多人会话环境中的聊天消息。

headline:通常一些系统通知、警告、实时数据更新采用此类型,这类消息不期待客户端回复或响应,具有很高的实时性,不需要离线存储。

normal:默认的消息类型(缺乏 type 属性时),通常表达一种要求接收方必须确认的消息,一般用于系统提示强制用户确认或取消等。

error:表示一个错误消息,可能由服务端发送给客户端,也可能是另一个客户接收端回应给客户发送端,此类消息也不需要离线存储。

<subject>子元素:表明一个消息主题,通常客户端实现显示在聊天窗口标题栏处。

<body>子元素:消息内容部分。

<subject>和<body>都允许包含多个元素标签,不同的标签根据 xml:lang 表达不同的语言(XMPP 可是一个国际化协议)。

<thread>子元素:用于跟踪一个会话,该元素的作用主要在于方便客户端实现消息展示(例如:消息历史查询时按每次会话折叠显示消息),每次会话产生一个唯一的 thread ID,xmpp 推荐采用 uuid 算法,具体用法可参考 XEP-0201 扩展协议和 RFC6121。

还有一种情况是离线消息,它与正常消息的格式和处理机制有所不同,格式如下:

```
< message from= 'romeo@ montague. net/orchard' to= 'juliet@ capulet. com'>
    < body>
    AI 交互教学平台是一个采用新教学模式、新教学方法的智能化教学平台。
    < /body>
    < delay xmlns= 'urn: xmpp: delay'
        from= 'capulet.com'
        stamp= '2020- 01- 10T23: 08: 25Z'> Offline Storage< /delay>
< /message>
```

离线消息中包含了一个<delay>的子元素,<delay>子元素的 from 记录了延迟消息的最后来源方,如上例中 from 为 capulet.com,指接收离线消息人连接的服务器,离线消息最终由该服务器发出 stamp 属性记录了离线消息的存储时间,客户端实现应显示该时间而非接收到的时间。

① 文本消息:

```
< message
    to= 'zhangsan@ yunzoner.com'
    from= 'Lisi@ yunzoner.com/android1.0'        type= 'chat'>
    < body>
        {"type": "text",
         "data": "今天天气不错"
        }
    < /body>
< /message>
```

② 图片消息格式:

```
< message
    to= 'zhangsan@ yunzoner.com'
    from= 'lisi@ yunzoner.com/android1.0'        type= 'chat'>
    < body>
    {"type":"image",
     "data": {
            Sid= 1,
"url": "/image/test.png",
            "thumbUrl": "/image/thumb/test.png",
            "width": 150,
            "height": 120
```

```
            }
        }
    < /body>
< /message>
```

注意：用户点击图片时，就立即上传图片，并生成缩小图显示出来，上传的时候采用 FTP 上传，SID 是 FTP 服务器的 ID，各个客户端得到的 ID 对应的 URL 是一致的。

③ 视频消息格式：

```
< message
    to= 'zhangsan@ yunzoner.com'
    from= 'lisi@ yunzoner.com/android1.0'      type= 'chat'>
    < body>
    {"type": "video",
     "data": {
            Sid= 1,
"url": "/video/test.fm",
            "thumbUrl": "/image/thumb/test.png",
            "width": 150,
            "height": 120
            Size= "2M"
            }
    }
    < /body>
< /message>
```

④ 音频消息格式：

```
< message
    to= 'zhangsan@ yunzoner.com'
    from= 'lisi@ yunzoner.com/android1.0'      type= 'chat'>
    < body>
    {"type": "audio",
     "data": {
            Sid= 1,
            "url": "/audio/test.fm",
            Size= "2M"
            }
    }
    < /body>
< /message>
```

⑤ 位置消息：

```
< message
```

```
    to= 'zhangsan@ yunzoner.com'
    from= 'lisi@ yunzoner.com/android1.0'         type= 'chat'>
    < body>
    {"type": "loc",
     "data": {
            Xloc: 21.233
            Yloc: 34.475495
            }
    }
    < /body>
< /message>
```

⑥ 个人信息交互格式：

```
< message
    to= 'zhangsan@ yunzoner.com'
    from= 'lisi@ yunzoner.com/android1.0'         type= 'chat'>
    < body>
    {"type": "vc",
     "data": {
            name：张三
            mp：13918618965
            tp：021- 33748347
            }
    }
    < /body>
< /message>
```

(2) 群组

群组具有以下属性：群组名是否可以被搜索、创建人、创建时间、用户数、管理员 ID。

只有管理员才可以解散群，其他用户不可以解散和退出。

(3) 信息

信息包括以下属性：类型（新闻、公告、通知）、标题、内容、附件、创建人、开始有效时间、失效时间、是否公开。

(4) 收藏夹

收藏夹的属性有：收藏夹用户 ID、收藏夹路径、文件数、空间大小、是否有限制。

当用户把某个文件加入收藏夹时就是把文件移动到收藏夹的存储目录里。

(5) 调查反馈

调查的属性有：调查主题、发布时间、调查人、失效时间。

调查项：调查主题 ID、选项。

反馈信息的属性有：调查 ID、用户 ID、调查项 ID、结果。

第7章
AI 交互教学平台系统设计

7.1 网络拓扑架构设计

AI 交互教学管理平台系统的拓扑结构如图 7-1 所示,用户可以用 Internet 网、移动网络、教育网和校园网访问本系统。

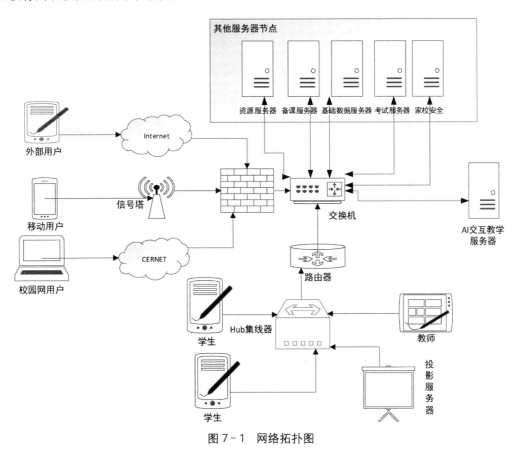

图 7-1 网络拓扑图

在图7-1网络拓扑图中，其他服务器节点是 AI 交互教学平台的后台服务器集群组，部署了 AI 交互教学平台的所有服务系统应用，承载着 AI 交互教学平台的所有资源和数据，管理和监控着系统的运行状态，是 AI 交互教学平台的数据中心。用户可以通过网络以网页的形式访问各个子系统的 Web 服务应用。而 AI 交互教学服务器则是课堂教学的核心服务器集群，负责管理参与课堂教学的所有学生和教师的实时信息，将学生的智慧学习终端、教师的智慧教学终端、教室的智能投影服务终端这些参与课堂教学活动的终端有机地整合和管理起来，形成在线教学生态系统，实现在线交互教学的目标。

7.2 系统架构设计

7.2.1 Web 应用系统架构设计

AI 教学管理子系统的系统功能架构详见图 7-2。从图中可以看出，它包含六个层级的业务整合，分别为数据库层、数据服务层、基础框架层、应用集成层、应用服务层和 Web 展示层。

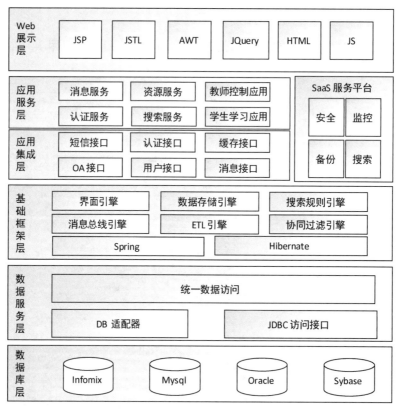

图 7-2 AI 教学管理子系统架构图

（1）数据库层

数据库层是系统使用的数据库实体，负责存储系统的所有数据，以关系型数据库和 NoSQL 数据库类型为主，支持多种数据库组合。数据库层是传统意义上的数据存储系统的集合，是应用系统必不可少的组成部分。

(2) 数据服务层

数据服务层是系统的基础数据服务层，提供对数据的原子操作，通过数据库适配器将统一数据访问接口传递过来的 SQL 语句转化为对应数据库的 SQL 语句，再通过 JDBC 访问接口对数据库层进行操作。数据服务层解决了异构数据的统一访问的难题，降低了数据整合的难度，屏蔽了数据操作时的差异性。

(3) 基础框架层

基础框架层是传统意义上的业务逻辑管理层，负责数据的缓存、搜索策略、协同过滤引擎、消息总线管理、ETL 引擎和业务数据处理等，采用 Hibernate 和 Spring 框架易于处理的对象关系映射技术、缓存技术和事务处理技术的组合来实现业务逻辑。基础框架层将从数据服务层获取到的数据进行进一步的处理，格式化为易于客户理解的关系和数据形式。同时将从应用集成层传递过来的新增、删除、更新和查询等操作参数，转化为易于理解的数据对象，并将数据传递给数据服务层，为数据服务层提供数据服务。

(4) 应用集成层和应用服务层

应用集成层和应用服务层是紧密结合的两层，构成了系统的对外服务接口和 SaaS（Software-as-a-Service，意思为软件即服务接口），为前端的展示界面提供处理后的、用户可以理解的格式的数据。应用集成层和应用服务层是基于面向接口标准和面向 SOAP 的微服务的实现，提供细粒度的具有单一功能的方法的集合。展现层可以在此基础上进行组合，实现用户的界面功能需求。这两侧和业务逻辑紧密结合，模块间的访问采用微服务接口实现，降低了模块间的耦合度。

(5) Web 展示层

Web 展示层也叫表现层，设计的基本原则是表现层不能直接调用业务逻辑层的函数和方法，必须通过调用应用服务层的服务接口来实现功能。这样就使前端展现和后端业务代码实现了分离，前后端可以分别部署，使系统更加灵活。AI 交互教学平台的表现层主要利用 Sprint MVC 技术和 jQuery 技术。由于表现层是直接面向用户的，主要实现用户功能界面，而应用服务层主要是实现业务逻辑以 Web 服务的模式对外提供服务，从而实现两者的松耦合关系。

7.2.2 客户端应用系统功能架构

客户端应用包括教室投影客户端、教师教学客户端和学生学习客户端，这三个客户端应用系统是基于 Java、Android 和 iOS 技术开发的应用软件，运行在移动设备终端中，其所遵循的是模型—视图—控制器体系结构。模型封装了数据和状态的底层表示，视图实现用户界面的逻辑关系，而控制器则实现模型和视图之间的数据转换和业务逻辑。客户端整体架构如图 7-3 所示，下面详细描述各层的功能和技术特点。

数据库平台层：数据库平台层是系统数据的存储、管理、数据关系定义和管理维护的工具集合，它包含多种业务数据库类型，如资源数据库、用户数据库、消息数据库和统计分析专用数据库等。这些业务数据库可以是异构的数据库平台系统，例如 Oracle、MS SQL Server、MySQL、Informix、DB2 等。业务数据库划分的合理性、对象关系间定义的合理性以及数据库类型选择的合理性对系统的性能有很大的影响，一般由专业的数据库管理员来进行选择和维护。

应用支撑平台层：该层建立在数据库基础框架层之上，其目的是提高系统的响应性能，是数据管理的入口、处理和出口，维护着数据之间的关系。通过 JDBC 引擎技术、数据交换技术、

OSCache 缓存技术、消息总线技术一起实现应用支撑平台层。通过这些技术的使用实现特定的业务功能，使数据管理更简单高效，降低系统性能的风险。

JDBC 引擎是 Java 与数据库的接口规范，JDBC 定义了一个支持标准 SQL 功能的通用低层应用程序编程接口（API）。它由 Java 语言编写的类和接口组成，旨在让各数据库开发商为 Java 程序员提供标准的数据库 API。JDBC API 定义了若干 Java 中的类，表示数据库连接、SQL 指令、结果集、数据库元数据等。它允许 Java 程序员发送 SQL 指令并处理结果。通过驱动程序管理器，JDBC API 可利用不同的驱动程序连接不同的数据库系统。

数据交换平台是将 Java 数据访问对象 DAO(Data Access Object)转化为易于在网络上传输的 DTO(Data Transfer Object，数据传输对象)，这样就不会暴露服务端表结构。

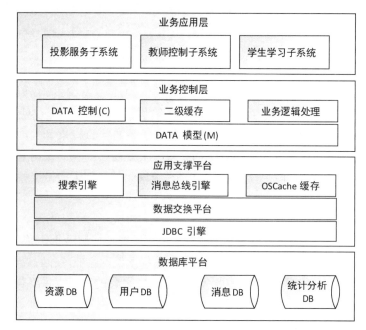

图 7-3　客户端应用系统的整体架构图

业务控制层：客户端的业务控制层主要是维护系统的业务关系，实现系统的业务逻辑，控制业务数据的流向。它主要由数据模型、数据控制、二级缓存管理和业务处理逻辑构成。数据模型和数据控制就是 MVC 模式中的模型（Model）和控制器（Controller），而视图（View）则在业务应用层体现。

业务应用层：由于应用的使用场景和运行的终端不同，业务应用层采用的开发语言也不同。教室投影客户端主要是采用 Java 技术，利用 Swing 组件编写视图界面，运行在教室的应用服务器上。教师教学客户端和学生学习客户端则是采用 Android 和 iOS 技术编写的移动 APP 应用工具软件，运行在 Android 设备和 iOS 设备终端上。

7.3　业务逻辑设计

业务逻辑设计的原理是基于领域驱动设计模型来驱动业务数据的运行，用代码来实现该领域模型。

当业务的领域驱动模型设计出来后,系统将采用面向服务的架构对系统进行设计。面向服务的架构(SOA)是一个组件模型,它将应用程序的不同功能单元(称为服务)进行拆分,并通过这些服务之间定义良好的接口和协议联系起来。接口是采用中立的方式进行定义的,它应该独立于实现服务的硬件平台、操作系统和编程语言。这使得构件在各种各样的系统中的服务可以以一种统一和通用的方式进行交互。

7.3.1 Web应用业务逻辑设计

从上面的分析可知教学资源管理子系统的用户角色包括教师、学生、管理者和管理员四类。下面按照领域驱动的方法,站在这四类用户的角度或者从四类用户专家角度来看各用户的领域组成情况。

(1) 教师角色

图7-4描述了教师角色领域图。教师角色的核心事件是上课,围绕核心事件有班级、课程、资源和试题四个次领域。其中班级具有年级和学生两个扩展领域,课程具有排课表扩展领域,资源有问答、习题和作业三个扩展领域。由于这三个扩展领域都是基于资源中的课件(教材)而存在的,因此把这三个实体化为资源的三个扩展领域。

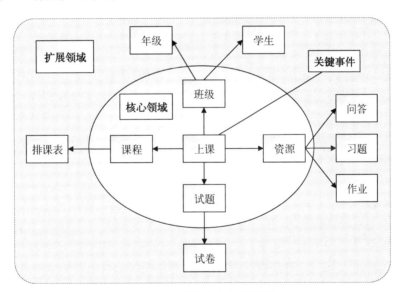

图7-4 教师角色的领域图

从核心事件出发逐一设计领域对象的业务对象BO(Business Object)、数据访问对象DAO和数据传输对象DTO,以面向服务的接口及服务管理。图7-5以资源领域对象为例说明各部分的关系。

基础架构层以对象关系映射(Object Relational Mapping,ORM)为中心,通过诸如Hibernate、iBATIS等架构和框架为其他层提供所需要的数据支持。实例中需要定义对象映射关系、加载策略、缓存策略、对象间关系等。

业务逻辑层在DDD中被称作领域服务层,不仅负责协调领域对象共同完成某个操作,而且将所有的状态都保存在相应的领域对象中,更重要的是避免领域逻辑泄露到应用层。在本

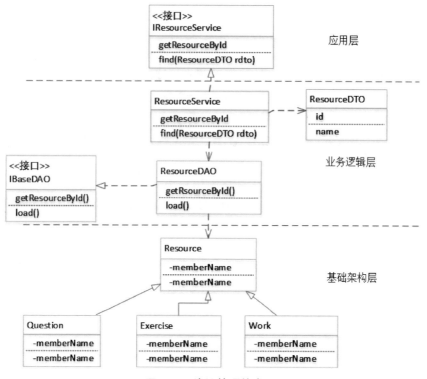

图 7-5 资源管理的类图

实例中 IBaseDAO 接口中定义了基本的增加、删除、修改、查询等接口。ResourceDAO 实现 IBaseDAO 接口,完成从基础架构层获取 BO 对象。ResourceDTO 则负责将 BO 转换为 DTO 对象,为应用层提供服务。

应用层:应用层定义软件要完成的所有任务。对外展现为提供各种应用功能(包括查询或命令),对内调用领域层(领域对象或领域服务)完成各种业务逻辑,应用层不包含业务逻辑实现。

(2) 学生角色

学生通过学习资源进行学习,在学习的过程中存在疑问则会寻求帮助,也就是问答。为了巩固学习的效果则通过做作业来实现。为了检验学习的效果,需要通过测验来检测。学生角色的核心领域包括班级、课程、对应的资源与试题,而这些领域都围绕学生的关键事件开展,即"上课"。其中,核心领域中的四个部分还将向外延伸至年级、排课表、问答、习题、作业与试卷等(见图 7-6)。

学生角色的业务逻辑设计如图 7-7 所示,从该学生角色类图可以看出每一个核心事件所涉及的类分别处于应用层、业务逻辑层和基础架构层中的某一层。每层次的类对象只要负责好本领域内的工作即可。

(3) 管理者角色

管理者的核心事件是"管理",围绕管理产生对学生的管理、对教职工的管理和对调查反馈的管理,由管理派生出"考核"事件,其中课程的考核是针对教师的考核,成绩的考核是针对学生的考核。在学生管理的核心领域下又分为年级和班级两个扩展领域。(见图 7-8)

管理者角色领域内的对象间关系设计如图 7-9 所示:

第 7 章 AI 交互教学平台系统设计

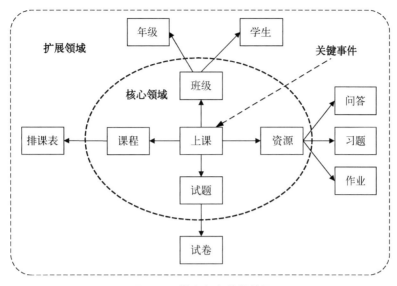

图 7-6 学生角色的领域图

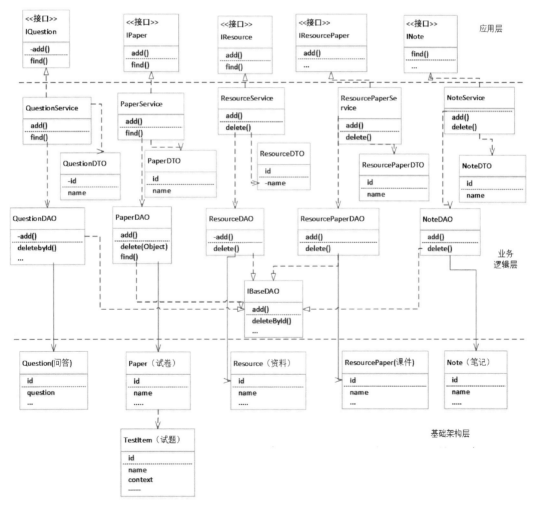

图 7-7 学生角色类图

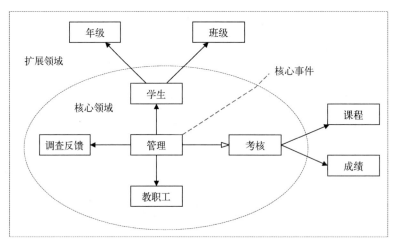

图 7-8 管理者角色的领域图

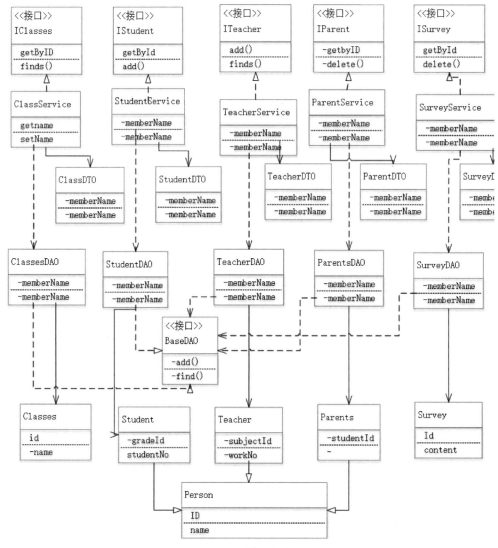

图 7-9 管理者类图

7.3.2 客户端应用业务逻辑设计

客户端包括教室投影客户端、教师教学客户端和学生学习客户端。这三个客户端在部署上是独立的，但是其内在逻辑是相互关联、不可分割的。三个客户端配合使用形成了AI交互教学的课堂教学环境。

从图7-10可以看出：系统包含自学和教学两个核心事件。自学事件包含资源和问答两个领域。资源领域包含上传、下载和发送三个扩展领域。教学领域包含一个扩展事件"交互"和问答、课堂测验、点评、投票、状态、讨论与消息七个领域。其中事件"交互"是通过消息驱动的，隐性的包含在业务处理逻辑中。消息领域就是对智能画板的控制事件的集合，包含打开文件、翻页、画图、鼠标控制、涂鸦等扩展事件。状态领域包含在线（离线）状态、举手、桌面共享、桌面监控等扩展事件。

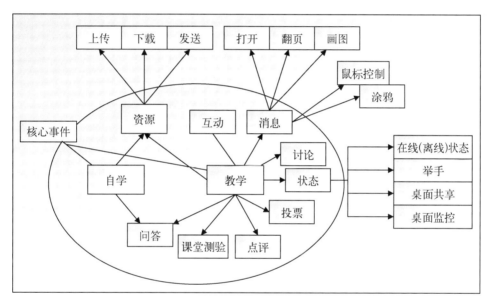

图7-10　客户端领域图

"交互"领域事件是一个后台服务事件，主要由消息服务组成。本系统中的消息分为轮询消息和静默消息两种。轮询消息会定期对消息总线服务发出轮询查询请求，静默消息则在其注册后就静待消息总线推送消息上门。其交互的数据流设计如图7-11所示。

在投影服务端系统程序中启动一个消息总线服务程序，包含消息接收模块和消息发送模块，其机理详见6.4节的系统消息总线设计部分。教师控制端启动并登录后就向投影服务器的消息总线模块发出注册消息进行注册，使自己处于在线（Online）状态并开启自身的消息消费进程（如状态查看），周期性地向投影服务器的消息总线服务获取消息。学生端启动并登录后也向投影服务器的消息总线服务注册该学生的在线状态，投影服务器的消息总线接收到登录消息后，则向作为消费控制者的教师控制端发出"某IP用户已登录"的消息。教师控制端系统接收到该消息后则直接更新状态监控面板。这样就完成了一次轮询类型的消息传输过程。

三个客户端系统的类图如图7-12所示。其中教室投影客户端中除浅灰色部分外其他都

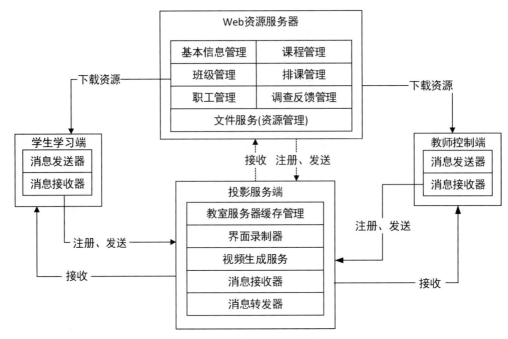

图 7-11 客户端交互消息控制图

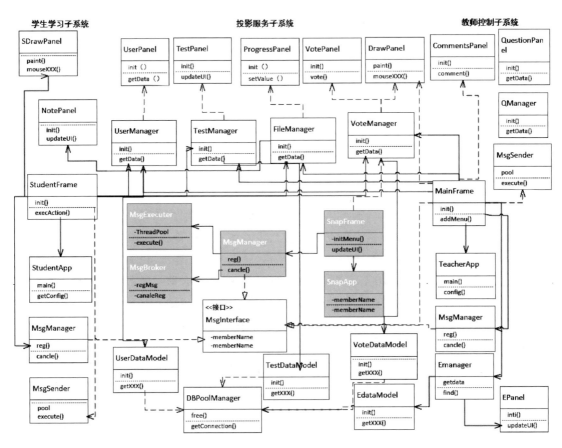

图 7-12 客户端类图

是公共部分,供三个子系统共用。DBPoolManager 类负责系统的数据获取,实现了与各种数据库之间的对象映射,屏蔽掉了数据库间的差异性,提供对数据库的增加、删除、修改基本操作。DataModel 是各类系统的数据模型层,负责将数据从业务对象形态转化为可以为领域模型接受的传输值对象。Manager 负责业务逻辑的处理。Panel 负责界面内容的显示。系统也是按照数据层、业务逻辑层、应用层三层架构设计的。

7.4 数据库设计

考虑到客户环境的复杂性和差异化,系统的数据库层采用统一数据访问,不拘泥于单一数据库系统,而是支持市面上流行的大多数商业数据库系统,系统的核心数据库表结构如图 7-13 所示。

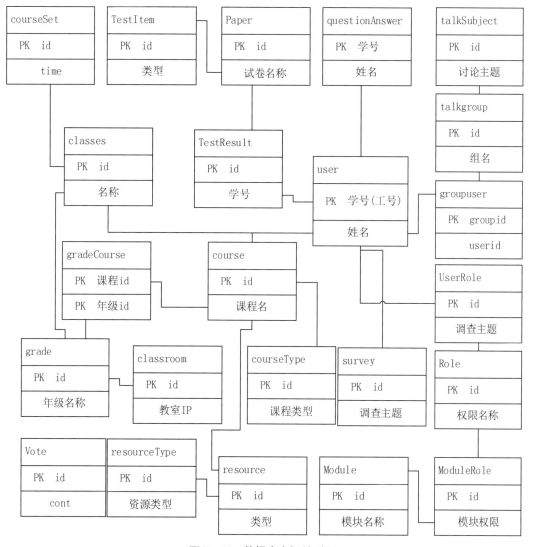

图 7-13 数据库表间关系图

主要数据库表所属的模块及业务描述如表 7.1 所示。

表 7.1　模块与表的分类

所属模块	英文表名	中文表名	描　　述
基础模块	courseSet	排课表	学校的排课表
	classes	班级	班级实体
	course	课程	课程实体
	gradeCourse	年级课程关系表	每个年级的课程安排表
	grade	年级	年级信息
	classroom	班级	班级信息实体
	courseType	课程类型表	每门课程信息描述
资源管理模块	resource	资源	课件、练习、习题、资料等描述
	resourceType	资源的类型	课前、课中、课后每个阶段包括：主讲内容、讲义、资料、课堂练习、课后练习、作业等几个类型
用户模块	user	用户表	包含教师、学生、管理者、管理员四类
分组讨论	talkSubject	讨论主题	描述分组讨论的主题
	talkgroup	讨论分组	分组信息
	groupuser	分组与学生关系表	组与学生关系
课堂测验	TestItem	试题表	描述每一道试题的信息
	TestResult	测试的结果表	成绩表
	Paper	试卷表	试卷
课堂问答模块	questionAnswer	课堂问答表	
权限管理	UserRole	用户权限表	用户和权限关系信息
	Role	权限定义表	定义权限
	ModuleRole	模块与权限关系表	模块和权限关系信息
	Module	系统模块定义表	定义系统的模块连接
投票模块	Vote	投票表	描述投票信息

第 8 章
新教学在 AI 交互教学平台的应用

新教学模式提出了新的授课编排方式、备课要求、教案设计模式以及教室的智慧化教学环境设计等。随着网络学习平台的不断深化,智能识别、在线感知、智能推送、专家知识系统、优质资源库和在线智能考试系统等都有了很大的发展,这些技术在新技术与教育新模式的整合下也将焕发出新的活力。

自主深入的学习可以发生在课堂外是新教学模式的特点之一,这使课堂内展开面对面的思想碰撞成为可能。课堂教学需要借助一定的技术手段和教学媒介来完成新教学模式下的课堂交互活动。本章以新教学模式的应用设计为基础,逐步介绍新教学模式在 AI 交互教学平台上的应用、创新,以及这些创新给教师的工作行为、学生的学习过程和 AI 教师的教学过程带来的变化。

8.1 新教学模式应用设计

在 AI 交互教学平台中,有以下教学活动和模式是针对新教学模式设计的:

(1) AI 教师教学模式

在 AI 交互教学平台中,在课堂上进行主讲的不再是教师,而是一个虚拟的机器人教师。机器人教师可以识别新教学模式所定义的课件结构,并能够依据课件脚本的逐步执行而触发相应的动作,比如在线提问、在线交互答题、点评、语音交互、屏幕共享、投影、在线点名、在线考试等动作。

(2) 在线语音交流模式

AI 教师在课堂教学活动中识别 AI 交互教学平台制作的课件并以语音形式朗读出来。在朗读的过程中允许语音中断,学生可以发出"教师好,我有疑问/问题/我不明白"等语音指令。AI 教师接收学生端的语音指令,中断当前的朗读或活动,与学生进行交流。AI 教师识别学生的语音后,其可以像人一样与学生交流,交流的内容是在后台知识库的基础上加上特定的知识搜索。学生思维发散时,AI 教师可以中断交流。

(3) 基于控制端的交互行为模式

新教学模式下的 AI 教师在目前阶段还达不到完全的类人化,还需要课堂助教或者教师的指令干预以及时对课堂教学进行纠偏。在课堂教学过程中,教师可以指挥 AI 教师的动作,以确保课堂教学活动的顺利进行。特别是一些复杂的教学活动更离不开教师的干预,如分组讨论、点评等活动。当然随着 AI 技术的发展,AI 教师的能力也会逐步提高,设计出具有完全独立的课堂教学行为的 AI 教师是我们努力的目标。

(4) 基于多语言全能型教师模式

目前教师的职位相对固定,教师的语言结构比较简单,课堂教学不能多语言同时授课,而 AI 教师的出现使多语言授课成为可能。在 AI 交互教学平台系统中有两种模式实现多语言授课:一是在课件制作的过程中,通过软件自动生成课堂需要的多语言脚本;二是学生通过学习终端软件进行语言选择,如果课件中包含需要的语言则以学生的选择为主,如果课件中不包含学生需要的语言则以机器现场语音翻译为主。多语言授课的实现使外来学生能够参与课堂沟通交流,也进一步降低了教师课堂教学的语言难度,使得语言不再是阻碍多语种教学的难题。

AI 教学管理系统就是遵循上述模式、结合翻转课堂的理念,提出了 AI 教师教学的架构、模式和交互手段,寻求在新的课堂教学中如何有效地利用信息技术工具来破解在新教学模式具体实施中遇到的难题,以释放教与学的能量,提高教与学的效果,减轻教与学的压力。

8.2 传统模式与新教学模式的对比

通过上述介绍可以发现,新教学模式的变化不仅仅是教学媒介的改变和给教学行为与学习过程带来的外在变化,更重要的是对教师的教学能力、教学方法、教学手段和学生的自主学习能力的培养上的变化。可以从几个方面进行对比分析,详见表 8.1 所示:

表 8.1 传统教学模式与新教学模式对比表

对比项	对象	传统教学	新教学
教师角度	教学工具	① 板书:比较低级 ② 投影:具有一定的技术能力 ③ 多媒体播放:不具有互动性	在线电子板书 智慧交互 智能交流
	教学方法	板书、演示、提问	灵活多变,可以适应各种教学场景
	教学手段	课堂教授,手段单一	课前、课中和课后都可以交互,且教学手段丰富
	教学流程	机械式的课堂教学	课前、课后和课中三段式教学,流程清晰、目标明确
	教学效果	填鸭式的,个人学习能力的不同,效果差别较大	培养自主学习能力,教学效果显著
	教学环境	局限于校园和教室	无时空限制,教学可随时随地进行

续　表

对比项\对象		传统教学	新　教　学
学生角度	学习工具	书本	智能化设备和系统
	学习环境	局限于教室、宿舍	无地域限制,学习随时随地发生
	学习方法	被动接收式学习	流程驱动,培养自主学习能力,主动学习
	学习手段	预习、课堂听讲、课后问答	基于知识库、大数据、5G网络下移动学习
	学习流程	机械化	灵活多变
	学习效果	因个人能力的不同而差别巨大	提高了学习效果、掌握知识更容易

第9章
AI交互教学平台的实现案例

9.1 AI交互教学平台的组成

如前文所述，AI交互教学平台包括基础数据服务子系统、智能备课子系统、教学资源管理子系统、AI教学管理子系统、智能考试子系统和校园通子系统。使用者可以通过智能备课子系统来制作教学课件，并将课件发布到教学资源管理子系统中。客户端软件可以通过网络使用教学资源管理子系统中的课件资源。AI交互教学平台的组成如表9.1所示。

表9.1 AI交互教学平台的系统组成

序 号	名 称		功 能 说 明
1	基础数据服务子系统		提供基础数据服务
2	智能备课子系统		在线或离线备课功能
3	教学资源管理子系统		提供对教学资源的管理
4	AI教学管理子系统	AI教师教学客户端	提供课堂教学的工具软件
		智能投影客户端	
		学生学习客户端	
5	智能考试子系统		在线考试系统
6	校园通子系统		校园通

9.2 运行环境要求

AI交互教学平台各子系统的硬件要求如表9.2所示。

表 9.2　AI 交互教学平台的各子系统的硬件要求

序号	系统名称		配置参数
1	基础数据服务子系统		内存：8G CPU：至强 E7-88 系列
2	智能备课子系统		内存：8G CPU：至强 E7-88 系列
3	教学资源管理子系统		内存：32G CPU：至强 E7-88 系列
4	AI 教学管理子系统	AI 教学客户端	内存：16G CPU：至强 E7-88 系列
		学习客户端 PC 版	内存：8G CPU：酷睿 i7 系列
		学习客户端 iOS 版	iOS13 以上
		学习客户端 Android 版	支持 Android 8 以上机型
		智能投影客户端	内存：32G CPU：至强 E7-88 系列
5	智能考试子系统		内存：32G CPU：至强 E7-88 系列
6	校园通子系统	服务端	内存：32G CPU：至强 E7-88 系列
		客户端 iOS	iOS13 以上
		客户端 Android	支持 Android 8 以上机型

9.3　AI 交互教学平台的试用

9.3.1　软件下载

AI 交互教学平台已经研发出 1.0 版本，目前提供了移动端 APP 的试用功能。

为配合 AI 交互教学平台的使用，目前版本不仅部署了一个试用环境，而且提供了各种平台版本的下载试用链接，可以通过扫描二维码自行下载，在使用时会通过网络访问已经搭建的 AI 交互教学平台的试用系统。

首先用户扫描 AI 交互教学平台的二维码：

然后进入新教学 AI 交互教学系统扫码登录终端页面：

表 9.3 描述了 AI 交互教学平台的客户端的各种版本的下载方式。使用者依据移动设备类型选择对应的版本下载即可。

表 9.3　AI 交互教学平台的下载方式

序号	系统分类	下载二维码
1	教师授课终端- PC 版 http://www.yunzoner.com/AIP/AITeacher-PC.zip	
2	教师授课终端- iOS 版 http://www.yunzoner.com/AIP/AITeacher-iOS.zip	在 Apple 公司的 App Store 中搜索云纵智慧教学客户端
3	教师授课终端 Android 版本 http://www.yunzoner.com/AIP/AITeacher-Android.zip	
4	学生学习终端- PC 版 http://www.yunzoner.com/AIP/student-PC.zip	
5	学生学习终端- iOS 版 http://www.yunzoner.com/AIP/student-IOS.zip	在 Apple 公司的 App Store 中搜索云纵智慧学习客户端
6	学生学习终端- Android 版 http://www.yunzoner.com/AIP/student-Android.zip	

9.3.2　试用步骤

下面以教师角色为例介绍如何试用本软件。教师的试用步骤为：

首先需要按照 9.3.1 节所属下载对应的教师授课终端软件，当下载完毕后计算机或移动设备上会出现对应的文件，如果是 PC 版会出现 AITeacher-PC.zip 文件，解压后运行其中的 AITeacher.exe 文件即可；如果是移动版本则会在移动设备上出现 图标，点击后系统将以默认的用户名和密码进入 AI 交互教学管理系统，其登录界面如图 9-1 所示。

当教师进入系统后看到的是图 9-2 所示的主界面，在此界面上可以看到 AI 交互教学平台的所有子系统的入口都集成进来了，教师以此为基础，可以开展与教学相关的所有活动。

当教师选择进入课堂时，试用系统默认提供两个课堂进行试用，如图 9-3 所示。

当用户选择计算机基础课程时，会出现图 9-4 的界面。在此界面上，教师可以进行点名、发送、画板、分组讨论、共享、同步、点评、问答和消息等功能操作。

第 9 章　AI 交互教学平台的实现案例

图 9-1　教师登录界面

图 9-2　智慧教学终端的主界面

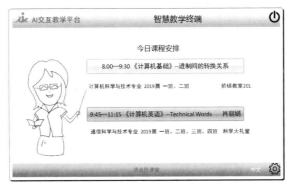

图 9-3　选择课程界面

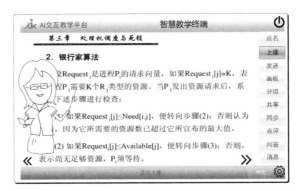

图 9-4　课堂主界面

9.4 AI 交互教学平台的案例介绍

9.4.1 教学资源管理子系统

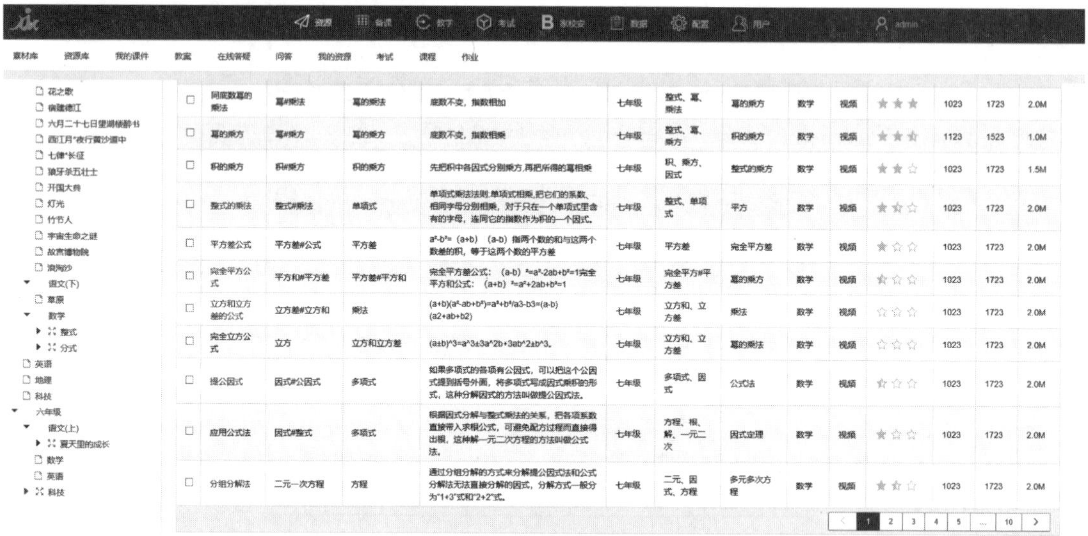

图 9-5 资源管理主界面

9.4.1.1 资源库

资源管理主界面的左侧是资源的知识点列表,右侧是具体的操作和显示区,上部是搜索、新增、删除和修改操作,中间是资源的展示,下部是资源的导航区。

(1) 新增资源

教师通过新增资源界面添加资源信息到资源库中,同样可以通过新增素材功能来添加素材。

图 9-6 新增资源界面

(2) 我的资源

"我的资源"是按照课程进行分类的,左侧是类型分类树,右侧是资源列表。用户也可以新增和修改资源。

图 9-7 "我的资源"界面

9.4.1.2 素材库

素材的类型分为三级:第一级是素材适用的阶段;第二级是素材适用的课程分类;第三级是素材的类型分类,如图片、文字、视频、音频、动画等。

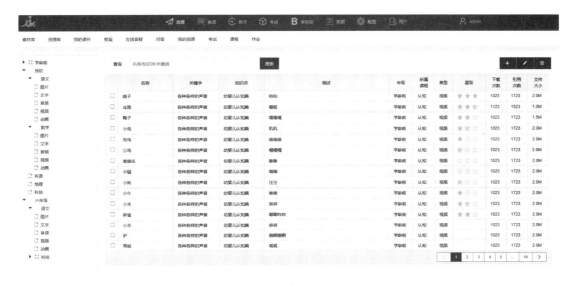

图 9-8 素材库界面

9.4.1.3 我的课件

"我的课件"主要显示教师自己制作的课件列表,一般情况下某位教师理论上只能讲授一门课程，因此课件没有再做分类，但可以按照名称、年级、时间等进行排序。

图9-9 "我的课件"界面

9.4.1.4 教案

此处显示的是个人教案，教案与课件是不同的：教案是描述课堂活动的执行逻辑、目的和提纲，是课程的主线；课件是授课的内容。

图9-10 "教案"界面

9.4.1.5 在线答疑

在线答疑提供类似QQ和微信的聊天界面模式，学生和教师可以在线一对一、一对多进行交流。

图 9-11 "在线答疑"界面

9.4.1.6 问答

问答界面左侧显示在线学生及问题数量，右侧显示问题列表，教师可以在线回答，系统会将教师的回答主动推送给在线的学生。

图 9-12 "问答"界面

9.4.1.7 考试

考试界面左侧是每门课程的所有测试分类——预习阶段、随堂测试、单元测试和阶段性测试等类型,每一个类型都针对学习的一个阶段;右侧是试卷列表。

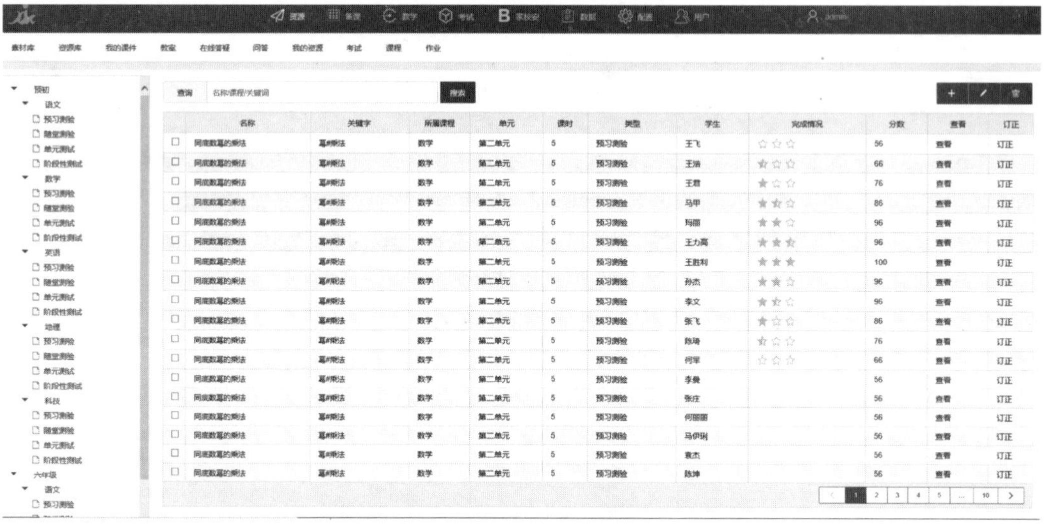

图 9-13 "考试"界面

9.4.1.8 作业

作业界面左侧是作业的分类——课前预习、课后作业和阶段性复习作业三类;右侧是作业的列表,教师可以对作业进行评阅,学生可以进行订正。

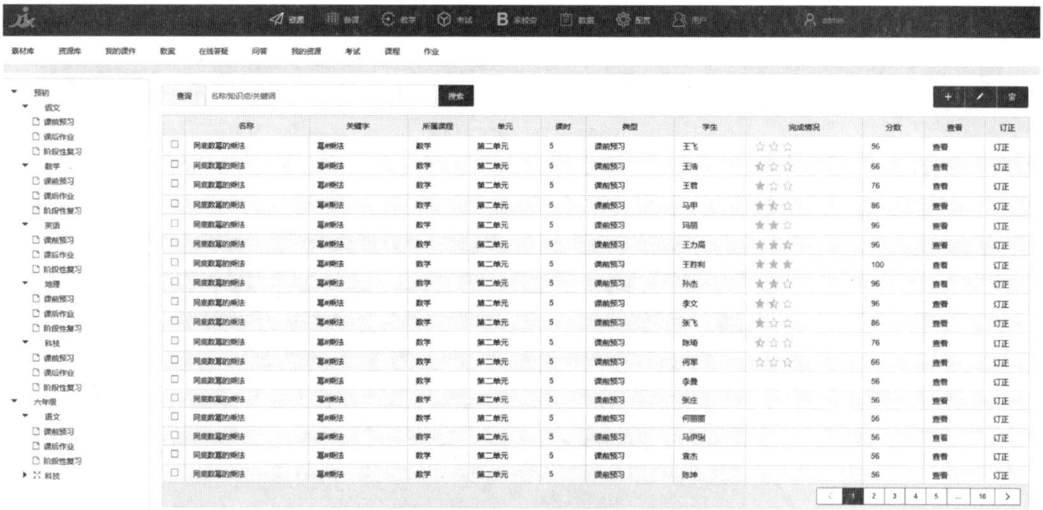

图 9-14 "作业"界面

9.4.1.9 课程

教师进入课程后可以看到课程的排课情况,可以调课。

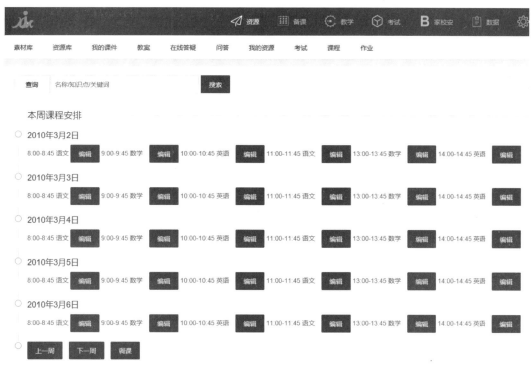

图 9-15 "课程"界面

9.4.2 智能备课子系统

9.4.2.1 模板库

系统中预定义了适合每种课程的一些模板,教师在编写课件时可以直接在模板中修改,添

图 9-16 "模板库"界面

加自己的内容即可形成自己的教案课件。

9.4.2.2 我的教案

"我的教案"界面只列出教师自己制作的教案,教师可以在线搜索其他人公开的课件和教案。

图 9-17 "我的教案"界面

9.4.2.3 我的资源

图 9-18 "我的资源"界面

9.4.2.4 教案编辑器

教案(课件)编辑器为教师提供了在线编制教案和课件的方式,教师在编制的过程中可以加载模板进来在模板上直接编辑。

图 9-19 "教案编辑器"界面

在教案(课件)编辑器上,教师可以导入自己的授课内容、上传图片、添加引用、添加视频、添加音频、添加文件、添加动作、复制全文、预览教案、保存为模板、转换格式等。其中添加引用、添加视频、添加音频、添加文件、添加动作五个功能是针对课件编制的。

9.4.2.5 习题编辑器

习题编辑器是针对题库设计的,编辑的试题都会存储到题库中。客观题和主观题都可以编辑,在编辑的时候可以设置试题对应的知识点、解题思路以及正确的答案。

9.4.2.6 个性化教案录制工具

个性化教案录制工具为教师提供了一个可以利用 AI 交互教学平台中的资源录制特色课件的功能,教师可以将自己的资源随意拖入工具中,将工具栏中的画笔当作电子教鞭,对资源进行讲解。一部分内容讲解完毕后,可以立即加载下一个主题内容。这样不仅方便教师的日常操作,而且提高了课件制作的效率。工具不仅提供了方便快捷的屏幕截图功能,也提供了基

图 9‑20 "习题编辑器"界面

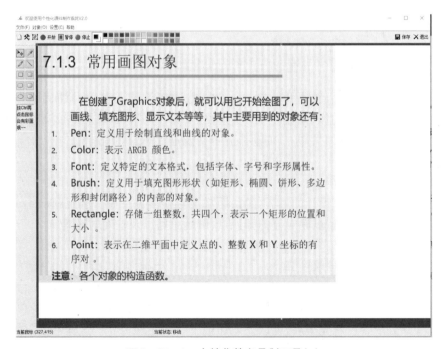

图 9‑21‑1 个性化教案录制工具(a)

第9章 AI交互教学平台的实现案例

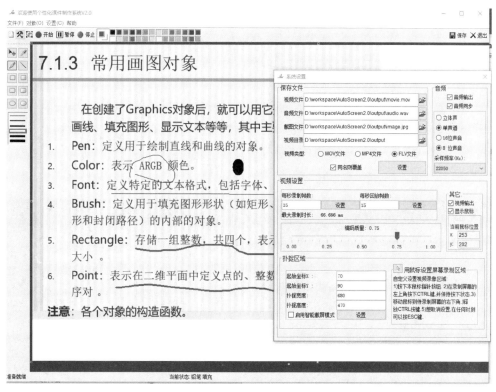

图 9-21-2　个性化教案录制工具(b)

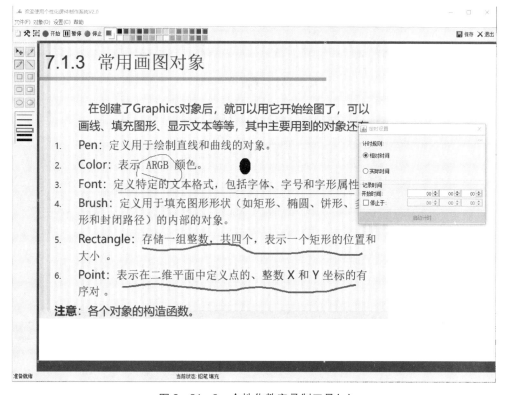

图 9-21-3　个性化教案录制工具(c)

的图形,如线、正方形、矩形、圆角矩形等,同时教师可以对画笔的粗细和颜色进行设置。当然教师也可以将该工具应用到实时直播课程中进行板书操作。更重要的是,该工具能够跟随鼠标进行屏幕录制,并将实时语音和视频整合成视频文件。

9.4.3 AI 教师教学客户端

9.4.3.1 主界面

AI 教师教学客户端是教师课堂教学中最重要的工具。通过该工具教师可以掌控课堂教学的全过程。

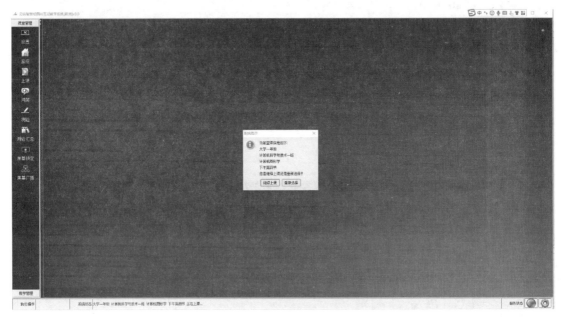

图 9-22 客户端主界面

主界面左侧是工具栏,右侧是功能显示区域。教师的操作结果都会显示到右侧区域。使用的时候,系统首先会提示教师进行课堂设置,一旦教师选择了所在的班级、课程和课时后,系统就会到 AI 交互教学平台的后台系统中将对应的教学课件和课程资源下载到本地服务器,同时将这些课件和资源推送到学生的学习终端中。学生的学习终端会依据当前课堂情况到系统的目录下去搜索和匹配对应的课件,发现课件不存在则会自动下载,如果课前学生已经下载了,则无须下载。

通过该工具教师可以与学生的学习终端和投影服务终端进行交互,从而实现三者的联动操作。

9.4.3.2 工具栏

AI 教师客户端的工具栏包括课堂管理和教学管理两部分。课堂管理是指对课堂教学中的内容进行管理,包括基本设置、监控、上课、问答、测验、测验汇总、屏幕锁定和屏幕广播等功能。教学管理是指对教学中的基础数据的配置进行管理,如年级管理、班级管理、学生管理、群组管理、课程管理、排课管理和试题管理等。

→设置：主要是设置课堂的基本情况，包括班级、课程和课时。

→监控：对学生终端和投影服务终端是否在线进行监控。

→上课：是系统的核心功能，教师的所有课堂授课动作都是基于该功能的。

→问答：实现课堂问答功能。

→测验：针对教师设有在线出题和发出考试指令两个动作。

→测验汇总：当测验完毕后，教师通过该功能进行试卷批阅和测试结果的汇总分析。

→屏幕锁定：将学生的学习终端屏幕锁定，一旦锁定学生的终端就不能进行操作。

→屏幕广播：将投影大屏的内容广播到学生终端上。

→年级管理：对教师教授的年级进行管理，一般情况下系统会初始化完毕。

→班级管理：对班级信息进行管理。

→学生管理：设置班级的学生属性，学生学习终端必须按照分配的用户名和密码进行登录。

→群组管理：在个性化课堂教学活动中，特别是在主动性教学中分组讨论是基本的教学手段。

→课程管理：对课程信息进行管理。

→排课管理：对课程的安排进行管理。

→试题管理：系统会自动调取 AI 交互教学平台的试题库中的试题，并允许教师进行管理。

9.4.3.3 上课界面

上课动作是课堂教学的核心动作,包括讲义播放、发送、点评、提问、投票器和截图等功能。

教师打开讲义之后,显示界面如图 9-23 所示。

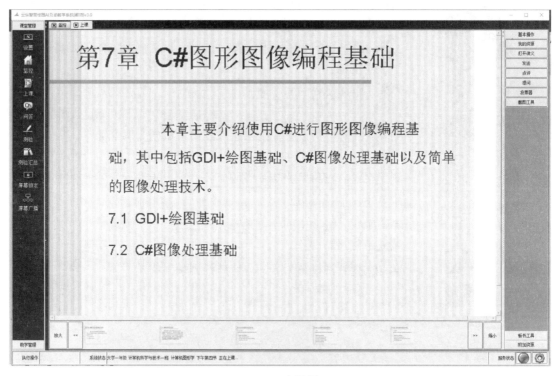

图 9-23 上课界面

9.4.3.4 基本操作

我的资源:显示和课件相关的一些资源信息,教师可以进行操作和展示。

打开讲义:选择该课堂的讲义进行播放,讲义在底部显示为缩小图的形式。

发送:教师可以将某页讲义或者当前的文件发送到学生学习终端上,方便与学生进行交互。

提问:教师可以选择学生进行提问。

投票器:与发送功能相结合,显示允许学生反馈的时间。

截图工具:教师点击后可以进行屏幕截取操作。

9.4.3.5 板书工具

教师在授课的过程中可以通过板书工具在界面上进行文字输入、画图等操作(如图9-24-1、图9-24-2所示)。

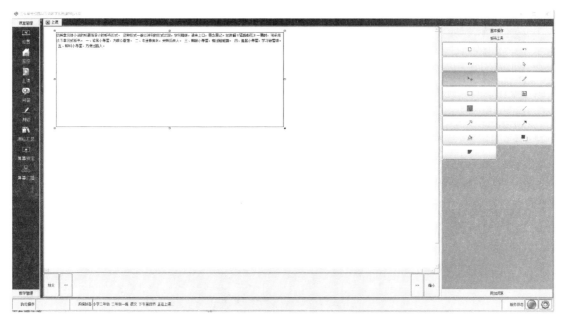

图9-24-1 板书工具——文字输入

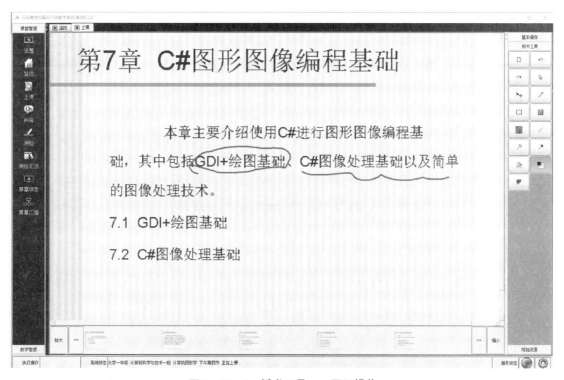

图9-24-2 板书工具——画图操作

9.4.3.6 附加资源

附加资源与我的资源不同,当教师临时要添加一些资源时,可以通过附加资源功能将其加载到本软件系统中。

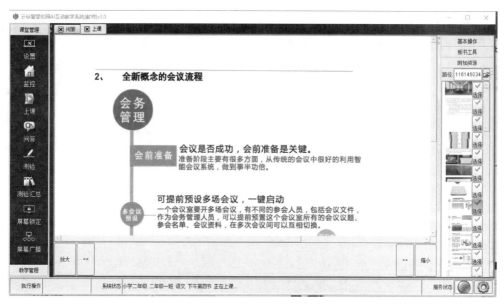

图9-25 附加资源界面

9.4.3.7 问答

通过问答模块可以实现学生和教师之间的问答互动。

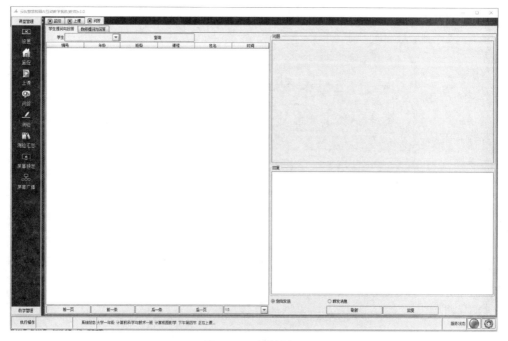

图9-26 问答界面

9.4.3.8 在线测试

系统会显示当前课程中所有的在线测试题和试卷。教师选择试卷进行测试,学生端就会收到该试卷的信息。

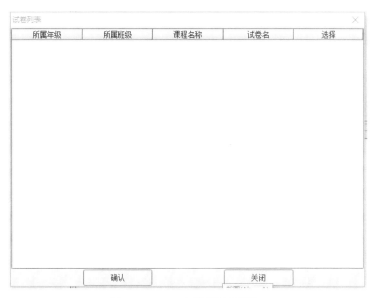

图 9-27-1 在线测试界面(a)

考试完毕后,教师通过测试汇总功能对试卷的测评结果进行统计分析和在线讲解。

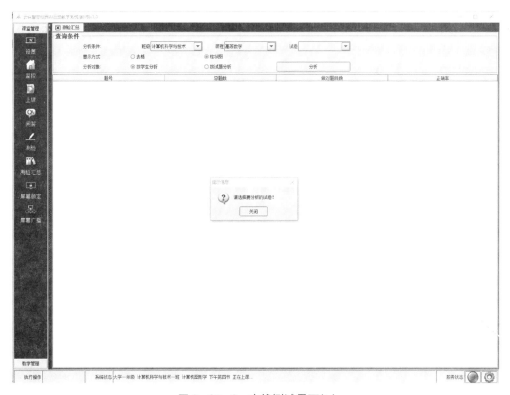

图 9-27-2 在线测试界面(b)

9.4.3.9 群组管理

在进行分组讨论主题的时候,教师可以对学生进行分组管理。

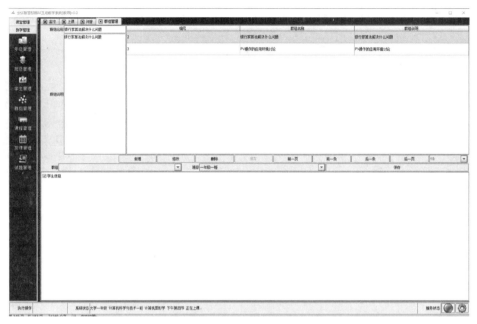

图 9-28 群组管理

9.4.3.10 排课管理

排课管理是针对某个班级的排课而言的,教师可以按照排课的规律一次性生成整个学期的排课数据。

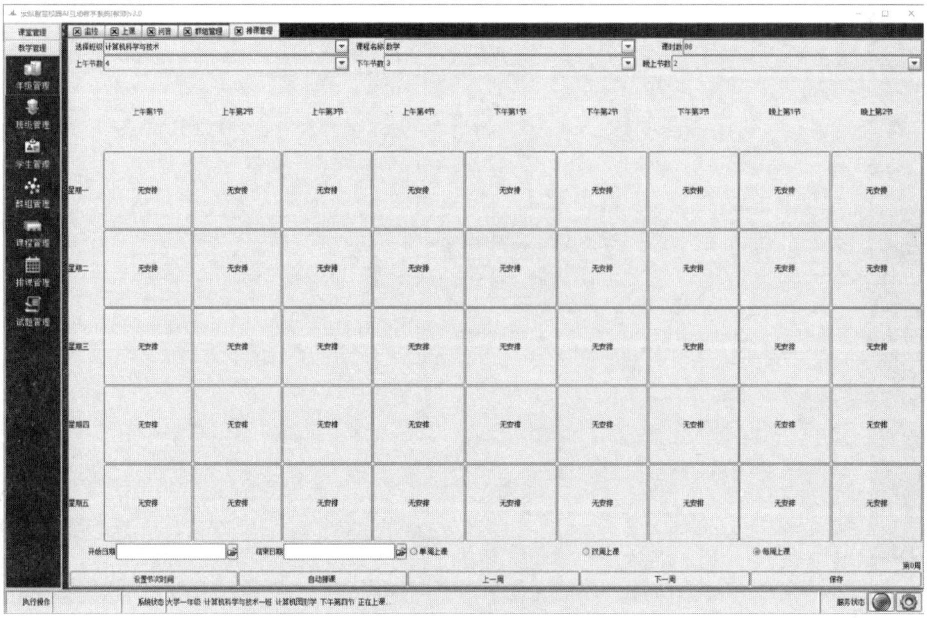

图 9-29 排课管理

9.4.3.11 试题管理

在 AI 交互教学平台中,教师通过试题管理功能可以快速添加试题和生成试卷,满足日常的教学需要。

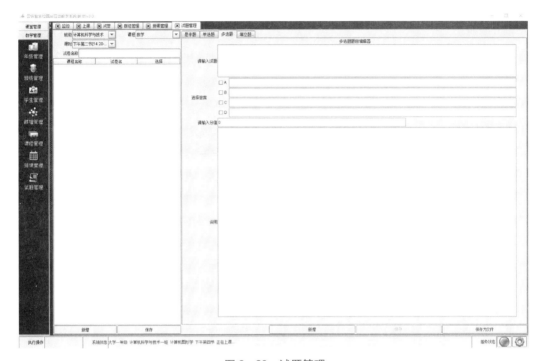

图 9-30 试题管理

9.4.4 学生学习客户端

9.4.4.1 主界面

学生学习客户端是基于移动智能设备系统的应用,需要安装到移动设备上,其具备以下功能:

图 9-31 学生端主界面

(1) 讲义播放

讲义播放功能主要是播放学生端存储的讲义,并与大屏同步显示。

(2) 课堂提问

课堂提问功能主要是学生将问题发送给教师,教师可以在线回复。

(3) 拍照上传

拍照上传功能是将学生拍摄的作业等图片上传给教师 PC 服务器端。

(4) 涂鸦

涂鸦功能是学生对图片进行涂鸦,并上传给教师 PC 服务器端。

(5) 问题管理

问题管理功能主要是学生可以查看教师对自己问题所给出的回复,也可以查看到教师对其他同学提出的一些有代表性问题的回复。

(6) 屏幕共享

屏幕共享功能是共享教师平板电脑端的屏幕。

(7) 随堂测验

随堂测验功能是对学生进行课堂测验。

(8) 个人信息

个人信息功能主要是编辑学生的基本信息。

(9) 系统初始化

系统初始化功能是重置系统数据结构、数据库表等。

9.4.4.2 播放讲义

用户点击讲义按钮,会弹出选择讲义文件选择器让用户选择。

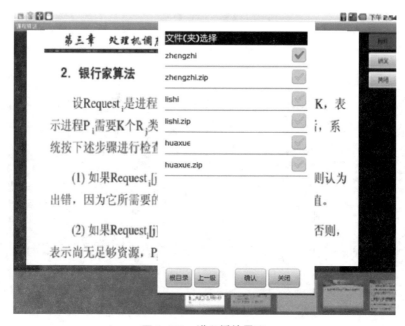

图 9-32 讲义播放界面

用户选择讲义所对应的文件夹后,系统会打开文件夹中的内容并显示如图9-33所示界面。当该堂课中只配置了一个课件时,系统会自动打开该课件。

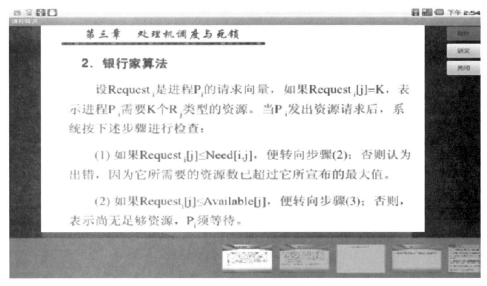

图9-33 讲义播放界面

9.4.4.3 课堂提问

课堂提问是针对学生设计的,目的在于在不影响其他学生的前提下,学生提出问题,教师根据问题的难易程度有针对性地进行回复或者讲解。

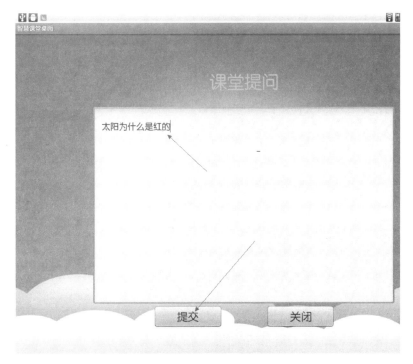

图9-34 课堂提问界面

9.4.4.4 在线交互

当教师发送单张图片文件需要学生做出交互时,学生端收到该文件后会自动跳转到涂鸦界面,学生即可在此界面做出书写、标记、连线等操作,完成后点击"涂鸦提交"按钮,可将作答情况反馈给教师。

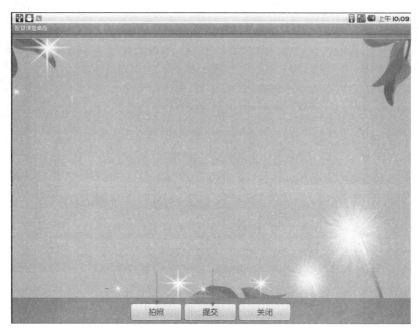

图 9-35 在线交互界面

学生提交涂鸦后,系统投影服务器端会收到学生的提交,并能对提交的图片进行点评。

图 9-36 涂鸦界面

9.4.4.5 在线测试

在进行随堂测试时,学生端会收到教师发送的试题,并自动打开答题界面,学生可以很方便地进行答题操作,从而完成随堂测试活动。

图 9-37 在线测试界面

9.4.4.6 锁屏

当教师教学客户端发出屏幕锁定指令后,学生的学习终端会出现如图 9-38 所示的界面。

图 9-38 教师锁定学生屏幕界面

9.4.5 校园通子系统

9.4.5.1 基本流程

(1) 登录

要使用系统必须在校园通子系统中注册用户信息。

图 9-39 显示了校园通子系统移动端 APP 的用户登录界面。

(2) 本地令牌过期

当用户长时间不操作系统时,登录用户信息会过期失效,需要用户重新登录系统。

图 9-39　用户登录界面　　　　图 9-40　本地令牌过期界面

(3) 注册

在校园通子系统中,采用注册向导方式,一步步引导用户完成注册功能。

图 9-41-1　注册界面(a)　　　　图 9-41-2　注册界面(b)

用户注册流程包括：

第一步：输入用户的手机信息。第二步：用户输入密码并确认密码。第三步：输入注册用户的基本信息，并确认，进行注册。

图9-41-3　注册界面(c)　　　　图9-41-4　注册界面(d)

（4）消息

消息：默认显示未回复的点对点消息和班级群消息（一个班级为一个群组，且系统默认划分）。

图9-42　新消息界面

(5) 学生

学生：教师点开后显示学生的轨迹，默认最近1小时的数据，在下部或者右部显示学生在轨时间线（如图9-43-2），点击时间轴，则触发轨迹计算操作。

图9-43-1 学生定位界面(a)　　　　图9-43-2 学生定位界面(b)

图9-44 学生资料信息查看界面

注意：时间轴默认显示最近3天的，超出部分将不再显示（该值可以通过服务器的系统参数调整，而不是人工调整）。

(6) 学校

学校：学校里包含两个功能，分别是作业和活动，可以在上部加入tab进行切换。

作业：就是学生的课后作业或者学校下发的通知、公告等信息。

活动：介绍班级或者学校里的一些活动情况。

这些数据由教师端录入。

(7) 班级

班级：显示该班级的学生列表，点击某个学生可以查看详细信息。在详细信息界面里可以发送消息。点击后进入点对点聊天界面，或者查看某一位学生的资料。

(8) 聊天界面

左侧是系统的聊天界面，右侧是信息输入界面。

(9) 我

图 9-46 显示了用户的基本资料信息，这些信息是用户在注册时填写的，有些不可更改。

图 9-45 聊天信息输入界面　　　　图 9-46 用户基本信息界面

(10) 设置

校园通子系统中的设置功能包括学校信息、班级信息、学生学号、缓存管理、使用帮助和关于。

图 9-47 用户设置界面

9.4.5.2 教师和管理者界面

图 9-48 教师消息界面

消息：消息是学生与教师交流的消息提醒区。

位置：学生可以手动定位自己的位置，但是数据的发送频率由教师决定。

作业：显示教师发布的当天或者历史作业信息。

资源：在 AI 交互教学平台中提供网上学习资源，学生可以进来学习。

我：个人信息。

附录 1
新教学系统支持端需求描述

新教学AI教师由系统提供支持,因此管理者主要负责AI教师的课程、检索、交互管理。下面介绍后台系统需要为AI教师提供的支持。

在课前,系统支持人员协助AI教师进行以下操作:

自测试管理:在预习环节,学生预习学习教案并按照教案中的要求进行自测试,这些信息会自动反馈到AI交互课堂教学子系统中,教师可以看到学生对预习教案的学习情况和自测试的结果。教师可以对自测试的结果进行管理,如统计分析、错题对比分析等。通过这些动作教师能够对学生的学习情况有一个立体的认识,了解每一位学生学习的情况,如哪些知识点掌握得薄弱,哪些知识点没有掌握,哪些基础知识不牢固,哪些是共同的错误以及错误的数量。

课前预习管理:此处管理的对象有两个,即预习教案和学生预习情况。当教师在新教学备课子系统中发布预习教案后,在AI交互课堂AI教学管理子系统中就能够看到该预习教案及学生对该教案的学习情况,如,教案的下载次数、下载人、下载时间、学习时长等。

学生数据分析:AI教学管理子系统提供了对预习自测试进行自动批改的功能,当学生在学生学习终端中提交自测试习题后,在AI教学管理子系统中就会立即对该自测试习题进行自动批阅,教师可以实时地查看每位学生的自测试的答题情况。通过对学生信息的加工以及学生预习情况的分析,AI教师将获得上课学生的数据,有针对性讲解知识重点。

在课中,系统支持人员协助AI教师进行以下操作:

讲义控制:AI教师在课堂教学活动中可以使用讲义的翻页、截屏、共享、显示等功能。AI教师的这些动作都是依据教案脚本的要求而执行的。

资源搜索:在课堂的进行过程中,当学生举手提问题时,AI教师可以随时到教学资源管理子系统中搜索所需的资源展示给学生。搜索的范围不限于教学资源管理子系统,学生也可以到互联网上进行资源搜索。

资源下载:AI教师搜索到的资源可以发送到学生学习终端上,也可以保存在教师教学终端的存储介质中。

资源展示:将搜索的资料展示给学生,并可以一边展示,一边朗读资源的文字介绍。

课堂状态监控:AI教师进行的课堂状态监控是指对学生终端屏幕、学生终端是否在线、举手行为、签到状态等的监控。学生终端屏幕监控是指在课堂教学活动进行的过程中,AI教师会定期查看学生的屏幕,如果发现某个学生的设备的当前屏幕不是 AI 交互教学管理平台所允许的界面中就进行后台消息提醒。当发现学生的终端不在线时,就在大屏上显示学生的信息。监控到有学生异常行为发生时,AI 教师会暂停当前的课堂,发起与学生互动,互动完成后,AI 教师可以回到当前课堂的进度,继续进行教学活动。教师端有相应的开关来控制是否允许学生提问。

课堂互动活动:在课堂活动中,当教案的脚本出现脚本的活动命令时,AI 交互教学管理系统会自动识别和执行活动命令的动作,例如 CMD:ActSingleChoice(单选题),CMD:ActMultipleChoice(多选题),CMD:ActGroup(分组讨论)等命令。遇到这些命令时,AI 教师会将命令所代表的文件进行分发,具体的命令结构参见 AI 教师命令说明章节的内容。

点评:AI 教师在执行到 CMD:Comment 命令时会按照指令的要求对课堂互动中的问题进行点评。该指令是和课堂教学活动中的指令一起使用的,且点评是对问题的统计结果进行展示。

涂鸦:在课堂教学活动中,当 AI 教师解析教案脚本遇到 CMD_DRAW 指令时,则发出涂鸦指令。涂鸦指令适合作图题,例如高等数学、大学物理等基础课都适合使用该指令。当学生提交涂鸦动作后,AI 教师可以进行点评等后继动作。

屏幕共享:AI 教师遇到 CMD:Question:Share 指令时会随机挑选一个在线学生,将问题推送给学生,并将该学生的学习终端屏幕共享到大屏幕上。

测试:AI 教师遇到 CMD:TEST 指令时会将指令指定的测试内容发送到学生的学习终端上,开始测试活动。

答疑互动:当 AI 教师遇到 CMD:QA 时会开启自身的麦克风功能,并从举手的学生中选择一个进行答疑互动。

在课后,系统支持人员协助 AI 机器人教师进行以下操作:

数据管理:在课堂学习中学生一般会生成讲义、资源、试题、测试结果等数据。如何分门别类地将这些数据放到一起保存起来也不是一件容易的事情,所以由系统支持人员对数据进行管理与分析。主要管理手段为数据的备份、导入导出、数据删除等操作。

反馈管理:集合教师反馈、学生反馈、学生成绩与学生检索等多方面数据进行大数据分析,总结归纳出有针对性的重点,对后续的课堂教学设计更优化的教案。

附录 2
新教学智能考试子系统需求

在线考试系统在实际教学中得到了广泛的应用,并成为计算机信息系统研究与应用的热点领域之一。新教学考试子系统在综合分析当前考试系统研究成果的基础上,进一步完善了考试中的一些重要功能,包括用户登录、身份验证、题库管理、试题管理、智能组卷、试卷管理、在线考试、知识点管理、知识库管理、数据管理等模块。

考试子系统中的主要技术有 DST 技术(Dynamic Simulation Technology,动态模拟考试技术)、RET 技术(Realistic Environment Technology,真实环境考试技术)、SRAT 技术(Simulation Realistic Environment Assessment Technology,全真环境下动态转换技术)、智能化考试结果判定技术、INM 技术(智能化、非线性多元组卷模板技术)。DST 技术是动态模拟考试、培训的技术,它基于图论的语义状态转换理论,在 AI 交互教学管理平台上模拟全真环境的应用软件和系统软件的操作过程及步骤。其模拟过程体现了全真环境的动态特点,对于考试的过程、结果全程跟踪。DST 技术摆脱了软件产品对运行环境的依赖性,完全独立于真实的执行环境。RET 技术基于组件对象模型,以多进程运行方式,允许用户在全真环境下操作,然后捕捉操作过程及操作结果,在操作过程中实现智能提示及个性化教学。SRAT 技术是面向在线考试中的主观题(如编程题)而专门设计的,该技术可判断在各种语言软件、数据库应用软件环境下,可在模拟/全真环境下动态地自动双向转换。

在考试子系统中主要包括以下功能(见附录图 2-1):

试题管理:试题管理的操作者为教师,该功能主要是实现对试题的管理操作,教师可以对试题库中的试题进行编辑。设置难度系数、管理知识点、关联知识库等属性,特别要注意的是知识库就是与试题相关的理论讲解视频或者典型案例解析视频。

组卷:组卷功能是考试系统的核心功能,主要是根据教师设置的条件自动从试题库中获取对应的题目并生成一套试卷。教师设置组卷的条件时可以从试题的知识范围、试题类型、试题数量、试题难度等几个条件进行设置。系统采用 INM 技术(智能化、非线性多元组卷模板技术)从试题库里按照条件进行组卷,最后生成一套试卷及参考答案的集合。在学生提交考试结果后,AI 交互教学管理平台使用智能化考试结果判定技术对试卷答案进行自动阅卷并生成成绩表。

试卷管理:教师可以对自己生成的试卷进行增加、删除、修改和查询的操作,对学生的答

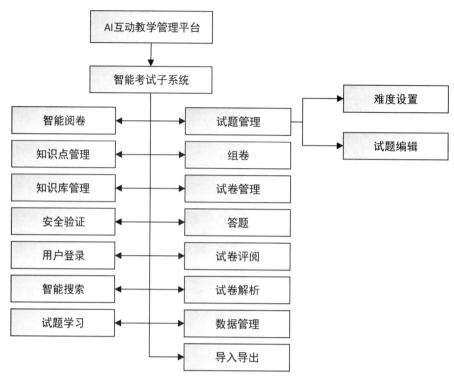

附录图2-1 智能考试子系统功能

卷只有查询的功能。学生只能管理自己参与考试的试卷(包括随堂测试),可以针对试卷进行试卷复盘。

答题:该功能是针对学生而言,学生可以在AI交互教学管理平台中参与考试,进行答题。在答题过程中,学生可以进行试卷的前一题和后一题控制。

智能搜索:学生和教师都可以进行智能搜索操作,智能搜索是指使用者可以设置一些基础的条件,系统会按照条件进行精确匹配,按照试题的匹配度进行优先展示排序。

试题学习:当学生检索到某一类型的试题后,就可以点开试题进行学习。在学习的过程中,学生可以对该试题的理论和经典试题进行扩展学习。

智能阅卷:该功能是利用智能化考试结果判定技术对试卷答案进行自动阅卷并生成成绩单。智能阅卷功能是在试卷中配置的,也就是说出卷者可以设置试卷的阅卷方式——人工阅卷或者智能阅卷。

知识点管理:在考试系统中,知识点是按照教案上知识的先后顺序安排的,从知识点树中可以看出知识点的前后关系。教师可以对自己负责的课程进行知识点管理。一个知识点至少包括课程名、知识点名、知识点内涵与外延、知识点的经典例题、知识点的资源节点情况等。

知识库管理:知识点所代表的经典例题题库就是知识库。知识库是一个按照课程、知识点、典型试题、扩展试题、扩展知识点等信息组成的资源库。按照权限的不同,每个人只能看到自己管理的知识库,他人的知识库可以搜索学习,但不能修改。

试卷评阅:当系统中的智能化考试结果判定对试卷答案进行评估后,教师就可以在课堂上进行试卷评阅。试卷评阅就是依据学生错题情况的多少,对犯错多的试题进行评阅,系统可以计算出每一道试题的综合统计情况并展示给用户。

试卷解析：教师可以针对每一道试题进行点评讲解；学生可以通过考试系统去追溯试题所包含的知识点，找到知识点的理论介绍，也可以对知识点的经典题型进行学习。

数据管理：当系统运行一段时间后，系统的数据量巨大，需要对考试大数据进行维护和管理，操作者可以对试题、试卷及与试卷相关的学生信息管理起来，例如使用试题修改、备份和恢复等功能。

导入导出：当考试子系统中的数据量很大并影响到系统的运行效率时，就需要对数据进行导入导出操作。

安全验证：当用户登录考试子系统时，系统提供了多种安全验证的手段。破解密码最简单的方法是"密码穷举"，所以密码越复杂越不容易被破解。一般从以下三个维度进行限制：密码长度、组成类型、加密、其他限制。密码长度一般长度限制在6—32位。比如，QQ、微信的密码限制是8—16位。在客户端、服务器之间进行数据交互时，一般都采用加密技术（比如MD5）进行传输。加密增强了系统密码的安全性。组成类型有数字、字母、符号三种格式限制，但是一般只限制必须包含两种类型。其他限制包括数字和字母不能连续正序或连续倒序等等。对于密码强度验证，网上有很多校验规则，在此不再赘述。

用户登录：登录信息分为登录设备、登录时长、登录次数、登录终端。关于登录设备，通常登录时会校验有无预设的登录信息，是否为陌生IP。如果陌生设备登录成功后，系统会自动给绑定的手机号、邮箱、APP或微信应用发送异常登录信息，并且提供强制退登、修改密码、联系管理员等阻止登录的快捷操作链接。登录时长主要是针对B端系统，为信息安全性计，如果服务器判断用户为非存活状态，则释放登录信息，用户需重新登录，或者显示屏保图片，保护信息的安全性。关于登录次数，一个IP地址短时间内登录次数超过上限，则设定该IP在3分钟内不可登录。输入错误密码超过一定次数，则限制该账号30分钟内不可登录。对于非可共享账号的业务，可设置单终端设备登录限制。这里的单终端指的是不同类型的终端设备（一部手机、一台PC）。

附录 3
新教学基础数据管理子系统需求

基础数据管理子系统主要实现对教师、学生以及服务器的相关配置和管理功能,如附录图 3-1 所示。基础数据管理子系统是整个系统运转的核心,是系统必不可少的组成,基础数据管理的使用对象为数据管理员或者系统管理员。

系统用户管理:系统用户是指对 AI 交互教学管理平台进行日常管理的人员,包括超级管理员、系统管理员、数据库管理员、教务管理员等。超级管理员负责整个系统的运行维护和授

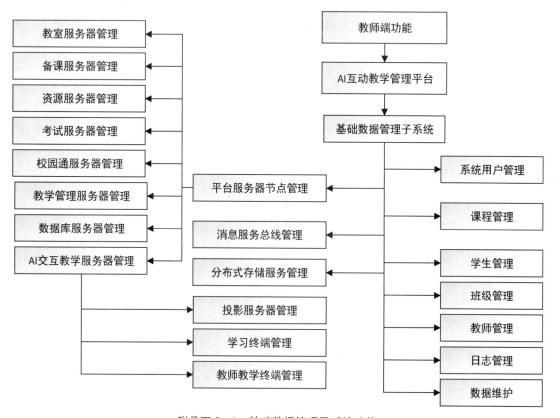

附录图 3-1 基础数据管理子系统功能

权操作,是系统最高级的管理者,一般是由厂家的驻厂技术代表担任。其除了管理核心配置数据外,还有对系统管理员和数据库管理员分配权限的职能。系统管理员负责维护系统的日常运行,解决突发的故障并对用户提供必要的技术支持。数据库管理员负责数据库的日常管理、优化、备份及日志等管理工作。教务管理员负责整个平台的教务安排、管理和监督工作,为学生和教师提供有关教务问题的解答以及教务信息的发布功能。

课程管理:课程管理分为两部分,一是平台教师对课程提供排课信息、课程的进度监测检查、上课巡查以及考试事务的安排等工作,解决教师上课、调课等问题;二是教师对自己负责的课程进行管理,主要是对课程资源的管理,包括预习教案、预习习题、AI 教师教案、随堂测试、正式试卷及试卷测试的结果等信息的管理功能。

学生管理:该功能是对学生的日常信息进行维护和管理。

教师管理:维护教师的基本信息和教师的教学过程等情况。

消息服务总线管理:在日常工作中,系统管理员要实时监控消息服务总线的工作情况,实时监控消息的收发、在线用户数量等情况,以便及时扩容以应对突发状况。

分布式存储服务管理:AI 交互教学系统平台中的数据和资源都基于分布式存储和分布式计算,通过特定的分布式组件实现大数据分布式存储功能,例如,系统管理员要实时监控和管理 Hbase(Hadoop database)、Memcached、HDFS 等这些组件的运行情况。分布式技术主要基于 MapReducehe 和 Spark 技术。

备课服务器管理:由于 AI 交互教学系统平台是基于大数据平台设计的,因此需要对接入系统的节点服务器做统一的管理(主要是资源服务器、教室服务器、教师教学终端、学生学习终端等)。

教室服务器管理:由于 AI 交互教学系统平台支持多个教室同时授课,因此需要在每个教室安装一套教室服务器,负责本教室内部人员以及与外部学习人员的正常课堂消息和资源的共享与交互。系统管理员要对教室服务器提供日常的运维和管理工作。

资源服务器管理:在 AI 交互教学系统平台中,资源服务器是由多台数据库组成的,其中存储着平台上的所有的文件资源。在系统的运行过程中需要系统管理员对服务器进行定期的维护和管理操作。

考试服务器管理:考试服务器由一组通过集群技术集成到一起的应用服务器、数据库服务器、资源服务器组成,其中存储了所有的知识库和试题数据。在系统的运行过程中需要系统管理员对服务器进行定期的维护和管理操作。

教学管理服务器管理:教学管理服务器是一组分布式的应用服务器集群,集成了 AI 交互教学系统平台中的大部分核心服务,为各个子系统提供基础数据服务。其在运行过程中需要系统管理员对其内容进行优化和管理。

数据库服务器管理:数据库服务器会依据业务功能的不同采取垂直分片和水平分片的方式进行有针对性的设计,因此需要专业的数据库管理员进行维护管理。

AI 交互教学服务器管理:AI 交互教学服务器是一个终端设备的集合,包括教室投影终端设备、学生学习终端、教师教学终端,这些设备组成了课堂教学的环境,支撑着整个 AI 交互教学事件活动的进行。

日志管理:日志是系统监控和分析重要数据来源,是系统运维和监控的唯一来源,包括系统日志、应用程序日志和安全日志。每条日志都记载着时间戳、主机名、使用者及操作行为等相关的描述,系统运维和开发人员可以通过日志了解服务器软硬件信息、检查配置过程中的错误及错误发生的原因。经常分析日志可以了解服务器的负荷和性能安全性,及时分析问题,追查错误根源。在系统运行过程中需要系统管理员对其日志内容进行管理。

数据维护：该功能主要是对数据的排错、备份和恢复管理。

附录 4
新教学智能教学备课子系统需求

附录图 4-1 展示了智能教学备课子系统,它采用"面向教师和学生"的全新设计思路。针对课堂教学的全过程,提供教师和学生集多媒体教学、沉浸式教学、学生探索学习和学生自主学习于一体的系统性的教学资源平台。该系统为教师和学生提供备课模板指导、个性化教案录制、教学设计、优秀课件参考、多媒体资源、知识点集锦、智能习题编辑器以及扩展知识等资源,并以教材为主线把各种资源有机地联系在一起,教师和学生可以完成备课、制作课件或在线学习与研究。

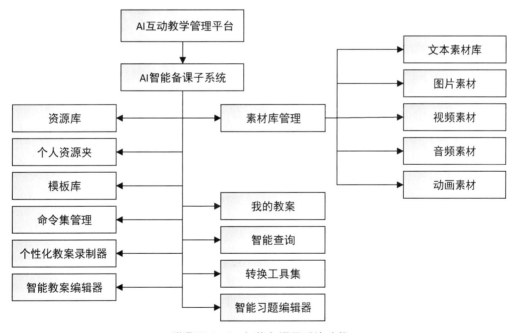

附录图 4-1 智能备课子系统功能

素材库管理:AI 智能备课子系统提供了强大的素材库,这些素材基本上都是单一的、完整的功能,包括文本素材(主要支持 txt、doc、docx、pdf、ppt、pptx、xls、xlsx 以及其他文本类型)、图片素材(bmp、jpg、png、jpeg、gif、tiff 等)、视频素材(asf、avi、3gp、mpg、mlv、mpe、mpeg、mov、rm、rmvb 等)、音频素材(avi、mp3、wav、OGG、MP3pro、AAC、VQF、ASF 等)、动画素材

(gif、MB、swf、ANI、GIF、fla)等。教师可以对这些文件进行日常维护。素材的元数据信息比较简单,只是标明自己所属的分类、类型、用途等。

资源库:资源库是整个系统的资源存放地,此处的资源是指有一定教学意义的完整案例,是与教学知识点相关联的,例如关于结合律定义的例子与习题。资源库中的资源在备课系统中可以直接加载到备课编辑器中而无须做任何的改动。资源库中的资源也可以是素材库中的所有数据格式,但是其元数据描述比较复杂和详细,包括关键词、名称、分类、类别、年级、知识点、难度系数、解说词、关联知识点、发布人、发布时间等信息。

模板库:模板库是针对备课功能设计的一个基础模板结构。系统为各种课程提供了不同的模板结构,方便教师在备课时选择不同的模板来设计教案。这些模板不仅支持和包含传统教学的教案内容,更为关键的是采用了新的教学模式,增加了智能交互设计,以利于学生和教师采用现代化的教学手段,实现高效自主学习和提高课堂教学效果。特别是在教学方法和过程上,教师可以采取 AI 教师智慧授课模式,动态地插入各种命令,实现课堂教学的互动活动。AI 智能备课子系统专门提供了个性化课堂教案编辑功能,可以实现个性化课件制作。此外还加入了自测试习题部分。模板库中的模板有别于传统的教学模板,它是一个文件集合,各部分都可以编辑和扩充,在教学的过程中能够被 AI 教师所识别,从而实现新教学模式授课的功能。当然教师也可以自己定制自己的教学模板,方便自己备课。

个人资源夹:教师可以在 AI 智能备课子系统中建立自己的资源夹,资源夹的权限可以自己设置。个人资源夹存储了自己的一些资源,在备课的过程中,可以引用个人资源夹的资源。教师可以对自己资源夹中的资源进行分类、新增、删除、修改、共享等操作。

我的教案:在 AI 智能备课子系统中,教师设计的教案都会自动加入"我的教案"分类中,这样教师就可以进行集中管理。在"我的教案"中,教师可以新建教案、编辑教案、删除教案,同时可以搜索其他教师的教案和共享自己的教案,只有共享的教案才可以被其他教师搜索到。

命令集管理:AI 智能备课子系统提供了一个命令集管理的功能,该命令集是固化到系统中的,智能系统管理员进行修改,教师无权修改。

智能教案编辑器:智能教案编辑器是 AI 智能备课子系统中的核心功能,教师可以通过智能教案编辑器创建和生成自己的教案,从而完成备课工作。在智能教案编辑器中,教师可以打开教案模板,编辑教案的每一部分,引入自己的教学素材和资源,在教学活动部分插入个性化的教学命令集,从而实现教案的编辑,再使用转换工具集生成视频或者课件,完成教案的编写。

个性化教案录制器:AI 智能备课子系统提供了一个视频录制工具集,教师可以很方便地录制自己的个性化教案。

智能习题编辑器:AI 智能备课子系统提供了智能习题编辑器功能,这些习题是需要教师在课堂上与学生进行互动来予以解决的,因此需要使用专门的系统编辑器来进行编辑。教师可以在线维护自己编辑的习题,进行新增、删除、修改以及发布等操作。

转换工具集:转换工具集是 AI 智能备课子系统提供的几个工具集合,可以解析备课教案的结构,按照教案的结构从对应的资源库中抽取对应的资源并下载到本地,按照教师的要求生成各种格式的文档集合,主要有视频文件、AI 教师教案、PPT 文件、PDF 文件、习题文件等格式。

智能查询:智能查询是指 AI 智能备课子系统中提供的对资源、素材、教案、习题等资源库进行智能查询的功能。在查询时教师和学生可以设置多个条件进行多维度查询。

附录 5
新教学模式应用的技术基础和目标

随着科学技术的发展,新技术层出不穷。通信、网游、电商、银行、交通等领域出现了很多令人惊喜的技术应用,如人工智能、人脸识别、指纹识别、大数据处理、海量数据存储、大并发访问等。新技术给这些行业带来了日新月异的变化,促生了很多商业新模式,方便了人们的日常生活,加快了生活的节奏。但是这些新技术在教育领域的应用还很有限,未来的教育离不开信息技术,未来的教学模式将随着信息技术的发展而发生更大的变化。目前新技术处于高速发展的阶段,不久的将来也许有更新的更合适的教育技术产生,实现人与机器的和谐共处。同时教学模式也会随着技术的更新而发生新的变化。本附录为了方便读者在较短的时间内对新教学所关联的技术基础有一个概要了解,特别对几个核心新技术作简单介绍。

A5.1 新教学模式应用的核心新技术

A5.1.1 IP 技术

(1) IPv6 技术

由于目前广泛使用的 IPv4 是几十年前制定的,当时制定标准的时候未预料到互联网会爆炸式发展,因而随着时间的推移,IP 地址资源已经几乎消耗殆尽,因此 IPv6 应运而生。

IPv6 是英文"Internet Protocol Version 6"(互联网协议第 6 版)的缩写,是互联网工程任务组(IETF)设计的用于替代 IPv4 的下一代 IP 协议,其地址数量号称可以为全世界的每一粒沙子编上一个地址。IPv6 的使用,不仅能解决网络地址资源数量的问题,而且能解决多种接入设备连入互联网的障碍。

IPv6 的地址长度为 128 位,是 IPv4 地址长度的 4 倍。IPv6 的优势就在于它大大地扩展了地址的可用空间,如果地球表面(含陆地和水面)都覆盖着计算机,那么 IPv6 允许每平方米拥有 7×10^{23} 个 IP 地址;如果地址分配的速率是每微秒 100 万个,那么需要 10—19 年才能将所有的地址分配完毕。

中国借助 IPv6 技术升级的机会,以根服务器组数量扩展为抓手,改变了美国在全球互联网治理中一家独大的状况,不仅使中国拥有了根服务器,有利于中国的网络主权和信息安全,还让德国、法国、俄罗斯、印度等国家共同参与全球互联网的治理,创建了一个公平合理、互利共赢的互联网治理新体系。

(2) IPv6 对网络的影响

把 IP 地址一下子扩大到 128 位,从理论上做到了每个设备一个 IP 的可能,IPv6 在网络中正式应用后将对网络生活的各方面产生很大的影响。

◆ 端到端实时通信

端到端实时通信是通信业务的基本特征,同时也是下一代网络的本质特征和发展方向,是互联网产业化的必然需求,而传统网络的"终端—服务器"模式无法满足这一要求,制约了互联网产业化的发展速度,势必被 IPv6 技术所代替。

◆ 语音、数据和视频的融合

将来所有的电信服务和信息服务,包括语音、数据和视频业务等,将会使用下一代网络,运营商将利用 IPv6 的多业务能力提供新的服务,创造新的收入增长点。这些新服务主要包括:

应用服务提供:包括应用软件的递送和支持电子商务服务。

综合语音和数据业务:IPv6 具有把语音和数据综合在一起的能力,包括 Web 智能的呼叫中心、统一信息传递和多媒体会议。

◆ 满足丰富的移动互联业务需求

在以 IPv6 为基本核心技术的下一代网络上可以实现现有的全部通信服务,更重要的是 IPv6 提供的巨大的地址空间以及所具有的诸多优势和功能,使其成为构筑移动互联网的重要基础,并使提供语音、数据、视频融合的高品质、多样化通信服务的移动互联网的实现成为可能。那时,从移动终端、汽车到自动贩售机、家用电器和其他机器设备都可以实现实时在线,一个个信息孤岛最终连成强大的网络,人们将获得全新的信息和通信服务体验。

(3) 对教育领域的影响

IPv6 的出现使人手一个固定 IP 成为可能,对教育系统来说,很多系统不再局限于局域网或者内网使用,可以方便地应用到互联网上,终端 IP 的固定不再需要 CDN 内容分发和内网穿透技术,降低了软件实现的难度,使数据访问更加简单快捷。

A5.1.2　5G 通信技术

随着 3G、4G 技术的广泛应用,无论是移动互联还是端到端的应用都发生了很大的变化,通信技术作为信息的传输媒介在其中起了决定性的作用。

5G 是新一代移动通信技术发展的主要方向,是未来新一代信息基础设施的重要组成部分。与 4G 相比,5G 不仅将进一步提升用户的网络体验,而且将满足未来万物互联的应用需求。

5G 时代推动通信技术服务业发展。通信技术服务包括以下四个环节:网络工程服务、网络维护服务、网络优化服务以及相关系统解决方案,其最终目的是为运营商提供一个稳定、高效的通信网络,并为其业务的开展提供可靠的技术支撑。未来 5G 网络的建立必须经历通信技术服务所包含的这几个环节,因此未来通信技术产业业务量有望爆发,产业大有可为。

(1) 5G 技术的特点

第一,为用户提供了超大带宽。带宽是指在单位时间内能传输的数据量,即在传输管道中可以传递数据的能力。可用带宽越低,每个人的设备运行得就越慢。大带宽是第五代移动通信技术的优势之一。随着可用带宽的增加,人们也将能够利用这一带宽对他们的设备做更多的事情,使它们比以往任何时候都更加通用。

第二,更大带宽意味着更快的速度。在 3G 和 4G 网络环境下,下载文件或连续观看几分钟的视频会比较费劲,但对于 5G 网络来说,这不是问题。由于带宽的提升,人们可以在不排挤其他用户的情况下使用更多的带宽。随着智能设备能搭载并使用高速的 5G 网络,这些设备将不再受带宽的限制,能够比以往任何时候运行得更快。

第三,催生巨大的市场空间。从理论上讲,在传输速率方面,5G 峰值速率为 20 Gbps,相较于 4G 提升了 20 倍,用户体验速率将达到 0.1 Gbps—1 Gbps,提升了 10—100 倍。预计 5G 将成为数据驱动型行业、智慧城市和基础设施管理的关键性因素,因为它可以让更多设备在同一区域内可靠、安全且不间断地工作。同时,5G 还将成为连接人类和机器的催化剂,以前所未有的规模将人和机器连接在一起,真正实现"万物互联",并创造出新的商业和经济机会。

(2) 对教育行业的影响

3G 时代,移动网络迈入教育领域,移动学习应运而生;4G 网络开启了移动互联网时代,在线教育全面发展,远程教育进程加速。5G 时代将从根本上改变当前的教育模式。随着 5G 网络覆盖逐步完善,5G 将在创新教学手段、均衡教育资源、扩展学习途径、提升教学质量、完善考评体系、实现校园智能化管理等方面发挥更大的作用,助力构建智慧教育新生态。

A5.1.3 大数据处理技术

在大数据技术不断应用落地的同时,大量的新技术涌现,核心技术就是大数据处理技术。大数据处理技术包括:大数据采集、大数据预处理、大数据存储与管理、大数据分析、大数据可视化等。

大数据采集就是通过各种数据抓取和采集技术获取大数据的过程,这个过程必须关注针对大数据源的智能识别、感知、适配、传输、接入等技术。一般来说,数据采集方式分为系统日志采集法和网络数据采集法。其中比较常用的是网络数据采集法中的网络爬虫。

大数据预处理技术主要是对已经完成收集的数据进行辨析、抽取、清晰等操作。数据抽取的过程可以帮我们将复杂的数据转化为单一或者便于处理的数据,而数据清洗则是去除我们所不关心的数据内容,从而实现数据的"去噪",提高数据分析的精准度。

大数据存储与管理要用存储器把采集到的数据存储起来,建立相应的数据库,并进行管理和调用;重点解决复杂结构化、半结构化和非结构化大数据管理与处理技术;主要解决大数据的可存储、可表示、可处理、可靠性及有效传输等几个关键问题。

大数据分析是数据分析的核心环节,是对已有数据通过各种分析手段实现数据价值的过程。相对于原来少量数据可以使用 Excel 完成而言,大数据庞大的数据量需要采用更多的技术来实现数据分析。

通过编程的方法可以实现数据最终的可视化效果,以让数据说明的问题更加直观,也是数据分析最终结果的体现。

A5.1.4 自动识别技术

自动识别技术(Automatic Identification and Data Capture)就是应用一定的识别装置,通过被识别物品和识别装置之间的接近活动,自动地获取被识别物品的相关信息,并提供给后台的计算机处理系统来完成相关后续处理的一种技术。

自动识别技术将计算机、光、电、通信和网络技术融为一体,与互联网、移动通信等技术相结合,实现了全球范围内物品的跟踪与信息的共享,从而给物体赋予智能,实现人与物体以及物体与物体之间的沟通和对话。

按照应用领域和具体特征的分类标准,自动识别技术可以分为条码识别技术、生物识别技术、图像识别技术、磁卡识别技术、IC卡识别技术、光学字符识别技术(OCR)与射频识别技术(RFID)。

自动识别技术是以计算机技术和通信技术的发展为基础的综合性科学技术,它是信息数据自动识读、自动输入计算机的重要方法和手段。归根到底,自动识别技术是一种高度自动化的信息或数据采集技术。教学领域特别关注的是生物识别技术。

随着科学技术的不断突破,人们身上越来越多的生物特征被运用到各行各业中,比如常见的指纹识别、人脸识别、虹膜识别、静脉识别等。生物识别技术将计算机和光学、声学、生物传感器与生物统计学原理等领域的高科技手段紧密结合起来,利用人体固有的生理特性和行为特征来鉴定个人的身份。

(1) 指纹识别技术

指纹识别技术是通过比较不同指纹的特征来进行识别的技术。每个人的指纹是唯一的,如果指纹的相似性高达99%以上,那么基本上可以将其识别为同一个人的。由于指纹识别仪器操作简单快捷,在生物认证领域被广泛使用,其主要用于公司考勤、安防、身份识别认证、银行金库系统等,即使是今天的手机和电脑也使用指纹识别。

在教育行业,指纹识别技术只能应用到浴室、图书馆、实验室等有限的场景,诸如教室点名、远程授课点名都不适合。

(2) 人脸识别技术

人脸识别技术也是大家经常说的"刷脸"。每个人的人脸图像都是不一样的,即使是双胞胎也可以通过人脸识别技术来予以区分。

人脸识别技术根据人脸特征的不同,通过特殊的生物识别技术算法来识别是否为同一个人。现阶段,人脸识别技术运用的范围并不太宽广,毕竟它比指纹识别对人们隐私的侵害要大得多。

对于教育行业来说,人脸识别技术确实有其用武之地。例如远程教育系统中的人脸识别点名功能、智慧教室系统中的人脸识别点名功能、宿舍管理或者校园管理系统中的人脸识别功能可以甄别出来是否为本校人员,并依据甄别结果由自动监测系统进行人像跟踪和定位,以预防安全隐患的发生。人脸识别技术在教育领域可以应用到诸多方面,为未来的教育发展提供技术基础支撑。

人脸识别技术主要包括四个组成部分,分别为:人脸图像采集及检测、人脸图像预处理、人脸图像特征提取以及人脸图像匹配与识别。

◆ 人脸图像采集及检测

人脸图像采集:不同的人脸图像都能通过摄像镜头采集下来,比如静态图像、动态图像、不同的位置、不同的面部表情等信息都可以得到很好的采集。当用户在采集设备的拍摄范围内时,采集设备会自动搜索并拍摄用户的人脸图像。

人脸检测:人脸检测在实际中主要用于人脸识别的预处理,即在图像中准确标定出人脸的位置和大小。人脸图像中包含的模式特征十分丰富,如直方图特征、颜色特征、模板特征、结构特征及 Haar(Haar-like features)特征等。人脸检测就是把这其中有用的信息挑出来,并利用这些特征实现人脸检测。例如:通过眨眼睛、张大嘴巴等动作的检测可以避免通过照片替代人的事件发生,保证了站到摄像机前的是人而不是物品。

Haar 特征通常用于人脸识别,分为四类:边缘特征、线性特征、中心特征和对角线特征,这些特征组合成特征模板。特征模板内有白色和黑色两种矩形,并定义该模板的特征值为白色矩形像素之和减去黑色矩形像素之和,计算公式为:v=Sum 白-Sum 黑。Haar 特征值反映了图像的灰度变化情况。例如:脸部的一些特征可以由矩形特征简单地描述,如眼睛要比脸颊颜色要深、鼻梁两侧比鼻梁颜色要深、嘴巴比周围颜色要深等,但矩形特征只对一些简单的图形结构进行描述,如边缘、线段较敏感,所以只能描述特定走向(水平、垂直、对角)的结构。

Haar 的四种特征提取模板矩形如附录图 5-1 所示(色块矩阵姿态包括水平、垂直、斜 45 度)。

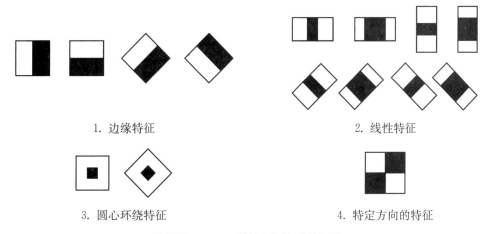

附录图 5-1 四种特征提取模板矩形

主流的人脸检测方法基于以上特征采用 Adaboost 学习算法。Adaboost 算法是一种用来分类的方法,它把一些比较弱的分类方法合在一起,组合出新的很强的分类方法。

人脸检测过程中使用 Adaboost 算法挑选出一些最能代表人脸的矩形特征(弱分类器),按照加权投票的方式将弱分类器构造为一个强分类器,再将训练得到的若干强分类器串联组成一个级联结构的层叠分类器,有效地提高分类器的检测速度。

◆ 人脸图像预处理

对于人脸的图像预处理是基于人脸检测结果,对图像进行处理并最终服务于特征提取的过程。系统获取的原始图像由于受到各种条件的限制和随机干扰,往往不能直接使用,必须在图像处理的早期阶段对它进行灰度校正、噪声过滤等图像预处理。对于人脸图像而言,其预处理过程主要包括人脸图像的光线补偿、灰度变换、直方图均衡化、归一化、几何校正、滤波以及锐化等。

◆ 人脸图像特征提取

人脸识别系统可使用的特征通常分为视觉特征、像素统计特征、人脸图像变换系数特征、人脸图像代数特征等。人脸图像特征提取就是针对人脸的某些特征进行的。人脸图像特征提取,也称人脸表征,它是对人脸进行特征建模的过程。人脸图像特征提取的方法归纳起来分为两大类:一类是基于知识的表征方法;另一类是基于代数特征或统计学习的表征方法。

基于知识的表征方法主要是根据人脸器官的形状描述以及它们之间的距离特性来获得有助于人脸分类的特征数据,其特征分量通常包括特征点之间的欧氏距离、曲率和角度等。人脸由眼睛、鼻子、嘴、下巴等局部构成,对这些局部和它们之间结构关系的几何描述,可作为识别人脸的重要特征,这些特征被称为几何特征。基于知识的人脸表征主要包括基于几何特征的方法和模板匹配法。

◆ 人脸图像匹配与识别

人脸图像匹配就是将提取的人脸图像的特征数据与数据库中存储的特征模板进行搜索匹配,通过设定一个阈值,当相似度超过这一阈值,则把匹配得到的结果输出。人脸识别就是将待识别的人脸特征与已得到的人脸特征模板进行比较,根据相似程度对人脸的身份信息进行判断。

(3) 虹膜识别技术

每个人的虹膜都和指纹一样,不仅是独特的,而且没有特殊情况是不会发生改变的。只要人类实现虹膜识别技术,就可以将此技术应用于各种场景。虹膜识别技术比指纹识别技术更准确、更迅速,但是虹膜识别技术需要参与识别的人进行主动配合才能有较高的识别率。

(4) 静脉识别技术

手掌静脉识别技术是一种安全性极高的生物识别技术。其工作原理是将近红外传感器采集的手掌静脉分布特征值加密处理成不可逆的计算机数据,存入数据库,当需要身份认证时,再收集掌动脉数据并与数据中的模板对比从而认证个人身份。

随着时代的发展和技术的不断进步,生物识别技术解决了人类社会日常生活中的一个基本识别问题。未来,这种识别的结果将越来越多地与各种行业的应用相结合,信息将通过网络共享。

A5.1.5 AR/VR/MR 技术

A5.1.5.1 什么是 AR 技术

AR 是 Augmented Reality 的缩写,译为"增强现实",是一种全新人机交互技术。通过 AR 技术,参与者与虚拟对象进行实时交互,从而获得一种奇妙的视觉体验,而且能够突破空间、时间以及其他客观限制,感受到在真实世界中无法亲身经历的体验。

教育行业是一个不断迭代的行业,总是需要更好的学习方式和更深的学习层次。随着科技的发展,人们对学习的要求越来越高,传统的教育方式很难满足大部分人的需求。教育+互联网已经成为行业的标配,在线教育用户边界不断扩大,关联内容也越来越多,而 AR 技术的发展也为之提供了一种新可能。

AR 技术将需要学习的内容以 3D 形式在屏幕上呈现,甚至是 1∶1 还原模型,展现模型内部构造细节,同时与现实场景交互,或进行联机模拟操作。AR 应用适用于教育领域的 AR 培训、AR 建模、AR 图书、发现式学习、AR 导览和 3D 展厅等场景应用。AR 教育方案具有以下优势:

① 趣味性高:AR 呈现的内容全部是 3D 立体的,非常生动、直观、形象,有助于学生理解和记忆。

② 团队协作:当学生们用 AR 技术去学习的时候,他们不再是死记硬背,而是去体验学习

内容,并且可以以团队协作的方式参与到教学中。

③ 提高学习的效率:生动的 AR 展示所带来的感官体验是语言描述无法比拟的,沉浸式学习让学生对知识的掌握更牢固,提高了学生接受知识的效率。

④ 节省时间:虚实融合的 AR 技术令很多数字化的教学内容可以直接融合到实体教学物品上,为教师带来巨大的方便,他们不需要在虚拟和现实之间进行反复切换,从而节省了大量时间,提高了教学的效率。

⑤ 远程支持:AR 可以让不同地区的教师、学生聚集在一个虚拟课堂中上课,并且可以真实、实时地交互。

⑥ 提高安全:针对生化方面的课程,借助 AR 技术,完全可以进行虚拟的实验而获得同样的效果。这样,教学中的风险就大大降低了。

⑦ 降低成本:有了 AR 技术,很多课程所需的实体物料就不需要了。

A5.1.5.2　什么是 VR 技术

VR(虚拟现实)是一种虚拟现实技术,其通过计算机技术生成一种模拟环境,同时使用户沉浸到创建出的三维动态实景。可以将其理解为一种对现实世界的仿真系统。在教育领域 VR 已经展现出其巨大的优势,并且会进一步改变现有的教育模式。VR 在教育领域具有以下优势:

第一,虚拟现实可以通过多种方式使学习变得更加有趣,其中之一就是虚拟漫游。在很短的时间内,这已经成为 VR 学习的最佳应用,因为其可以将学生带到世界上任何地方、任何事件发生点,而无须他们离开座位。他们可以在这里探索他们想要的一切,并参与特定的历史事件或者观看特定的物理现象,这可以让学习变得更加有趣。

第二,VR 应用扩展了知识的展现手段。学生可以进行太空漫游、自由探索、以第一或第三视角参与历史事件的重演、无视时间和距离进行穿越。学生不仅能够看到、听到和身临其境地参与,而且能够在虚拟空间内移动并与元素交互,前所未有地参与其中。这种沉浸式学习方式极大地提高了学生的学习兴趣,增强了学生对知识的理解和掌握,提高了学习的效率。

第三,VR 技术在远程教育中拓展了教育的受众面。传统的远程教育无外乎视频播放和文件预览,VR 的出现将改变这一情况,可以将远端的学生集成到虚拟教室中来,大家坐在一个虚拟的教室里就和在实际课堂环境中一样。通过虚拟的课堂空间,拥有 VR 耳机的学生可以自己投影并与教师和其他学生交互。

A5.1.5.3　什么是 MR 技术

MR(混合现实技术)是虚拟现实技术的进一步发展。该技术通过在现实场景呈现虚拟场景信息,在现实世界、虚拟世界和用户之间搭起一个交互反馈的信息回路,以增强用户体验的真实感。

从概念上来说,MR 与 AR 更为接近,都是一半现实一半虚拟影像,但传统 AR 技术运用棱镜光学原理折射现实影像,视角不如 VR 视角大,清晰度也会受到影响。为了解决视角和清晰度问题,新型的 MR 技术将会投入在更丰富的载体中,除了眼镜、投影仪外,目前正在研究用头盔、镜子、透明设备做载体的可能性。

MR=VR+AR=真实世界+虚拟世界+数字化信息,简单来说就是 AR 技术与 VR 技术的完美融合以及升华,虚拟和现实互动,不再局限于现实,获得前所未有的体验。

总之,MR技术更有想象空间,它将物理世界实时并且彻底地比特化了,又同时包含了VR和AR设备的功能。国内一线科技企业已加入VR设备及内容的研发中,而在内容创造方面,也已经有了超次元MR这样的作品,这必然推动VR更快地向AR、MR技术过渡。

A5.1.6 云技术

云技术通常包括云计算技术、云存储技术和云服务。"云"是网络、互联网的一种比喻说法。

A5.1.6.1 云计算技术

云计算技术包括狭义云计算技术和广义云计算技术。狭义云计算技术是指IT基础设施的交付和使用模式,通过网络以按需、易扩展的方式获得所需资源。广义云计算技术是指服务的交付和使用模式,通过网络以按需、易扩展的方式获得所需服务,这种服务可以是IT和软件、互联网相关,也可是其他服务。

云计算技术是分布式处理、并行处理和网格计算的发展,是透过网络将庞大的计算处理程序自动分拆成无数个较小的子程序,再交由多台服务器所组成的庞大系统,经计算分析之后将处理结果回传给用户。通过云计算技术,网络服务提供者可以在几秒钟之内,处理数以千万计、亿计的信息数据,达到和"超级计算机"同样强大的网络服务功能。它具有以下特点:

(1) 虚拟化技术

虚拟化技术是云计算技术中最为显著的特点,虚拟化技术包括应用程序(指在计算机上运行的一切软件资源)虚拟化和网络资源虚拟化两种。众所周知,物理平台与应用部署的环境在空间上是没有任何联系的,可以通过虚拟软件或者平台对处于远端的应用程序或者资源进行参数配置、资源远程管理、数据远程备份、数据远程迁移和资源的远程扩展等操作。

(2) 动态可扩展

在原有服务器基础上增加云计算技术的功能能够使服务器的计算速度大幅提高,通过动态对服务器资源进行配置和优化以达到对应用进行扩展的目的。动态可扩展的云计算技术提高了系统的灵活性,针对客户而言选择服务更灵活,方便用户针对不同的时间不同的需要动态调整服务的资源情况。例如在智慧校园中,直播系统会依据在线人数的多少动态地向网络资源管理方申请网络的流量大小,以适应学习场景的动态变化。

(3) 按需部署

云计算技术平台能够根据用户的需求快速配备计算能力及资源。云计算服务包含了许多应用、程序软件以及硬件资源等,不同的应用对应的数据资源库不同,所以不同的用户对云计算技术的资源需求不同,用户在购买或者部署时,可以进行弹性选择,按需部署。

(4) 灵活性高

目前市场上大多数IT资源和软硬件都支持虚拟化,比如存储网络、操作系统和开发软硬件等。这些虚拟化的资源统一放在云系统资源虚拟池中进行管理,云计算技术的兼容性非常强,不仅可以兼容低配置机器、不同厂商的硬件产品,还能够从外设获得更高性能的计算,为用户的选择带来极大的灵活性。

(5) 可靠性高

一般的云计算技术平台都有独立的供电系统,所以理论上宕机的可能性非常小。而服务器的单点故障可以通过虚拟化集群技术将分布在不同物理服务器上面的应用进行动态调用和计算,因此云计算技术平台的可靠性非常高。

(6) 性价比高

将资源放在虚拟资源池中进行统一管理,在一定程度上优化了物理资源,用户不再需要购买昂贵的、存储空间大的主机,可以选择相对廉价的 PC 机组成云资源。这样一方面可以减少费用,另一方面计算性能不逊于大型主机,所以云计算技术平台的性价比非常高。

(7) 可扩展性

用户可以利用应用软件的快速部署条件来更为简单快捷地将自身所需的已有业务和新业务进行扩展。如果云计算系统中出现设备故障,对于用户来说,无论是在计算机层面上还是在具体运用上均不会受到阻碍,可以利用云计算系统具有的动态扩展功能来对其他服务器进行有效扩展。这样一来就能够确保任务得以有序完成。在对虚拟化资源进行动态扩展的情况下,同时能够进行高效扩展应用服务,提高云计算技术的服务水平。

A5.1.6.2 云存储技术

云存储是在云计算技术概念上延伸和发展出来的一个新的概念,是指通过集群应用、网格技术或分布式文件系统等功能,将网络中大量各种不同类型的存储设备通过应用软件集合起来协同工作,共同对外提供数据存储和业务访问功能的一个系统。当云计算系统运算和处理的核心是大量数据的存储和管理时,云计算系统中就需要配置大量的存储设备,那么云计算系统就转变成一个云存储系统,所以云存储是一个以数据存储和管理为核心的云计算系统。它把数据存放在由第三方托管的多台虚拟服务器上,而非自己购买部署的服务器上。托管(Hosting)公司运营大型的数据中心,需要数据存储托管的人,则通过向其购买或租赁存储空间的方式来满足数据存储的需求。数据中心营运商根据客户的需求,在后端准备存储虚拟化的资源,并将其以存储资源池(Storage Pool)的方式提供给客户,客户便可自行使用此存储资源池来存放文件或对象。实际上,这些资源可能被分布在众多的服务器主机上。云存储具有以下优势:

① 可以实现自动化和智能化的存储管理,所有的存储资源被整合到一起,客户看到的是单一存储空间。

② 提高存储效率,通过虚拟化技术解决存储空间的浪费问题,可以自动重新分配数据,提高存储空间的利用率,同时具备负载均衡、故障冗余功能。

③ 云存储能够实现规模效应和弹性扩展,将服务器资源得到最大化的利用,不仅降低运营成本,而且避免资源浪费。

A5.1.6.3 云服务

云服务是基于互联网的相关服务的增加、使用和交互模式,通常涉及通过互联网来提供动态易扩展且经常是虚拟化的资源。云服务是指通过网络以按需、易扩展的方式获得所需服务。这种服务可以是 IT 和软件、互联网相关,也可是其他服务。它意味着计算能力也可作为一种商品通过互联网进行流通。

简单来说,云服务可以将企业所需的软硬件、资料都放到网络上,在任何时间、地点使用不同的 IT 设备互相连接,实现数据存取、运算等目的。目前常见的云服务有公共云(Public

Cloud)和私有云(Private Cloud)两种。

公共云服务是基础的云服务模式,多个客户可共享一个服务提供商的系统资源,他们无须架设任何设备及配备管理人员,便可享有专业的 IT 服务。公共云还可细分为三个类别,即 SaaS(软件即服务)、PaaS(Platform-as-a-Service,平台即服务)及 IaaS(Infrastructure-as-a-Service,基础设施即服务)。

虽然公有云服务提供商需遵守行业法规,但是大企业(如金融、保险行业)为了兼顾行业、客户隐私,不可能将重要数据存放到公共网络上,故倾向于架设私有云端网络。

私有云服务主要是大型企业(大的教育集团、企业)的运作形式。然而,架设私有云服务是一项重大投资,企业需自行设计数据中心、网络、存储设备,并且拥有专业的顾问团队。企业管理层必须充分考虑使用私有云的必要性以及是否拥有足够资源来确保私有云服务的正常运作。

A5.1.6.4 云技术在教育领域的应用

为推进我国教育在云计算方面的应用,教育部在 2012 年 3 月发布的《教育信息化十年发展规划(2011—2022 年)》中明确提出采用云计算服务模式,形成资源配置与服务的集约化、效益化、优质化发展途径,构建稳定可靠、低成本的国家教育云服务平台。

(1) 云教育的优势

云计算技术能够帮助教育系统建设高质量的教育资源库、高效的网络学习平台和高集成化、高科技化的教学管理系统,还可以通过整合资源为教育机构解决很多问题,为教育机构以后的发展指明方向。现阶段的教育资源共享建设存在较大的漏洞,引入云计算技术之后,我们可以通过云计算技术解决各个地区各个学校的资源分布不均状况、学校与学校之间的重复建设情况、资源孤岛现象以及相互协作的缺乏等问题。因此,可以通过云计算技术打造一个统一的、多样化的平台,让教育部门、学校、教师、学生及其他教育相关人士等都能进入该平台,扮演不同角色,并通过计算机的信息记录等进一步发挥云计算技术的能力,将教育过程中的各种数据信息加以分析、推演,并进行良好的用户画像,进一步优化教育资源的分配,提升教学质量。

首先,云计算有很强大的资源共享能力、无限的存储能力以及良好的容错性。我们可以利用云计算来实现教育资源数据的分布式存储,在需要的时候对它进行统一的管理。所有的资源由高效的服务器以及高效的工作团队来维护。

其次,我们可以通过云计算来对以前无序、缺乏统一调配的学习资源进行统一的管理。云计算可以有效地整合一个网络学习平台所需要的资源,并能够通过相关的服务程序来对学习平台进行管理,让学生能够比较有效方便地在这个平台上学习。

最后,通过云计算,相关的教育机构可以建设强大的教育管理系统。云计算可以为在网用户提供足够的在线服务,利用这些软件来进行教育管理。这都能够提高大家的办公效率。

(2) 云教育的未来值得期待

随着大数据时代的到来,数据带来的价值日益受到各行各业的重视。在教育领域,对数据的获取和分析,可以帮助教育工作者做出科学的决策,并为学生制定出更好的发展策略和目标,帮助学生梳理信息,实现个人价值。同时,可根据数据可视化分析,快速发现传统教育方式中难以发现的问题,迅速改善提高。总而言之,云计算在教育事业中的发展是值得期待与关注的。

A5.1.7 AI技术

A5.1.7.1 什么是AI技术

AI(人工智能)技术是研究、开发用于模拟、延伸和扩展人的智能的理论、方法、技术及应用系统的一门新的技术科学。

AI是计算机科学的一个分支,它试图了解智能的实质,并生产出一种新的能以与人类智能相似的方式做出反应的智能机器,该领域的研究包括机器人、语言识别、图像识别、自然语言处理和专家系统等。AI从诞生以来,理论和技术日益成熟,应用领域也不断扩大,可以设想,未来AI带来的科技产品,将会是人类智慧的"容器"。AI可以对人的意识、思维的信息过程的模拟。AI不是人的智能,但能像人那样思考,也可能超过人的智能。

毋庸讳言,AI正加速袭来,冲击着人们生产、生活、学习的各个领域。AI与教育碰撞,会是什么样的场景?这自然会引起人们的遐想,而且AI已经迅速进入教育领域。

A5.1.7.2 AI对教育的影响

无疑,未来的教育行业是少不了AI的。AI技术的出现会给社会带来一种全新的学习关系,通过智能化、扁平化、数字化、立体化来重新搭建学习的过程。

① 智能化趋势的核心在于AI,也在于大数据的采集和多维度的定义。目前教育行业AI化模式可分成以下几类:自适应学习、在线助手、信息化管理和智能机器人。

② 扁平化教育主要是打通各学习主体,使学习资源直接从供给方直接到达学习,让双方的距离更接近。目前就是通过直播课程和网络公开课两种形式,不降低教育资源质量,但大大减少双方的时间成本和资金成本。

③ 数字化是目前接受度很高的教育渠道。互联网企业和传统教育机构的合作能给传统机构做一个全面的升级改进,课堂内传统的教学工具、学校的管理系统会被更高效、更准确的互联网平台取代,学生的课本学习资料会被视频、APP或网站取代,传统黑板也会被平板电脑取代。

④ 立体化是指通过3D打印、AR/VR甚至更多技术,把图片或场景立体化变得可视可感,把知识变得更生动,提高学生对知识的理解程度和接受度。

AI未来将教学变为大数据分析和人工智能辅助的以学生为中心的个性化学习活动,为每个学生提供个性化、定制化的学习内容和方法,从而激发学生深层次的学习欲望。

A5.2 新教学模式下AI交互教学平台的目标

新教学模式是一种超前而又实用的教学方法和应用的集合。实现新教学模式的AI交互教学平台必须满足以下的客观要求:

① 承载新教学模式的软件系统必须具有技术前瞻性和创造性。
② 要满足课堂教学的要求,也要满足远程网络教学的要求。
③ 要满足多用户在线的压力要求,也要满足多并发的性能要求。
④ 要满足大数据处理的性能要求,也要满足系统的动态扩容要求。

⑤ 要满足用户在线监测的监控要求,也要满足对学生桌面行为的监控要求。
⑥ 要满足大数据的动态存储检索要求,也要满足用户状态的存储要求。
⑦ 要满足教与学过程中的其他要求。

在这些客观条件的要求下,AI 交互教学平台的实现是一项技术含量高、规模化、团队化、标准化的综合项目工程。随着 AI 交互教学平台在教学活动中的应用,应不断改进系统的功能和使用新的技术以提高系统的完整性和可用性,使 AI 交互教学平台更加完善。

A5.2.1 技术目标

实现新教学模式的软件技术必须是当前最先进的技术或者具有创新性的技术,主要有以下目标要求:

① 能够支持人脸识别和指纹识别技术。
② 能够支持语音输入和翻译功能,并能对识别的语音内容进行智能答复。
③ 数据的存储支持分布式云存储,并提供云检索功能。
④ 服务器应当采用集群技术,避免数据单点故障。
⑤ 集群节点之间应该实时同步数据和用户状态。
⑥ 视频技术应该支持直播,并支持 3 000+用户同时在线访问。
⑦ 虚拟 AI 机器人教师能够提供虚拟 3D 成像技术。
⑧ AI 机器人教师要具有学习功能,能逐渐形成自己的知识库体系。

A5.2.2 性能目标

由于 AI 交互教学平台功能庞大、结构复杂、用户量大、使用时段集中等特点,因此在系统设计的过程中对性能必须进行优先考虑和设计。主要有以下性能要求:

① 服务器在学期内支持 7×24 小时在线服务,在寒暑假期间允许 1 天的维护。
② 服务器数据支持云存储和备份,不会因为存储设备的故障导致数据丢失和访问故障。
③ 服务器集群要避免出现任何单点故障,服务器节点之间能够进行用户状态数据自动同步。
④ 大数据的存储要支持多节点的无缝备份和访问,数据访问的反馈率要达到 100%,成功率要达到 99.9%,也就是 1 000 次访问可能出现 1 次找不到文件数据的情况。
⑤ 当用户访问时,页面要在 1 秒内返回结果,音频在 2 秒内输出声音,视频在 5 秒内开始加载数据,特别大的文件采取动态加载策略,支持边加载边播放。
⑥ 在语音和视频通话过程中,支持动态流控制,界面延迟不超过 3 秒、语音延迟不超过 1 秒,界面流畅清晰。
⑦ 在课堂直播的过程中,一个教室最大支持 300 个在线用户,同一时间允许 1 个学生参与视频和语音交互。
⑧ AI 交互教学平台中的 Web 服务支持在线用户 50 000 人,每秒钟访问量 5 000 次,支持同时有 500 个用户提交数据的并发数。

A5.2.3 数据目标

由于 AI 交互教学平台的资源库中的资源比较庞大,用户量也非常多。以清华大学为例,在校生和教职工一起大概有 6 万人的规模,根据二八原则,上课时间段内大概有 1.2 万名教职工在线,这个数据量还是比较大的,产生的数据流以及用户信息维护也是很复杂的,因此 AI 交互教学平台对大数据的处理提出了较高的要求:

① 平台建设以 Hadoop 大数据平台为基础,允许在整个集群使用简单编程模型计算机的分布式环境存储并处理大数据。

② 服务节点间必须以集群的形式存在。单台服务器无法处理海量的大数据,服务器越多,集群的威力越大。

③ 采用分布式文件存储系统:数据以块的形式分布在集群的不同节点。在使用 HDFS 时,无须关心数据是存储在哪个节点上或者是从哪个节点从获取的,只需像使用本地文件系统一样管理和存储文件系统中的数据,且数据具有冗余性以防止数据丢失。

④ 系统必须采用分布式计算框架。分布式计算框架将复杂的数据集分发给不同的节点去操作,每个节点会周期性地返回它所完成的工作和最新的状态。采用分布式计算方式,计算将变得高效。将目标数据随机分配给 N 个节点,由 N 个节点去分别统计和计算目标的部分值,再将 N 个结果进行聚合,输出最后的结果。分布式并行计算框架具有可扩展、可配置、可容错、全内存、实时在线处理的特点,能够很好地解决上课过程中数据的大并发访问的情况。

⑤ 采用先进的资源调度管理器。对 AI 交互教学平台中的资源采用最合适的资源调度框架进行调度,使资源得到最优化的使用。

参考文献

上　篇

[1] 程水源.大学功能的再研判与发展[J].国家教育行政学院学报,2020(2):26-32.

[2] 李杰.注意力管理策略探析[J].现代经济(现代物业下半月刊),2008,7(9):62-64,76.

[3] 令狐新荣.智慧教室在大学课堂中的应用分析[J].科教文汇(上旬刊),2020(1):42-43.

[4] 刘刚,李佳,梁晗."互联网+"时代高校教学创新的思考与对策[J].中国高教研究,2017(2):93-98.

[5] 刘向辉.智慧教室环境下混合式学习的研究[J].中国现代教育装备,2019(24):20-21,25.

[6] 陆根书,刘秀英.常规和在线学习情景下学生投入特征及类型:基于西安交通大学大学生学习经历调查数据[J].高等工程教育研究,2017(3):129-136.

[7] 聂风华,钟晓流,宋述强.智慧教室:概念特征、系统模型与建设案例[J].现代教育技术,2013,23(7):5-8.

[8] 沈国琴.德国高等学校的质量管理[J].高等工程教育研究,2016(1):132-137.

[9] 孙雨生,程亚南,朱礼军.基于MOOC的高校教学模式构建研究[J].远程教育杂志,2015,33(3):65-71.

[10] 覃正.教育中国梦[M].北京:科学出版社,2016.

[11] 覃正.新型交互技术加速大学教育模式变革[J].教书育人,2013(33):105.

[12] 王珏人,黄亚萍,汪益民.教师主体性:师生有效互动的关键[J].高等工程教育研究,2002(6):47-49.

[13] 王新利.浅析经济学引例在文科微积分教学中的应用[J].中国电力教育,2012(34):75-76.

[14] 吴淑苹.MOOC课程模式下云学习环境研究[J]软件导刊,2013,12(3):191-193.

[15] 徐小洲,辛越优.制度与方法:加拿大工程教育质量评估分析[J].高等工程教育研究,2016(1):126-131.

[16] 许驰,陈庆章.课堂教学内容重构的原则与方法[J].高等工程教育研究,2018(4):137-143,151.

[17] 许淑雯,周湘林.高校教学质量问责反馈机制研究[J].中国高教研究,2015(4):75-79.

[18] 张海霞,陶红娜.高校智慧教室建设探讨[J].智库时代,2019(51):101-103,105.

[19] 朱丽娜.基于建构主义学习理论的数学教学设计:以"数列"教学为例[J].科教文汇(下旬刊),2014(10):51-52.

[20] 王利巧,李姗姗.智慧学习环境的建设与应用研究:以河南科技大学"智慧教学环境"为例[J].中国信息技术教育,2019(7):109-112.

[21] 陈蓓蕾,张屹,杨兵,等.智慧教室中的教学交互促进大学生深度学习研究[J].电化教育研究,2019(3):90-97.

[22] 陶雪芬,徐峰,叶海伟,等.基于网络教学平台的"智慧课堂"教学模式在药物化学教学中的应用[J].山东化工,2019(3):143-144,146.

[23] 贺占魁,黄涛.高校智慧教室的建设理念、模式与应用展望:以华中师范大学为例[J].现代教育技术,2018(11):54-60.

[24] 胡沛然,李远亮,周毅,等.人工智能时代高校教育技术中心的功能定位:以上海交通大学教育技术中心为例[J].现代教育技术,2018(11):67-72.

[25] 刘宸,李国栋,张哲,等.高校智慧教室的构建与研究:以西安交通大学为例[J].现代教育技术,2018(10):70-75.

[26] 毛齐明,蒋立兵,侯敬奇.高校教师应用智慧教室的有效性调查研究:以H大学为例[J].现代教育技术,2018(10):49-55.

[27] 王晓亮.高校思想政治理论课教师主体性缺失问题研究[D].西南政法大学,2011.

[28] 王晶.清华大学网络学堂学生使用情况统计与分析[J].现代教育技术,2014(7):106-112+119.

[29] 陆根书,胡文静,闫妮.大学生学习经历:概念模型与基本特征——基于西安交通大学本科生学习经历的调查分析[J].高等教育研究,2013(8):53-61.

[30] 罗燕,罗斯,岑逾豪.国际比较视野中的高等教育测量:NSSE-China工具的开发:文化适应与信度、效度报告[J].复旦教育论坛,2009(5):12-18.

[31] 李静.高校学生网络学习投入情况研究[D].河南大学,2012.

[32] 唐巍华.华中科技大学大学生学习投入度研究[D].华中科技大学,2011.

[33] 张应强.高等教育全球化对国际化的超越:基于人类命运共同体意识的思考[J].探索与争鸣,2019(9):15-17.

[34] 钟秉林,王新凤.迈入普及化的中国高等教育:机遇、挑战与展望[J].中国高教研究,2019(8):7-13.

[35] 兰国帅,郭倩,吕彩杰,等."智能+"时代智能技术构筑智能教育:《地平线报告(2019高等教育版)》要点与思考[J].开放教育研究,2019(3):22-35.

[36] 任燕红.大学功能整体性的内在构成[J].国家教育行政学院学报,2018(4):36-40.

[37] 张绍丽,郑晓齐.大学发展的反思、借鉴、前瞻与探索[J].黑龙江高教研究,2017(12):70-74.

[38] 赵旻,陈海燕.国际交流合作在大学的职能定位研究[J].中国高等教育,2017(17):19-22.

[39] 李子华. 现代大学功能的选择与定位[J]. 高等教育研究, 2014(11): 7-11.

[40] 王洪才. 大学"新三大职能"说的缘起与意蕴[J]. 厦门大学学报(哲学社会科学版), 2010(4): 5-12.

[41] 章仁彪. 走出"象牙塔"之后: 大学的功能与责任[J]. 中国高教研究, 2008(1): 16-18.

[42] Gary R Pike, George D Kuh. A typology of student engagement for American colleges and universities [J]. Research in higher education, 2005, 46(2): 185-209.

[43] Accreditation Criteria and Procedures Report 2014. Canadian engineering accreditation board [EB/OL]. http://www.engineerscanada.ca/sites/default/files/2014-accreditation-criteria-and-procedures-v06.pdf.

[44] A W Astin. An empirical typology of college students [J]. Journal of college student development, 1993, 34(1): 36-46.

[45] Shouping Hu, Alexander C McCormick. An engagement-based student typology and its relationship to college outcomes [J]. Research in higher education, 2012, 53(7): 738-754.

[46] Darlene Spracklin-Reid, Susan Caines, Andrew Fishe. Assessing process skills in engineering students. 2015 Canadian Engineering Education Association (CEEA15), 2015.

[47] C R Pace. The undergraduates: a report of their activities and progress in college in the 1980s [M]. University of California, 1990.

[48] Canadian Engineers for Tomorrow: Trends in engineering enrolment and degrees awarded 2009-2013 [EB/OL]. http://www.engineerscanada.ca.

[49] H Coates. Student Engagement in Campus-based and Online Education: University connections [M]. Routledge, 2006.

[50] Vicor Saenz, Deryl Hatch, Beth Bukoski, et al. Community college student engagement patterns: a typology revealed through exploratory cluster analysis [J]. Community College Review, 2011, 39(3): 235-267.

[51] Hamish Coates. Development of the Australasian survey of student engagement (AUSSE) [J]. Higher education, 2010, 60(1): 1-17.

[52] G D Ku, Shouping Hu, Nick Vesper. "They shall be known by what they do'": an activities-based typology of college students [J]. Journal of college student development, 2000, 42(1): 228-244.

[53] Improving the College Experience: National benchmarks of effective educational practice [R]. National survey of student engagement. Indiana University, 2001.

[54] Lilian Alweiss. Between internalism and externalism: Husserl's account of intentionality [J]. Inquiry, 2009 (1).

[55] Luan J, Zhao C M, Hayek J. Using a data mining approach to develop a student engagement based institutional typology [J]. IR applications, 2009(18): 19.

[56] John W Prados, George D Peterson, Lisa R Lattuca. Quality assurance of engineering education through accreditation: the impact of engineering criteria 2000 and its global

influence [J]. Journal of engineering education, 2005, 94(1): 165-184.
[57] Danielle Lories. Remarks on aesthetic intentionality: Husserl or Kant [J]. International journal of philosophical studies, 2006, 14(1): 31-49.
[58] Canada Act 1982 [EB/OL]. http://www.legislation.gov.uk/ukpga/1982/11/pdfs/ukpga-19820011-en.pdf.

下　篇

[59] 阿纳迪,吉顿,莫罗.虚拟现实与增强现实:神话与现实[M].侯文军,蒋之阳,等译.机械工业出版社,2019.
[60] 陈哲,王慧斌.图像目标检测技术及应用[M].人民邮电出版社,2016:100.
[61] 崔北亮,罗国富,饶德胜.非常网管 IPv6 网络部署实战[M].人民邮电出版社,2019.
[62] 伽玛,赫尔姆,约翰逊,等.设计模式:可复用面向对象软件的基础[M].李英军,马晓星,蔡敏,等译.机械工业出版社,2007.
[63] 黄景碧,祝智庭.教育信息系统分析设计的研究与实践:以 DDEDSS 系统为例[J].电化教育研究,2011(5):40-44.
[64] 林康平,王磊.云计算技术[M].人民邮电出版社,2017.
[65] 刘丽敏,廖志芳,周筠.大数据采集与预处理技术[M].中南大学出版社,2018.
[66] 刘洋.云存储技术:分析与实践[M].经济管理出版社,2017.
[67] 陶勇,李晓军.Hibernate ORM 最佳实践[M].清华大学出版社,2007.
[68] 陶小峰,徐瑨,张平.超密集无线组网[M].电子工业出版社,2017.
[69] 王寒,曾坤,张义红.Unity AR/VR 开发:从新手到专家[M].机械工业出版社,2018.
[70] 魏溪含,涂铭,张修鹏.深度学习与图像识别:原理与实践[M].机械工业出版社,2019.
[71] 肖云鹏,卢星宇,许明,等.机器学习经典算法实践[M].清华大学出版社,2018.
[72] 向春宇.VR、AR 与 MR 项目开发实战[M].清华大学出版社,2018.
[73] 许利杰,方亚芬.大数据处理框架 Apache Spark 设计与实现[M].电子工业出版社,2020.
[74] 言有三.深度学习之图像识别:核心技术与案例实战[M].机械工业出版社,2019.
[75] 藏田武志,清川清,大隈隆史.增强现实(AR)技术权威指南:基础·发展·实践[M].刘继红,杨洋,译.电子工业出版社,2018.
[76] 张铎.生物识别技术基础[M].武汉大学出版社,2009.
[77] Armando Fox, David Patterson. SaaS 软件工程:云计算时代的敏捷开发[M].清华大学出版社,2015.
[78] Bill Chambers, Matei Zaharia. Spark 权威指南[M].中国电力出版社,2020.
[79] 齐加尼克.数字图像目标检测与识别:理论与实践[M].电子工业出版社,2016.
[80] Eric Evans.领域驱动设计:软件核心复杂性应对之道[M].人民邮电出版社,2010.
[81] Mike Amundsen.领域驱动设计精粹[M].电子工业出版社,2019.
[82] Thomas ERL, Zaigham Mahmood, Ricardo Puttini.云计算:概念、技术与架构[M].机械工业出版社,2014.
[83] 弗农.领域驱动设计精粹[M].覃宇,笪磊,译.电子工业出版社,2018.
[84] 弗农.实现领域驱动设计[M].滕云,译.电子工业出版社,2014.